# 高等教育评论

## HIGHER EDUCATION REVIEW

2022年第1期（第10卷）

社会科学文献出版社
SOCIAL SCIENCES ACADEMIC PRESS (CHINA)

高等教育评论创刊致贺

深化高等教育改革

给力高等教育发展

潘懋元

二〇一三年

十月

**主　　办**　中南财经政法大学高等教育研究中心

**投稿信箱**　gdjypl@ 126. com

**网　　址**　http：//gjpl. cbpt. cnki. net

**微信公众号**　gdjyplzuel

**电　　话**　（027）88381726

**致作者**

投稿给本集刊的稿件（论文、图表）文责自负，自发表之日起其网络传播权即授予本集刊。有特殊要求者，烦请来稿时说明。未声明者，本集刊即视为同意。本集刊所付稿酬包含稿件内容上网服务报酬，不再另付。特此说明。谢谢合作！

英文责编：朱　勇

执行编辑：王良圣　郭华桥

# 目　录

## 特　稿



## 专　题



## 财经政法一流学科



## 新时代思政教育

## 比较研究



## 高等教育治理

# 目　录

## 特　稿



## 专　题



## 财经政法一流学科



## 新时代思政教育

## 比较研究



## 高等教育治理

# Contents

**Education of ideology and politics in the new era**



**Comparative studies**



**Governance of higher education**

·特 稿·

# 新文科建设的宗旨、任务及前景*

周洪宇　陈　诗**

【摘　　要】新文科建设是中国政府立足新时代国家发展需要所做出的战略部署，发展新文科正是要回应中国发展的需要，新文科建设的宗旨是培养中国立场的时代新人，创造中国特色的思想理论，在国际上传播中国价值、形成中国影响。为了达成这一宗旨，建设新文科要完成课程改革、体系调整、成果输出这几项重要任务。当今中国正处于崛起之中，新文科的发展拥有良好的环境、充分的条件，前景是光明的、可期待的。但由于国际形势变幻莫测，建设新文科的任务又将是长期的、充满挑战的。

【关 键 词】新文科　教育发展　人才培养

当今世界正处于百年未有之大变局，科技革命和产业变革深入发展，国际形势日趋复杂，国际格局不断发生变化，对内中国要继续朝着“两个一百年”奋斗目标努力，对外要为国内改革发展稳定创造良好条件。在推进国家现代化建设和应对国际竞争的过程中，文科需要发挥关键作用，在人才培养、理论创新和跨文化交流等方面做出突破性贡献。这就要求文科与时俱进，积极转型。2018 年 8 月，国内首次提出“新文科”概念。不同于在美国，“新文科”是由学者提出以应对科技革命带来的“文科危机”，我国的“新文科”自一被提出，就被政府置于国家发展战略的高度，肩负推动国家高质量发展、助力现代化强国建设的历史使命。

当前关于新文科的理论研究和实践探索都在持续推进中。已有不少文章对新文科的内涵、建设路径进行了论述，指出了新文科新在学科的交叉融合、新在中国特色的主体性回归、新在新技术的应用等；探讨了如何去实现学科融合、如何在文科中运用新技术、如何打造新文科课程等。但对新文科建设的宗旨、任务和前景还缺少深入探

*　本文系国家社会科学基金“十三五”规划 2018 年度教育学重大课题“建设教育强国的国际经验与中国路径研究”（VGA180002）的研究成果。

**　周洪宇，男，湖南衡阳人，历史学博士，华中师范大学教育学院教授，博士研究生导师，华中师范大学国家教育治理研究院兼长江教育研究院院长；陈诗，女，四川成都人，华中师范大学教育学院 2020 级教育史专业博士研究生，华中师范大学国家教育治理研究院助理研究员。

讨。为使新文科建设的方向和重心更加明确，需要对新文科建设的宗旨、任务以及前景做进一步综合分析。

# 一　新文科建设的宗旨

改革开放以来，中国社会经济发展取得了巨大成就，并在以智能制造为主导的第四次工业革命中展现出强劲的发展势头。与此同时，中国也面临着更为严峻的内外部挑战。当前，中国的新文科建设应适应中国社会经济发展的需要，旨在培养中国立场的时代新人，创造中国特色的思想理论，提升本国的国际影响力。

## （一）培养中国立场的时代新人

新文科建设，从文科教育的角度看，是要培养中国立场的时代新人。中国立场有两层含义：一为知中国、爱中国，二为人民的立场。教育部高教司司长吴岩在新文科建设工作会议中指出，建设新文科就是创新文科教育，要培养知中国、爱中国、堪当民族复兴大任的新时代文科人才，要培养新时代社会科学家，构建中国学派，创造光耀时代、光耀世界的中华文化。新文科所要培养的时代新人应是中华文化的传承者、中国声音的传播者、中国理论的创新者、中国未来的开创者。[1]一言以蔽之，新文科所要培养的正是深谙中国发展之道，坚定国家立场、守护国家利益的时代新人才。

如今是中华民族伟大复兴战略全局和世界百年未有之大变局的历史交汇时期，是总结历史经验、开拓新局面的关键时期。在取得巨大历史进步的同时，我国改革也进入了攻坚区、深水区，社会发展的深层次矛盾随着经济增速的放缓而日渐突出，经济发展在国际形势的复杂变化下表现出较大的不确定性。中国未来的持续稳定发展、高质量发展，迫切需要高校新文科发挥作用，培养出更多清楚中国发展优势、明晰中国发展问题的实干人才，孕育出能为中国发展提出大而久之道的大师。

尽管全球化推动了世界各国人民的相互交流和共同发展，也在一定程度上削弱了民族意识，但是“当今时代民族国家仍占据统治地位并掌握大部分权力，同时全球范围内国与国之间的利益纷争更会强化国家存在的意义”[2]。疫情背景下，中西方制度竞争底色进一步凸显，意识形态竞争愈演愈烈，意识形态风险增加。须知“意识形态关乎旗帜、关乎道路、关乎国家政治安全”[3]。文科人才作为未来推动历史发展和社会进步的重要群体，必须提高政治站位，紧紧围绕在党中央周围，同下“一盘棋”。因此，新文科培养的人才不仅要知中国，而且要爱中国，坚定中国立场。

中国立场进一步而言就是指中国人民的立场。习近平总书记强调：“文学艺术创造、哲学社会科学研究首先要搞清楚为谁创作、为谁立言的问题，这是一个根本问题。人民是创作的源头活水，只有扎根人民，创作才能获得取之不尽、用之不竭的源泉。”[4]人民的立场是文科工作者创作、创造的基础。毛泽东曾指出“群众是真正的英雄”，要眼睛向下，才会真正懂得中国的故事，“一切实际工作者必须向下作调查”。[5]五四时期，陈独秀、李大钊等人能在对新文化的探索中发现一条适合中国的革命道路，正是因为他们把人民的生活看在眼里。今天，中国能取得新的成就正是因为中国共产党始终把人民对美好生活的向往作为奋斗目标。新文科教育需要培养具有人民立场的时代新人，眼中有人民、心中有人民的人才才能为中国灌注永久的生命力，使中国持久地发展。

爱中国、知中国和人民立场其实是一体两面，只有站在人民的立场，才能读懂中国的发展，认同中国的制度，找到中国方案。也正是因为理解了中国的历史，认同了中国的制度，才更能坚守人民立场。只有坚持这种立场的人才才能真正服务于中国发展，因而新文科建设必须以培养具有中国立场的时代新人为宗旨。

### （二）创造中国特色的思想理论

新文科建设，从文科研究的角度看，要创造中国特色的思想理论。现代化中国的建设既需要发展中国优秀传统文化，也需要不断总结现代中国的实践经验，提炼中国的现代精神。创造具有中国特色的思想理论，是中国文科强起来的必由之路，更是中华民族伟大复兴的必由之路。当前中国的人文社科研究深受西方学术影响，从理论方法、思维方式到考核标准都表现出西化倾向。虽然中国文科一直在向西方学习、看齐，但整体实力始终无法实现超越，甚而还有差距。这主要还是因为过度依赖西方学术体系和话语体系，本土创新不足。须知西方思想理论根植于西方社会的发展，尽管理论成果是没有国界的，但是孕育理论思想的沃土是有疆界的。西方理论的成就离不开西方学者对本土实践成就的追问。而就某种程度而言，中国文科的困境正源于自身传统的断裂以及对自身发展成就追问不够。

在中国的传统文化中，有许多思想在今天看来仍有深刻的启发性，譬如“君子和而不同”就表现出了先进的国际合作理念。几千年来中国哲学的发展和沉淀，深刻影响了每个中国人的精神，使得中国的技术发展始终没有偏离伦理道德的轨道。如辜鸿铭所言，中国人有一种善解人意的力量，因为“中国人过着一种心灵的生活，孩童的生活”[6]。当代人需要通过传统文化进入古代中国人的心灵世界，从而挖掘出中华文明生生不息的奥义。当今学界需要更加旗帜鲜明地结合现代科技革命新局面和国际较量新形势发展传统文化，将中国绵延几千年的发展智慧引申到世界的发展上，为世界的可持续发展开创道路。

在中国高速发展的背景下，现代中国的实践探索为理论创新提供了肥沃的土壤，新文科应当抓住此机遇。2016年，习近平总书记在哲学社会科学工作座谈会上指出：“当代中国正经历着我国历史上最为广泛而深刻的社会变革，也正在进行着人类历史上最为宏大而独特的实践创新。这种前无古人的伟大实践，必将给理论创造、学术繁荣提供强大动力和广阔空间。这是一个需要理论而且一定能够产生理论的时代，这是一个需要思想而且一定能够产生思想的时代。我们不能辜负了这个时代。”[7]但当前学界对自身成就的追问还不够，教育部新文科建设工作组组长、山东大学校长樊丽明指出：“中国经济发展成就举世瞩目，走出了一条适合国情的‘中国道路’，但学界对中国经济发展经验及其规律的总结研究不够，根植于中国文化的管理经验和本土案例提炼分析不足。”[8]要想提升中国文科实力，必须扎根本土实践，创新理论。“人文学科是中国学术话语体系的‘发言人’，具有较强的地方性和意识形态属性，必须扎根中国‘现实生活的情境’，其世界一流的标准既要与人类其他文化对话，又要用中国‘自己的话’解释‘中国模式’。”[9]当前中国需要具有国际水准的优秀本土研究，向世界学者展示中国的现代化发展成就和中国理论的先进性。因此，新文科的发展需要坚信中国价值，关注中国问题，解释中国现象，形成中国理论。建设新文科要以创造根植于本土文化、本土实践的中国特色思想理论为要旨。

### （三）在国际上传播中国价值、形成中国影响

新文科建设，从文化交流的角度看，要在国际上传播中国价值、形成中国影响。当前我国的文化软实力相较于西方国家仍有差距，我国文科上的现代成就，少有能走出国门、形成国际影响力的。我国的国际话语权、文化影响力在当今国际竞争中仍表现弱势，每当有大事件发生的时候，就暴露出国际影响力不足、话语权薄弱等问题。譬如 2020 年新冠肺炎疫情暴发初期，就出现了西方媒体大肆抹黑中国的情况，针对中国的负面话语充斥在国际舆论之中。西方价值在国际和国内的影响力随处可见，但是中国价值还未真正地走出中国、走向世界。西方世界的刻意打压、针对确实阻碍了我国国际话语权的提升和国际形象的塑造，但同时，中国的文科还没能挑起传播中国价值、塑造中国国际形象、提升中国国际话语权的大梁。2016 年，习近平总书记在哲学社会科学工作座谈会上指出：“面对世界范围内各种思想文化交流交融交锋的新形势，如何加快建设社会主义文化强国、增强文化软实力、提高我国在国际上的话语权，迫切需要哲学社会科学更好发挥作用。”[7]当前，中国迫切地希望通过发挥囊括文、史、哲、经、法、管、教、艺八门学科的新文科的作用，来提升自身的文化软实力，使中国特色文化走向国际、影响国际。

当今世界已形成了相互依存的“地球村”，中国要彻底实现崛起，不仅要实现内部的变革，而且要成功应对复杂的全球性挑战。在新冠肺炎疫情防控常态化、长期化的大背景之下，逆全球化、单边主义、保护主义等风潮迭起，国际冲突加剧，中国无法独善其身，势必要继续深入推进全球治理，推动人类命运共同体共建。在资本主义危机暴露、资本主义内在制度受到挑战的情形下，为人类文明发展提出新

的解决方案。面对来自西方强国的全面战略遏制，中国需要突破遏制，进一步提升影响力。高校作为学术研究重地，要积极搭建平台，当好跳板，加强文科的对外合作交流，不仅仅是向外取经，更要自信地对外施教。要让中国特色社会主义文化成果，以国际学术界看得懂、能接受的方式，走出中国，走向世界，影响世界。作为日益崛起的大国中的一员，高校文科师生、研究者应该满怀自豪，树立雄心壮志，拥有时代赋予的魄力和担当，这样才能讲好中国故事，讲好中国理论，将中国价值推向世界，用中国文化影响世界，助力中国更有力地履行国际义务、推进全球治理。

总体而言，新文科建设要服务于我国的教育强国建设和文化强国建设，满足我国高质量发展的需要。当代新文科建设的“生命之根是对中国价值、中国精神、中国文化的坚守，是其在弘扬中国价值、展示中国魅力、彰显中国特质中发挥的意识形态贡献力”[10]。《新文科建设宣言》也指出新时代新使命要求文科教育必须加快创新发展，提升综合国力、坚定文化自信、培养时代新人、建设高等教育强国、文科教育融合发展都需要新文科。因此，要通过改革文科教育，培养新时代中国立场的人才；要通过发展中国文化、肯定中国成就、研究中国问题、解释中国现象，创新中国理论，提升国家文化软实力；要通过讲好中国故事、塑造好中国形象、输出中国理论，传播中国价值、提升中国的国际话语权和国际影响力。

## 二　新文科建设的任务

根据新文科建设的宗旨，可以进一步明确新文科建设的任务。宗旨指明了任务方向，而国家改革规划则为任务拟定提供了基准。“十四五”时期，我国经济社会步入高质量发展阶段。2020 年 10 月，党的十九届五中全会首次提出“建设高质量教育体系”。2021 年 3 月，全国人大审议通过的“十四五”规划和 2035 年远景目标纲要再次强调要“建设高质量教育体系”。2021 年 3 月 6 日，习近平总书记在看望参加政协会议的医药卫生界教育界委员时强调：“要从我国改革发展实践中提出新观点、构建新理论，努力构建具有中国特色、中国风格、中国气派的学科体系、学术体系、话语体系。要围绕建设高质量教育体系，以教育评价改革为牵引，统筹推进育人方式、办学模式、管理体制、保障机制改革。要增强教育服务创新发展能力，培养更多适应高质量发展、高水平自立自强的各类人才。”[11] 在此背景下，新文科的建设与整体的高质量教育体系建设是同频共振的。新文科建设要从建设高质量教育体系的整体性角度考虑，要在参与整体体系建设的同时，从体系上获得支持以满足新文科的需要，达成其育人、理论创新和文化传播的总目标。总体而言，新文科建设应完成“课程改革”“体系调整”“成果输出”三个方面任务。

## （一）改革课程，切实发挥文科育人作用

课程教学是育人的主要环节，课程改革是推进育人模式转变的关键。欲培养中国立场的时代新人，就要把课程改革视作新文科建设的重点任务，切实发挥文科课程的隐性作用，扩大文科课程的影响范围。结合当前文科课程现状和未来新文科走向看，新文科课程改革应聚焦在两个方面：一是将文科教育充分融入各专业学习中；二是将文科教育与日常生活实践紧密联系起来。

### 1. 将文科教育充分融入各专业学习中

文科教育承担着向所有学生传授文化的职责，这种文化用奥尔特加·加塞特的话来说就是“时代赖以生存的思想体系”[12]。它影响着人们生活的信念、国家认同和对现实世界的理解等，无声无息地指导着人们的社会活动，对每个人的成长与生活发挥着重要的隐性作用。文科教育不能限于文科专业，要在更广泛的范围发挥作用，产生影响。要将文科教育充分融入各专业学习，具体而言就是需要改革作为通识课程的文科课程，加强各专业学科史课程建设和发展融合课程。

第一，改革作为通识课程的文科课程。习近平总书记指出：“文化文艺工作者、哲学社会科学工作者都肩负着启迪思想、陶冶情操、温润心灵的重要职责，承担着以文化人、以文育人、以文培元的使命。”[4]大学通识课程是文科工作者发挥价值引领、立德树人作用的重要阵地，也是理工科专业学生接受人文教育的主要途径。但无论是作为必修课还是选修课的文科通识课程，尽管其价值被反复强调，在实践中却都仍然普遍受到边缘化的对待。改革文科通识课程，要改变文科通识课程边缘化、形式化的现状，加强文科各个专业的合作，共同打造真正能感染学生、影响学生的文科通识精品课程。在互联网如此发达的今天，更应当加强文科通识课程建设，要能与网络上泥沙俱下的信息和价值观竞争，充分发挥其以文化人、价值引领的作用。

第二，加强各专业学科史课程建设。就如托马斯·库恩所言，“如果我们能学会用‘按我们确实知道的去演进’取代‘按我们希望知道的去演进’，许多令人烦恼的问题就会在这过程中消失”[13]。学科史是理论创新的基础。学科史课程的薄弱环节是中国古代在该学科方面的探索。由于当今现代分科方式是从西方的学科实践发展而来的，所以许多学科的学科史课程内容往往以西方学术史为主。但是每个学科的中国传统中都蕴藏了丰富的信息，是认识、理解中国发展不可或缺的内容。从中国数学史中可以了解到，“以田亩赋税商业等等实用计算为主的《九章算术》在中国的渐渐繁盛和以天文学的数理计算为主的《周髀算经》一系的渐渐衰落，使中国与西方数学发展出现了相当不同的路向，而数学的不同路向又影响了近代科学的发展”[14]。通过这些知识，学生可以更进一步理解中国人的精神生活与物质生活之间相互影响的方式，与西方到底有何不同。在真正理解传统的基础上，树立起学生的文化自觉和文化自

信，找回中国自己的话语。在帮助学生理解知识演变的过程中，将学生培养成有守正创新能力和家国情怀、家国担当的人才。

第三，发展融合课程。融合课程通过文科内部学科相互融合，以及文科与非文科学科相融合的方式，将文科教育融入各个专业学习之中。如今融合专业、融合课程在新文科建设中备受关注。但融合是一种手段，并非目的，所以融合一定是根据需要进行的。譬如，要想让学生加深对现代中国的认识，就不得不涉及一些综合性议题，需要打造相关的融合课程。发展融合课程要解决融合多但各不精的问题，因而在实践中，搭建好融合平台、加强学科之间的课程合作和共建是首要的。

2. 将文科教育与日常生活实践紧密联系

文科研究不能只做书斋里的学问。同样，文科课程也不能只教书斋里的学问，还要走出书斋，走进生活。“对于人文学科而言，理解和阐释是其核心的对象和方法。”[15]文科课程要培养学生的理解力，使学生真正理解文科知识，但是不能仅仅依靠书本知识的积累来培养学生的理解力。不能仅仅用书本知识教学生理解书本知识，还应该带领学生观察生活、调查生活，使之在对大众生活的观察和体悟中加深对书本知识的理解。

学生的理解力会受到他们生活的环境、身处的阶层所限。教育本身就是分层的，“社会经济地位较高的家庭凭借其经济资本、社会资本和文化资本方面的优势获得占据优质教育资源的优先权，从而导致学校之间产生了分割现象”，优势阶层和弱势阶层的孩子往往分别集中于不同的学校。[16]他们对不属于自己阶层的环境和生活是缺乏了解的，譬如在优渥环境中成长，享受着丰富教育资源，逐渐成长为精英的学生，难于理解普通学生与他们的差距可能正是资源的差距，也很难看到社会的前进是如何与千千万万沉默而普通的大多数相关的，所以当他们在学习历史知识的时候也许更容易内化英雄史观而非人民史观。

让学生走进社会，走入生活，是为了让他们迈出其狭小的生活环境，去看到更多元的人生。文科知识本就是围绕着“人”而产生，“社会结构和国家总是从一定的个人的生活过程中产生的”[17]16。文科课程要充分发挥育人作用，便是要学生眼中有“人”，有人的生活。要在真实的社会生活和文化实践中看到“复数的人”。

## （二）调整体系，为理论创新创造良好条件

文科的理论创新不仅需要个人在学术上的努力，也需要获得体系的支持。结合国家建设高质量教育体系的需要来看，当前新文科建设需要调整的体系涉及三个方面：一是调整专业结构，二是调整评价体系，三是重建知识体系。

第一，调整专业结构。“十四五”规划和2035年远景目标纲要指出，提高高等教育质量要“推进高等教育分类管理和高等学校综合改革，构建更加多元的高等教

育体系”，要“建立学科专业动态调整机制和特色发展引导机制，增强高校学科设置针对性”。可以说，调整学科专业结构是建设高质量高等教育体系的重要一环，同时也是建设新文科的基础性任务，新文科的持续向好发展有赖于合适的专业结构。在总体方向上，要“坚持把社会需求作为学科专业设置和调整的重要因素，把落实国家标准作为学科建设的底线要求，形成与经济社会发展相协调的学科专业布局”[18]。具体到新文科的专业结构调整来看，既要完成整体提高，也要实现特色发展。

对于当前新文科的整体发展，需要加快完善支持新文科发展的各个学科专业，打造中国特色的文科学科体系。这既需要对旧有的学科专业进行调整和完善，也需要根据社会需求积极发展新兴交叉学科，打破学科壁垒，促进文科内部学科间的交叉融合，以及促进文科和理工农医科的交叉融合。在根据当前需要调整结构时，也要考虑社会高速发展过程中不断变化的需求，要使结构具有包容性、灵活性和适应性，是可进行动态调整的。此外，要考虑高等教育的分类发展，在实际改革中充分考虑不同学校的不同特色，因地制宜地为发展新文科打造特色专业，譬如师范大学就要发展教师特色，拓宽与培养不同学科学生的教育视野和教育情怀，使各个专业的学生都能成为社会道德、价值、知识的引领者。调整学科专业结构并不是要形成一劳永逸的结构布局，更重要的是要在调整的过程中逐步建立一种灵活的机制，以支持新文科的持续发展。

第二，调整评价体系。2018 年 9 月，习近平总书记在全国教育大会上发表重要讲话时指出：“要深化教育体制改革，健全立德树人落实机制，扭转不科学的教育评价导向，坚决克服唯分数、唯升学、唯文凭、唯论文、唯帽子的顽瘴痼疾，从根本上解决教育评价指挥棒问题。”有什么样的评价指挥棒就有什么样的办学导向。要在新文科建设中调整文科的办学导向，就必然要先改革文科的评价体系。当前的文科评价体系改革需要着力克服两个方面的矛盾：一是短期利益追求和长期持续发展需求之间的矛盾；二是以数据为本的计量式评价与文科价值的不可量化之间的矛盾。

短期利益追求与长期持续发展需求之间的矛盾，表现为现代的教育评价“可以在短期内快速满足决策者的任务性指标，却往往阻碍原创性、顶尖研究成果的产出和‘卡脖子’技术的突破，是一种超强功利化的短期主义‘教育性’”[9]。文科有着不同于理工科的特性，相比于理工科，文科的思想成果对知识积累和阅历积累的要求更高，因而思想的顿悟、理论的产出往往需要更长时间来积淀。现有的评价体系对人的短期成果要求越来越高，不少高校更是对青年教师提出了非升即走的严苛要求，这不利于文科研究者的持续发展。过分看重短期成果的评价体系，无法引导树立终身学习的人才成长观。文科评价体系的改革要考虑到文科人才的可持续发展，考虑到重要理论的突破需要时间的酝酿，要注重过程性评价。

以数据为本的计量式评价和文科价值的不可量化之间的矛盾，表现为当前的评价主要是以定量指标来评价一切，诸如论文发表数量、论文引用率、课题数量等，但是文科内容的思想性、教育性并不能简单以数量来衡量。中共中央、国务院印发的《深化新时代教育评价改革总体方案》指出要“改进学科评估，强化人才培养中心地位，淡化论文收录数、引用率、奖项数等数量指标，突出学科特色、质量和贡献”。文科的评价体系应该根据文科的特色进行相应的调整和改革，以引导高校文科研究者做出有深度、有突破性的研究。

第三，重建知识体系。中国现有的知识体系主要是西方的知识体系，是西方文明的产物，与我国传统知识体系不同。虽然推动了中国的现代化发展，但是过分依赖西方的知识体系既不利于人们理解和发展中国的传统知识、文化，也不利于认识和解释中国的现代化发展。某种程度而言，正是西方知识体系限制了中国理论创新的视野，所以新文科要担负起发展中国文化的责任，就要重建中国的知识体系。当前对西方知识体系依赖的一个重要方面就是对西方学术话语体系的依赖。文科的研究对本土话语的利用不够，出现了许多用西方概念说明中国文化、用西方理论解释中国现象的情况。西方概念的产生有其自身的文化背景做支撑，并不能直接用于理解与西方文化截然不同的中国文化。即便是用西方概念解释中国现象，也需要发展概念，对概念进行本土化调整，如此才能更好地解释中国的独特问题。所以最能解释中国现象的还是本土概念、本土理论。

要对现有的知识体系进行深刻反思，打破它、重建它，还需要广泛了解世界各个国家各民族的文化以及传统的知识体系。既要从中国传统的知识体系中寻求灵感，也要从世界其他文明中汲取精华，通过理解不同文化与不同知识体系之间的关系，来思考、建立一个更加包容的新知识体系，解放学者思想，为理论创新提供更多方向。杨灿明指出“我们的文科一定要是知道走过的路，知道现在所处的方位，并明了下一步前进方向的新文科”，他提到现在法学言必称英美法系、大陆法系，“我们能否从中国几千年的历史沉淀中总结升华出中国自己的法系；一个五千年不断的文明，如果没有法，这是不可想象的”。[19]当前我们对自身传统的知识体系研究得还不够深入，遑论其他知识体系了。总体而言，重建知识体系是一个大工程，需要各个专业分头并进，既要分类研究也要打破学科壁垒进行综合研究。

### （三）输出成果，潜移默化影响世界

当前国际上的话语权主要还是被西方强国所把持，主流价值观也主要来自西方世界。西方声称的所谓“自由”“民主”，即使在全球疫情背景下，也仍有极多的受众。中国要提高国际话语权，用中国文化、中国价值影响世界，还需要高校文科专业积极推进跨文化交流，用世界人民看得懂的方式输出中国的理论研究成果和蕴含中国价值的文学艺术作品等。推进跨文化交流可以从两个方向着手：一是输出体现中国价值的

优秀文化成果，以宣传中国的价值优越性；二是输出批判西方价值的优秀文化成果，以解构西方价值。前者更为受到当前国内学者的关注，但是力度仍然不够。我们有许多优秀的本土理论创新，譬如叶澜教授基于自身多年的基础教育实践提出的“生命·实践”教育理论，王道俊教授等人提出的“主体教育理论”，李吉林老师提出的“情景教育理论”等。这些都是基于中国教育实践形成的中国特色教育理论。但是这些国内的创新理论，还需要进一步走向世界、影响世界。我们有很多展示中国灿烂文明和核心价值观的文学艺术作品，它们也还没有走出去，反而是一些批判国内问题的、解构国内主流价值的文学艺术作品，因为迎合了西方世界的“有色眼镜”而在国际上受到鼓吹和赞美。宣传中国价值，要积极到国外参加交流，更要发挥国内的主场优势，在国内打造有影响力的国际论坛、国际奖台、国际展台。邀请国际人士来参加，并向他们展示我们的优秀文化成果。

就解构西方价值而言，高校文科研究者要勇于挑战西方话语权，既要从学术的角度用批判的眼光看待西方的知识理论，也要从现实活动的角度犀利地指出当代西方资本主义所面临的现实困境。乌合麒麟之画就是解构西方价值，拆穿部分西方国家虚伪面孔的一种典型。而乌合麒麟之画所引发的社会争议也反映出，长期以来一直有不少国人包括部分高校知识分子无视西方偏见的存在，言必称西方价值，即便是西方价值已经不能对其自身行为自圆其说也不加以反思。部分文科研究者对西方文明的仰视不利于批判性成果的产出和输出。高校新文科建设要积极改变文科研究者面对西方学术成果的心态，打造平等的对外交流平台，推动我国文科研究者与国际学术界展开平等对话。不能为了让西方世界接受我们的成果，就去迎合西方强国的价值观。文科研究者要始终守住中国立场，在国际交流中，敢于输出高质量批判性文化成果。如果不能从正面战场突破，让西方世界坦然承认中国价值，那就要通过解构西方价值，为传播中国价值打开空间。

## 三　新文科建设的前景

改革开放以来，中国发生了翻天覆地的变化，正处于崛起之中。正如马克思所言：生活决定意识。[17]17 人们对国家的认知与态度受到人们生活状态的影响。这个时代的孩子出生在一个民族富强的时代，所以他们很自然地就对国家充满了信心和自豪感。因此，新文科的建设有民心所向的力量支持。在这个时代，经济飞速发展为我国各方面实力提升打下了坚实的物质基础，中国军事实力、外交实力的增强又为国内环境的稳定提供了充分的保障。这意味着，当前新文科的发展有良好的环境、充分的条件。这样的发展成绩，说明有很多中国实践可以研究，有很多中国故事值得讲述，有很多中国画面值得定格，新文科的建设有丰富的原材料。在疫情防控常态化阶段，国际竞争更加激烈，国际格局变幻莫测，中国要获得同实力相匹配的国际地位还需要应对许多挑战。新文科的建设必须发挥作用，助力中国在国际竞争中扩大优势，取得胜利。新文科建设有必须实现突破的意志作为支撑和动力。中国人民大学美国研究中心主任时殷弘在谈到世界格局之变时指出，各国应对疫情的表现与中国的差距，给了中国新的历史机遇，中国"在经济、军事、外交、意识形态各方面空前地大有作为，不仅必需，而且可行"。[20]在这样的历史进程中，新文科建设是可行的，更是可期待的。人们有理由相信，未来新文科建设将在学科体系构建、人才培养、学术发展和文化传播等方面做出重要贡献。

首先，新文科所构建的文科学科体系，将是一个具有中国特色的、动态的学科体系，能适应不断变化的社会需求。在新文科建设的进程中，各个文科学科将积极完成转变，通过调整专业结构、改革课程、发展具有中国特色的学科理论，形成新的学科体系。新文科中各个学科体系彼此间各具特色但又有充分的沟通和融合。这样的学科体系，构成了高质量教育体系的一部分，是培养优秀文科人才、酝酿创新性文科研究的基础。在新文科的学科体系下，学生能接受符合时代需要、国家需要、个人需要的文科教育和学术训练，而教师、研究者能有更好的条件开展本土学术研究和更方便的平台进行学术交流和跨学科合作。

其次，新文科所培养的时代人才，将能自觉践行社会主义核心价值观，能够为人民代言、为中国代言。以人民为中心，把人民的利益放在第一位是中国区别于西方国家最突出的特点。未来新文科课程中会有越来越多与当代本土实践相关的内容，无论是扶贫工作还是基建工作，从中皆可以看到党和国家是如何以人民为中心部署工作的，也可以看到千千万万伟大的中华儿女在中国发展的进程中所做出的伟大贡献。此外，未来新文科教育会更加重视对传统中国和现代中国之间连续性的呈现，而学生越是了解中国的历史、中国的文化，就越能认同中国价值，相信人民的力量，形成文化自觉和文化自信，自觉践行社会主义核心价值观。接受了新文科教育的中国人才，会把人民放在心里，会关注人民关注的问题，在人民的生活中做研究，为人民发声。疫情期间全球各国的表现已经让许多国人亲身体会到社会主义制度的优越性，在这样的心态基础上，通过加强新文科建设，进一步以文化人，一定能培养出更多中国立场、人民立场的时代新人。

再次，新文科所创新的知识体系和思想理论将解构完全由西方主导的现存国际社会科学理论体系，形成一个更为客观真实、平衡反映东西方主张的新体系。通过建设新文科，中国学者解放思想，看到多元的文明与知识体系，将逐渐突破由西方主导的学术体系，形成具有中国特色和极具包容性的新知识体系。基于此，中国学者扎根本土，用中国话语回答中国问题，用中国概念解释中国现象，形成中国理论，并在国际上与各国学者展开平等对话。通过建设新文科，中国学术实力增强，学术话语权提高，将在全球化进程中逐渐打破西方中心主义的偏见，使国际学术界无法忽视中国学术界的理论创新、思想突破，以更加尊重的姿态来聆听中国学者的声音，理解中国文化，认识新的知识体系。中国的理论未来还将为世界的和平、可持续发展做出重要贡献。

最后，新文科所传播的中国价值将在世界上产生更广泛的影响。就像西方各国崛起以后，西方价值影响整个世界一样，中国的崛起也必然带来中国价值的传播。通过新文科的建设，中国的文科整体实力提高，中国文科推进平等国际对话的自信心和能力也随之增强。中国的新文科人才，走向各个工作岗位，通过各种方式，诸如学术作品、影视作品、音乐、画作、游戏等，展示各种各样充满魅力的中国形象，输出中国理论、中国文化、中国价值。通过建设新文科，人们将在各个文科专业领域与西方国家对话、对垒，逐渐改变西方话语的霸权地位，提升中国的国际话语权，增强中国价值的世界影响力。世界将接受中国的影响，因为中国的发展理念始终与世界人民的长久利益相一致。

总体而言，中国新文科的前景是可期待的，这与中国发展的大势紧密相关，但是也要认识到中国新文科建设必将是一场充满挑战的持久战。当前，美国的硬实力和软实力，仍然还在发生作用，美国霸权对中国的压制仍将长期存在，中国现代国际关系研究院副院长傅梦孜就认为短期内国际力量格局难以发生根本性变化：“中国仍将面临一个西方理论（包括经济、军事、科技及文化影响力等）在较长时期内占优或惯性延续更长的更为复杂的国际环境。特别要正视中美可能渐行渐远而非日益走近的双边关系，坚持底线思维，作最坏的准备”。[21] 中国文化要真正走出去影响世界，必然还将经历一个漫长的过程。但是打铁还需自身硬，只要我们做好内部的新文科建设，无论世界格局发生怎样的变化，新文科都能支撑中国应对这样的变化；只要我们能够培养出中国立场的时代人才，代表中国未来的年轻人就能够推动中国的持续发展；只要我们能够扎根本土创新理论，这些理论就有机会突破西方文化霸权的阻碍走出中国影响世界。

## 参考文献

[1] 吴岩：《积势蓄势谋势，识变应变求变，全面推进新文科建设》，《新文科教育研究》2021 年第 1 期，第 5~11 页。

[2] 吉登斯·安东尼、郭忠华：《民族国家理论的悖论性发展》，《新华文摘》2010 年第 12 期，第 144~146 页。

[3]《十八大以来重要文献选编》（中），中央文献出版社，2016，第 301 页。

[4]《习近平看望参加政协会议的文艺界社科界委员》，新华网，http：//www.xinhuanet.com/2019-03/04/c_1124192099.htm，2019 年 3 月 4 日。

[5] 毛泽东：《毛泽东选集》（第三卷），人民出版社，1991，第 790~791 页。

[6] 辜鸿铭:《中国人的精神》,北京联合出版公司,2013,第 25 页。
[7]《习近平:在哲学社会科学工作座谈会上的讲话》,新华网,http://www.xinhuanet.com//politics/2016-05/18/c_1118891128.htm,2016 年 5 月 18 日。
[8] 樊丽明:《新文科:时代需求与建设重点》,《中国大学教学》2020 年第 5 期,第 4~8 页。
[9] 张庆玲:《世界一流学科背景下人文学科的生长困局分析》,《大学教育科学》2021 年第 1 期,第 44~52 页。
[10] 龙宝新:《中国新文科的时代内涵与建设路向》,《南京社会科学》2021 年第 1 期,第 135~143 页。
[11]《习近平看望参加政协会议的医药卫生界教育界委员》,新华网,http://www.xinhuanet.com/politics/2021lh/2021-03/06/c_1127177680.htm,2021 年 3 月 6 日。
[12] 奥尔特加·加塞特:《大学的使命》,浙江教育出版社,2001,第 82 页。
[13] 托马斯·库恩:《科学革命的结构》,北京大学出版社,2012,第 143 页。
[14] 葛兆光:《中国思想史》(导论),复旦大学出版社,2019,第 27 页。
[15] 刘康:《什么是文科——现代知识的型塑和体系》,《上海大学学报》(社会科学版)2021 年第 2 期,第 1~19 页。
[16] 吴愈晓、黄超:《基础教育中的学校阶层分割与学生教育期望》,《中国社会科学》2016 年第 4 期,第 111~134、207~208 页。
[17] 马克思:《德意志意识形态》(节选本),人民出版社,2018。
[18] 周洪宇、付卫东等:《中国教育政策建议书》(2021 年版),长江教育研究院,2021。
[19] 杨灿明:《从四个维度看新文科之"新"》,《中国高教研究》2019 年第 10 期,第 11~12 页。
[20] 时殷弘:《美国及其它主要国家对华政策与未来世界格局》,《国家安全研究》2020 年第 6 期,第 4~9 页。
[21] 傅梦孜:《国际力量格局变化与中美关系》,《国家安全研究》2020 年第 6 期,第 17~20 页。

# The Purpose, Tasks and Prospects of the Construction of New Liberal Arts

*Zhou Hongyu, Chen Shi*

**Abstract**: The construction of the new liberal arts is a strategic decision made by the China's government based on the needs of national development in the new era. The development of new liberal arts is to respond to the needs of China's development. Its purpose is to cultivate new generation of times with China's stand, create theories and thoughts with China's characteristics, and spread China's values across the globe and expand China's influence. In order to achieve this goal, the construction of new liberal arts must complete several tasks such as curriculum reform, system reform, and achievement output. With the rising trend of China today, the development of new liberal arts has a good environment and sufficient conditions, and its development prospects are bright and expectable. However, due to the unpredictable international situation, the construction of new liberal arts will be a long-term and arduous task.

**Keywords**：New Liberal Arts；Education Development；Talent Cultivation

## 主持人语

# 促进民办高等教育可持续发展

潘懋元*

改革开放以来，我国民办高等教育取得了举世瞩目的成绩，成为我国高等教育事业不可或缺的重要组成部分，为推进高等教育普及化和实现高等教育多样化发展做出了重要贡献。然而，我们也需要看到，我国民办高校在发展初期，利用政策红利和市场办学活力，通过模仿借鉴公办高校及发达国家私立高校的发展特点和经验，实现了高速发展，但同时也带来了不少问题，如办学实力整体偏弱、师资力量薄弱、治理体系与治理能力建设滞后、办学风险提升、办学特色不明等。进入新发展阶段，民办高校如何由后发借鉴走向特色创新的可持续发展，实现由数量扩张的外延式发展转向高质量的内涵式发展成为我国民办教育亟须解决的现实问题。2018 年最新修订的《民办教育促进法》以及 2021 年最新修订的《民办教育促进法实施条例》描绘了“十四五”期间我国民办教育高质量发展的宏伟蓝图，旨在支持和规范社会力量举办民办教育，保障民办学校依法办学、自主管理，鼓励、引导民办学校提高质量、办出特色，满足多样化教育需求、稳健推进分类管理成为实现民办教育高质量发展的重要改革方向。在此背景下，探讨民办教育高质量发展和特色内涵式发展具有重要意义。

厦门大学教育研究院长期高度关注民办高等教育事业改革发展和民办高校特色办学，是国内较早开展并长期致力于民办高等教育理论研究的机构。我也发表了一些关于民办高等教育的研究成果，论述了我国民办高等教育的性质、产权、立法、质量、经费和可持续发展等核心问题，尝试为推动我国民办高等教育事业发展贡献力量。关于民办高等教育的性质，我认为“民办教育与公办教育一样，不存在姓资姓社的问题”，并根据教育内外部关系规律，提出“民办高等教育的发展是我国社会经济发展的必然要求”“民办高等教育是我国高等教育体系的重要组成部分”等论断，试图为民办高等教育的发展扫除思想上的阻碍，提高民办高等教育的地位；关于民办高等教育的产权，我认为“民办高等教育的公益性与营利性并非非此即彼，而是和而不

---

* 潘懋元，男，广东揭阳人，厦门大学高等教育发展研究中心教授，博士研究生导师。

同”，并根据我国民办高等教育实践，提出探索多元主体共治的民办高校产权制度和民办高等教育“公私混合所有制”办学，尝试推进民办高等教育发展的“第三条道路”；关于民办高等教育与政府的关系，我提出“与公办高等教育一样，政府应支持并规范民办高等教育发展”；关于民办高等教育的可持续和特色创新发展，我提出要坚持多元质量观和评价观，认为民办高等教育要发挥面向市场需求、激活竞争机制、调整高教结构、改革管理体制等方面的优势和作用，更好地培养适应经济与社会需求的应用型、实用型人才。我也曾在多个场合提出：“中国民办高等教育的发展具有两个方面的重要意义。一是大家耳熟能详的，民办高等教育以社会力量办学，减轻国家的教育财政负担，满足更多青年接受高等教育的愿望，为高等教育大众化和社会文化水平与劳动生产率的提高做出重大贡献。二是民办高等教育的办学者，拥有较多的办学自主权，具有较多的相关利益与较强的经营意识，受传统治理体制的影响较小，因而具有较强的高等教育改革的动力和机制优势。”目前看，第一个意义已被民办高等教育发展所证实。在推进高等教育治理体系和治理能力现代化的进程中，如何发挥好民办高等教育的第二个意义至关重要，这也是探索推进我国现代大学制度建设的重要问题，需要民办高等教育办学实践者和理论研究者不断探索创新。

厦门大学教育研究院在博士研究生培养方面长期坚持开展集中专项调研活动，形成了深入高校实地调研交流、开展实践教学的优良传统，这也成为博士研究生教育的特色品牌项目。通过实地调研，博士研究生易于做到理论联系实践，发现高校实际办学中的现实问题和困惑，并把所学理论知识运用到实际调研当中，进而提升高等教育研究的水平。在此基础上，厦门大学教育研究院组织 2019 级博士研究生调研团对民办高校齐齐哈尔工程学院的特色办学和应用型课程建设进行了全方位调研和考察。在调研和考察的基础上，在民办高校办学机制、人才培养、师资队伍建设和内部质量保障等方面形成了系列研究成果。这些研究成果既是对作为民办应用型本科院校典型代表齐齐哈尔工程学院办学的经验总结和问题研究，也是对我国民办高校办学特色和办学实践的整体探讨。在此对部分研究成果进行汇报，期望为实现我国民办高等教育高质量发展增砖添瓦。

# 共同富裕视野下民办高等教育高质量发展研究*

覃红霞　李　勇**

【摘　　要】40多年来，民办高等教育抓住改革开放的发展机遇，实现了高速发展。但民办高等教育以“谁受益谁支付”的模式配置高等教育资源，追求交易价格最优化和投资回报最大化导致在快速扩张的同时弱化了公平和质量追求，影响了自身的高质量发展。共同富裕是社会主义的本质要求，是中国式现代化的重要特征。十八大以来，党中央提出坚持以人民为中心的发展思想，强调要在高质量发展中扎实推进共同富裕，这为民办高等教育的高质量发展指明了方向。民办高等教育要把握共同富裕的战略目标和实践途径，保持稳定健康发展，更加重视教育公平，以第三次分配理念积极选择非营利性办学，适当降低利润率，优化高等教育供给结构、培养大批高素质劳动者，在高质量发展中扎实推进共同富裕。

【关 键 词】共同富裕　教育公平　高质量发展　民办高等教育

2020年以来，民办教育行业经历了重大变革：一方面，随着国家对民办教育和培训机构重拳整治，民办教育资本受到很大限制，大批民办学校和机构关停或转型；另一方面，民办高教集团大型合并收购不断，规模扩张与利润增长迅速。民办教育，特别是民办高等教育经过多年的高速发展，在数量增加和规模扩大的同时，质量与发展模式仍被社会所质疑。伴随着高等职业教育普及趋势的加速以及营非转设进程的加快，民办高等教育的转型发展已经成为学界最为关注的热点问题之一。

共同富裕是社会主义的本质要求，是中国式现代化的重要特征。[1]马克思在《政治经济学批判》中指出，未来新社会的显著特征是“生产将以所有的人富裕为目的”[2]。

* 本文系全国教育科学“十三五”规划2020年度课题“乡村振兴背景下高校促进农民创业教育的路径及机制研究”（BIA200204）的研究成果。

** 覃红霞，女，湖北鹤峰人，教育学博士，厦门大学教育研究院副院长，教授；李勇（通讯作者），男，福建南平人，厦门大学教育研究院高等教育学2019级博士研究生。

邓小平同志在改革开放之初就提出“共同致富，我们从改革一开始就讲，将来总有一天要成为中心课题……这是体现社会主义本质的一个东西”[3]，并设计了共同富裕的实现步骤。十八大以来，党中央把逐步实现全体人民共同富裕摆在更加重要的位置上。[4]党的十九大指出中国特色社会主义进入了新时代，这个新时代是“全国各族人民团结奋斗、不断创造美好生活、逐步实现全体人民共同富裕的时代”[5]10，并提出了到 21 世纪中叶全体人民共同富裕基本实现的宏伟蓝图。共同富裕不仅指向物质富裕，精神文化富裕也是共同富裕的重要内涵，我国民办高等教育作为社会精神和文化生产力的重要力量，发展的最终目的也必然指向共同富裕。当然，共同富裕的实现过程不是齐步走，也不是大锅饭，而是允许一部分人一部分地区一部分行业先发展起来。民办高等教育的发展首先是解决高等教育资源供给不足的问题，而发展效率高低直接影响了高等教育资源总量的丰富程度，因此，效率优先是民办高等教育在初始阶段发展的逻辑必然。进入新时代，随着高等教育资源总量的持续增加，社会发展取向更加强调“共同”性，这就要求民办高等教育在发展中更加重视公平和质量，既要“做大蛋糕”也要“分好蛋糕”，实现从效率优先到共同富裕的转型发展。

## 一　效率优先逻辑下民办高等教育的高速发展

共同富裕首先要“让一部分人先富起来”。党的十一届三中全会提出以经济建设为中心的改革开放战略，发展成为第一要务。效率优先是市场经济的必然要求，也是衡量发展成果的重要指标，以效率优先实现规模快速扩张成为当时民办高等教育发展的逻辑必然。为满足人民群众日益增长的教育需求，突破“穷国办大教育”国家财力有限、公立高等学校数量较少、教育供给不足的困境，民办高等教育重新登上历史舞台。在摆脱了民办教育是属“资”还是属“社”的争论后，民办教育属于社会主义事业组成部分的地位逐渐得到确立。[6]1984 年邓小平同志为北京自修大学、陈云与彭真为中华社会大学题写校名[7]，国家开始加大对民办高等教育的政策支持力度；1985 年《中共中央关于教育体制改革的决定》鼓励打破单一所有制的传统办学格局，实现多种形式办学；1987 年国家教委颁布《关于社会力量办学的若干暂行规定》，确认了民办高等教育的合法身份，标志着民办高等教育走向依法办学，为民办高等教育的发展奠定了良好的政策基础，而经济收益也成为民办高等教育创办和运营的强大激励力量[8]。

高等教育市场化改革实践开启了民办高等教育快速发展的新时期。党的十四大确立了建立社会主义市场经济体制的改革目标[9]，明确鼓励多渠道、多形式的社会集资办学和民间办学，为民办高等教育大发展营造了良好的政策环境。市场化改革被认为是提升民办高等教育效率最有效的手段之一。从 20 世纪 90 年代中后期开始，政府允许民办高等教育通过市场资源配置形式快速充盈高等教育总量，高等教育成为扩大内需的新的经济增长点，尤其是《民办教育促进法》和《民办教育促进法实施条例》突破传统公益性概念，允许举办者获得一定合理回报，极大地鼓励了民办高等教育发展，快速推动了中国高等教育大众化进程。1994 年全国仅有 7 所民办高校，在校学生约 1.4 万人。[10]2020 年，全国共有民办普通高校 771 所（含独立学院 241 所），在校学生总数达 791.34 万人[11]，民办高等学校的数量比 1994 年增加了 109 倍，在校学生数增加了 564 倍。民办高等教育仅用 1%的公共财政资金为社会提供了 20%的公共教育服务[12]，为更多的年轻人提供了高等教育选择机会。同时，民办高校在培养模式、内部治理、质量提升等方面进行了长期探索，办学层次逐渐丰富，办学管理体制机制改革也积累了相当的经验。

民办高校集团化办学标志着民办高等教育效率集约化发展的新高度。2019 年底，国内共有 23 个民办高教集团，旗下共有 104 所民办高校（含境外院校 9 所），其中境内民办高校 95 所，在校生约 110 万人[13]，分别占 2019 年全国民办高校总数的 12.5%和在校生总数①的 15.5%。仅 2020 年，民办高教集团发生收购行为 24 起，投资金额共计 71.15 亿元，中教控股更是以 24.46 亿元收购锦城学院 51%的股权，创下并购金额新高。[14]民办高校集团化的趋势凸显了民办教育发展高效率、大规模和高收益的特点。民办高教集团以市场机制整合民办高校，通过规模效应提升资源配置效率，有利于实现人才培养规模和效率的提升，但以营利为目的的倾向与趋势也更为明显。

## 二　共同富裕新阶段民办高等教育发展面临的主要问题

经过改革开放 40 余年的发展，我国已经全面建成小康社会，开启了全面建设社会主义现代化国家新征程。在新发展阶段，资源总量不足的矛盾有所缓解，发展不平衡不充分的问题则是突出的制约因素。习近平总书记指出：必须坚持发展为了人民、发展依靠人民、发展成果由人民共享，做出更有效的制度安排，使全体人民朝着共同富裕方向稳步前进。[15]这对新阶段民办高等教育的发展提出了更高要求。总体来看，走市场化道路，以效率优先实现规模扩张是过去我国民办高等教育发展的基本模式。然而，单纯的市场效率机制往往导致过度追求交易价格和投资回报。民办高等教育以“谁受益谁支付”的模式配置高等教育资源，追求交易价格最优化和投资回报最大化容易导致民办高等教育无序扩张，淡化公平追求，弱化质量把控，阻碍了民办高等教育的可持续发展，与共同富裕新阶段的发展新要求不适应。

① 数据来源：《2019 年全国教育事业发展统计公报》。

### （一）效率优先简单化为利润优先

效率优先是民办高等教育发展的重要基础，但效率优先在实际发展中简单化为利润优先。我国大部分民办高校办学经费主要来源于民间资金和银行借贷，具有明显的营利性倾向，民办高校往往将办学成本补偿简单等同于高学费，将办学结余简单等同于利润。根据 2005 年颁布的《民办教育收费管理暂行办法》，民办学校学历教育学费收费标准要按照补偿教育成本的原则并适当考虑合理回报的因素制定。[16] 修订后的《民办教育促进法》和《民办教育促进法实施条例》推出了分类管理的规定，但仍强调民办学校应当建立办学成本核算制度，基于办学成本和市场需求等因素，遵循公平、合法和诚实信用原则，考虑经济效益与社会效益，合理确定收费项目和标准。[17] 我国民办高等教育发达的地区不少属于东北和中西部地区，学生相当部分来自农村地区或中低收入家庭。以黑龙江为例，2020 年全省人均可支配收入为 24902 元①，而该省民办高等教育的年均学费一般在 2 万～3 万元，民办高校的高学费政策在一定程度上增加了中低收入家庭的教育负担，可能成为贫困家庭教育致贫的因素之一。

利润优先的办学模式还可能造成资本无序扩张。美国教育家罗伯特·赫钦斯（Robert Hutchins）指出：当一所学校为谋取金钱而决定采取一些行动时，它必定会丧失其精神。[18] 自 20 世纪 90 年代中后期开始，一些大型企业集团陆续进入高等教育领域投资办学，加剧了民办高校对办学利润的追求。各大高教集团公布的 2021 财年中期业绩报告显示，多数集团均继续保持两位数的收入增长，中教控股、新高教集团及希望教育分别实现收入增长 38.64%、34.1% 和 35.93%，净利润率均在 40% 以上，其中宇华教育净利润率高达 62.2%。[19] 同时，部分民办高校的举办者在国外免税港注册外国法人公司，以 VIE 模式控制国内民办高校以实现海外融资上市，并将办学结余通过 VIE 合同转移到国外成为外国上市公司的毛利润。[20] 这类外国公司在理论上还有可能会被海外恶意资本收购，增加经济风险和意识形态风险。[21]

### （二）市场化运作引发了教育不公平问题

民办高等教育市场化运作模式对教育公平产生了一定的负面影响。高等教育是一项重要的民生工程，不断增加高等教育入学机会、公平地分配高等教育资源是改善民生的重要内容。高等教育是一种准公共产品，既有私人产品属性，又有公共产品属性，完全由市场机制来配置资源会产生不利影响。民办高校颁发的学位本质上是国家公权力对学位持有人的学术能力和综合实力的认证，这种加注在民办高等教育学历上的国家信用具有一定的公共产品属性，不能完全等同于付费交易的私人商品。民办高

① 数据来源：《中国统计年鉴（2021）》。

等教育如果完全以市场化和追求利润为目的，无限制地提高学费，扩大规模，必然背离公共产品的基本性质，影响高等教育公平。

民办高等教育发展过程中产生的营利性问题制约了民办高校师生获得和公办高校师生同等的合法权益，这也是民办高校自身遭受不公平待遇的重要原因。一方面，营利性影响了民办高校师生的公平权益。营利性办学使民办高校倾向于压缩成本，学校内涵建设投入不足，社会对民办高校办学质量存疑；在学校内部，受传统文化和非营利法人制度不健全的影响，家族式的资本控制模式成为相当一部分民办高校内部治理的主流模式，民办高校教师与学校之间是简单的劳动合同关系，营利性办学导致教师权益容易受到侵害，权益受损后法律救济渠道相对有限。另一方面，办学营利性也影响了民办高校自身享有的公平权益。在《民办教育促进法》修订前，原有法律制度强调“不得以营利为目的”，将民办高等教育办学行为纳入非营利性的范畴，这与事实上的投资办学行为相矛盾，实际造成了国家管理的边界模糊和社会认知的错觉，原本应该给予真正非营利性民办高等教育的财政资助和优惠政策由于部分学校的营利性迟迟无法兑现，这种结构性困境极大地影响了民办高校的公平发展。

### （三）规模扩张的同时弱化了教育质量

从现实情况看，我国民办高等教育以投资办学为主，在“以生养校”的发展模式下追求规模效益，走了一条硬件先行、数量扩张的发展道路，质量发展和特色建设相对滞后。一方面，民办高等教育规模扩大和质量提升并不协调，存在高产低质的错配问题。经济新常态下国家发展和产业结构升级迫切需要大批具有大国工匠精神、适应市场需求的应用技能型创新人才，而民办高等教育在规模快速扩大的同时，在人才培养模式、专业特色建设、师资结构优化等方面面临较大压力，整体办学水平相对不高，培养出来的人才与社会需求脱节，造成人才产能相对过剩。另一方面，规模扩大和内涵建设投入不同步，办学同质化问题较为严重。民办高等教育的优势是通过市场机制来实现高等教育多元化发展，丰富高等教育的形式、数量和种类，以个性化的办学定位和特色优势满足不同学生的多样化需求。然而，当前民办高校对学科专业内涵建设相对投入不足，整体办学模式向公办高校靠拢，办学特色不明显，专业设置主要集中在办学成本较低的专业，人才培养模式过于僵化，还未形成差异化、特色化的应用型人才培养的教育质量观。

## 三　共同富裕视野下民办高等教育的转型发展

全面建成小康社会，为共同富裕的实现奠定了坚实的物质基础，现在，已经到了扎实推动共同富裕的历史阶段。[4]推动共同富裕取得更为明显的实质性进展，就是让共同富裕成为全面发展的方向与核心指标，就是在处理好效率与公平的辩证关系中推动发展成果更多地惠及全体人民，就是要坚持在发展中保障和改善民生，把推动高质量发展放在首位。[4]坚持以人民为中心，在高质量发展中促进共同富裕[5]30，为新发展阶段下民办高等教育发展转型指明了方向和路径。民办高等教育要从效率优先逻辑下以数量增长、规模扩大为主的发展模式转变为共同富裕逻辑下以优化结构、提升质量、促进公平为主要特征的新发展模式，以高质量发展推动共同富裕取得实质性进展。

（1）处理好民办高等教育发展速度与高质量发展的关系，保持民办高等教育稳定健康发展。发展始终是第一要务，高质量发展不是限制民办高等教育发展规模与速度，而是在处理好政府投入与市场资源配置的关系上，为民办高等教育稳定健康发展留足空间、留好空间。已有研究表明，当前世界民办高等教育的比例为 30.62%，其中中等收入国家的比例为 34.2%，高收入国家的比例 30.81%。[22]2020 年，我国民办普通本专科在校生所占比例为 24.1%[11]，即将接近世界平均水平，民办高等教育继续保持高速发展速度的空间有限，需要尽快从外延扩张向内涵提升的高质量发展模式转变。在此过程中，政府要为民办高等教育发展提供良好的政策保障。《民办教育促进法》第三条明确规定“各级人民政府应当将民办教育事业纳入国民经济和社会发展规划”。这也要求我们在尽力而为、量力而行的基础上，进一步明确政府的投入责任，完善民办高校内外部多元成本补偿机制，充分考虑民办高等教育的办学成本与市场需求，适当降低民办高校的利润率，切实减少居民高等教育支出，保持民办高等教育高质量健康发展。

反对资本无序扩张是民办高等教育高质量发展的重要保障。共同富裕理论是规范资本健康发展的基本准则，通过禁止民办教育资本攫取不合法利润，限制资本财富的不当聚集效应，保障民办高等教育资源合理分配，为全体人民所共享。具体而言，首先，应加强对非营利性民办高校的关联交易监管，依据《企业会计准则第 36 号——关联方披露》落实信息披露义务，加强教育管理部门与证监机构的合作监管，重点打击利用不公平关联交易恶意转移学校财产利益的违法行为，保护学校合法产权和师生合法利益。其次，应进一步规范民办高校上市融资行为，创造营利性民办高校在国内 A 股上市的便利条件，同时设置优惠条件鼓励海外上市的营利性民办高校回归，实现法律的有效监管。最后，明确非营利性民办高校任何形式下的上市限制，对于通过 VIE 协议在海外上市的非营利性民办学校，应根据我国法律的基本精神确定具体指导意见，加快海外退市，确保资本合法合规健康发展。

（2）积极引导民办高等教育非营利性办学，在促进教育公平中推进民办高等教育高质量发展。促进共同富裕，就是要“为人民提高受教育程度、增强发展能力创造更加普惠公平的条件”[4]，高等教育通过为所有的人提供公平的受教育机会，培养知识技能型劳动者，从而缩小社会成员的收入差距，是阻断代际贫困、提高中低收入人群生存发展能力、推进共同富裕的重要手段。民办高等教育要坚持共同富裕发展方向，坚持以人民为中心，主动回应社会对高等教育资源公平分配的合理期待，加快摆脱投资办学的传统模式，更加重视公益性质，以非营利性的制度建设为突破口，在新的《民办教育促进法》框架内积极选择非营利性办学，将办学结余更多运用到学校内涵建设中，为人才培养创造更加普惠公平的条件，提升学生的人力资本水平和他们投身社会就业创业的能力，助力公平基础上的共同富裕。

第三次分配是共同富裕分配制度下的重要内容。当前的重要工作是以第三次分配理念引导民办高等教育在经济效益与社会责任之间进行合理抉择，鼓励和支持民办高等教育选择非营利性办学，以更高水平的高等教育公平实现高质量发展。民办高等教育举办者选择非营利性办学，本质上是高等教育资源从个人所有让渡到社会共享，是个人物质财富达到一定程度后，更加注重实现社会价值而非商业利益增值的新趋势。当然，也要根据我国的实际情况，充分考虑民办高等教育的历史性贡献，建立第三次分配的激励和保障机制，细化分类管理的财政资助和增强税收优惠政策的可操作性，适当借鉴发达国家鼓励捐赠的做法，适时出台符合我国国情的遗产税与财产流转税收制度，提高财产代际转移的成本，在税收减免、荣誉奖励等方面完善我国第三次分配激励制度，鼓励民办高等教育在第三次分配中先行先试，保障民办高校举办者和广大师生的合法权益，推动民办高等教育持续健康发展。

（3）优化供给结构、培养高素质劳动者是共同富裕阶段民办高等教育高质量发展的核心命题。在高质量发展中促进共同富裕是扎实推进共同富裕的重大战略部署。党的十九届五中全会提出了“十四五”时期建设高质量教育体系的战略任务，民办高等教育如何实现高质量发展是当前的主要问题。我们认为当前民办高等教育发展的主要矛盾，本质上是一种结构性供给不足，即人才需求与供给规格质量的失衡。因此，民办高等教育要做好供给侧结构性改革，促使供给质量与需求相匹配，要进一步提升供给质量与产业发展的关联度，从学科专业结构与产业发展的契合度出发，对现有专业进行宏观调整，推动产业结构优化升级，助力我国产业从中低端价值链向中高端价值链转移；同时，民办高等教育要密切供给质量与地区发展的互动关系，发挥高等教育协调性集聚效应，建立动态专业调整机制，增强与地方经济建设和社会发展的关联性、协调性，形成相应的特色学科专业群，促进区域产业均衡发展。

培养大批高素质劳动者，通过人力资本增值扩大中等收入群体规模是实现共同富裕的重要途径，也是民办高等教育高质量发展的落脚点和最终标准。社会主义现代化需要的人才既包括基础理论研究的高端人才，也包括工匠型的高素质劳动者和技术工人。高素质劳动者是具有专业知识、应用能力和科学素养“三位一体”的新型复合型人才，民办高等教育应把握产业发展对人才培养质量的新需求，坚持校企合作与产教融合以凝练办学特色，全面构建以学生为中心的办学理念，建立一支素质过硬、结构优良的双师型师资队伍，完善以应用为基础的课程体系和实践教学体系，加强对教学条件与实习实践场所的保障能力，提升专业课程质量，完善过程性评价体系和教学质量保障体系，建立特色鲜明的人才培养体系。在培养中要实现专业教育与人文素养、创新精神的相互渗透，重塑知识结构、技能结构与素质结构，确保学生具备扎实的职业基础知识、娴熟的实践操作能力和科学的职业创新素养，使之成为能够主动适应经济社会发展变化的高素质劳动者。

## 参考文献


[1]《如何理解促进共同富裕的重大意义》，百度百家号，https://baijiahao.baidu.com/s?id=1712996659702030031&wfr=spider&for=pc，2021 年 10 月 8 日。

[2]《马克思恩格斯选集》（第 2 卷），人民出版社，2012，第 787 页。

[3]《邓小平文选》（第 3 卷），人民出版社，1993，第 364 页。

[4] 习近平：《扎实推动共同富裕》，《求是》2021 年第 20 期，第 3 页。

[5] 习近平：《决胜全面建成小康社会　夺取新时代中国特色社会主义伟大胜利——在中国共产党第十九次全国代表大会上的报告》，人民出版社，2017。

[6] 覃红霞：《民办高校与政府关系的反思与重构》，《江苏高教》2015 年第 6 期，第 151 页。

[7] 蒋国华：《南巡春风吹又生：中国民办大学的勃兴与成长——纪念邓小平南巡讲话 20 周年》，《高教发展与评估》2012 年第 6 期，第 2 页。

[8] 李虔：《论中国民办高等教育发展的逻辑转向》，《东北师大学报》（哲学社会科学版）2018 年第 4 期，第 190~194 页。

[9] 赵学军：《改革开放以来中国商业信用制度的诱致性变迁》，《中国经济史研究》2005 年第 2 期，第 60 页。

[10] 徐绪卿：《首批民办高校发展经验的思考》，《浙江树人大学学报》2002 年第 2 期，第 7~12 页。

[11]《2020 年全国教育事业发展统计公报》，教育部官网，http://www.moe.gov.cn/jyb_sjzl/sjzl_fztjgb/202108/t20210827_555004.html，2021 年 8 月 27 日。

[12] 吴华、姬华蕾：《论民办教育对国家教育发展的独特贡献》，《华东师范大学学报》（教育科学版）2020 年第 10 期，第 69~77 页。

[13] 钟秉林、周海涛、景安磊、郑淑超：《民办高校集团化办学的发展态势、利弊分析及治理路径》，《中国高教研究》2020 年第 2 期，第 29 页。

[14] 胡莹：《24 起并购，超 71 亿金额，民办教育并购潮依旧？｜蓝鲸观察》，蓝鲸 edu，https://mp.weixin.qq.com/s/wm-BuqsUQReV7P3GwDrYCA，2021 年 10 月 26 日。

[15]《中共中央召开党外人士座谈会　征求对〈中共中央关于制定国民经济和社会发展第十三个五年规划的建议〉的意见》，《人民日报》2015 年 10 月 31 日，第 1 版。

[16]《关于印发〈民办教育收费管理暂行办法〉的通知》，教育部官网，http://www.moe.gov.cn/jyb_xxgk/moe_1777/moe_1779/201308/t20130808_155390.html，2005 年 3 月 2 日。

[17] 周海涛、景安磊：《让社会力量办学迸发出活力》，《中国高等教育》2018 年第 20 期，第 10 页。

[18] 罗伯特·M. 赫钦斯：《美国高等教育》，汪利兵译，浙江教育出版社，2001，第3页。

[19]《高教行业2021财年中期业绩：强者恒强，龙头吸进溢价高》，百度百家号，https://baijiahao.baidu.com/s? id=1698885618311811655&wfr=spider&for=pc，2021年5月5日。

[20] 董圣足：《论教育资产上市的不可持续性——基于香港联交所上市教育企业的情况分析》，《华南师范大学大学学报》（教育科学版）2020年第10期，第78~88页。

[21] 潘奇、董圣足：《VIE架构在教育领域的应用、问题及其对策》，《教育发展研究》2018年第5期，第17~22页。

[22]《我国教育发展主要指标合理区间的建议》，中国教育科学研究院内刊《科研与决策》2021年第1期。

# Research on the High-quality Development of Private Higher Education from the Perspective of Common Prosperity

*Qin Hongxia, Li Yong*

**Abstract**: Over the past 40 years, the private higher education has grasped the opportunity of the reform and opening up, and achieved rapid development. However, the private higher education allocates resources in the mode that "the beneficiaries shall bear the costs", and pursues the optimization of transaction price and the investment return. As a result, the pursuit for equality and quality and the high-quality development of private higher education are hindered. Common prosperity is the essence of socialism and an important feature of Chinese-style modernization. Since the 18th National Congress of the Communist Party of China (CPC), the CPC Central Committee has put forward the idea of people-centered development and promoted common prosperity through high-quality development, thus charting the path for the high-quality development of private higher education. Private higher education should grasp the strategic goal and practical way of common prosperity, maintain stable and healthy development, pay more attention to educational equity, actively choose non-profit operation with the concept of third distribution, appropriately reduce the profit rate, optimize the supply structure of higher education, train a large number of high-quality workers, and solidly promote common prosperity through high-quality development.

**Keywords**: Common Prosperity; Education Equity; High-quality Development; Private Higher Education

# 民办高校人才培养质量的学生诉求及其构型*

刘振天　俞兆达**

【摘　　要】学生导向是民办高校办学的突出特点，厘清民办高校人才培养质量的学生诉求不仅有助于精准补齐我国民办高等教育的质量短板，而且有利于推动建成“以学生发展为中心”的高质量高等教育体系。对Q校学生的质性研究结果表明：学生对民办高校人才培养质量的整体评价相对较低；其在学体验的正面、负面感受分别强调了主体完型质量、学习转化质量、素质拓展质量、社会融入质量、生活感知质量和学力匹配质量、生涯发展质量、制度适应质量等维度，涉及人文科学素质、知识技术技能、职业胜任发展、生活道德情操；并从低阶到高阶、单一到复合、个体到社会地表达了学生对人才培养质量的自我建构需求、能力发展需求、职业竞争需求、社会归属需求和生命体悟需求。

【关 键 词】民办高校　人才培养质量　学生诉求　在学体验

## 一　问题提出

1998年联合国教科文组织在法国巴黎召开的首次世界高等教育大会明确提出，21世纪是质量的世纪。从数量到质量的转变，标志着一个时代的结束和另一个时代的开始，谁忽视质量，谁就会被淘汰。自20世纪90年代以来，我国政府就将高等教育质量置于最重要的地位。提升高等教育质量，核心是提升人才培养质量。于民办高校而言，强化质量生命线意识，牢抓人才培养中心任务更是赢得竞争优势的关键所在。[1]20余年来，学者对民办高校人才培养质量相关议题进行了大量的有益探索，取

* 本文系国家社会科学基金重点项目“高质量教育体系建设：理念、标准、机制与方法”（21AZD068）的研究成果。

** 刘振天，男，吉林榆树人，教育学博士，厦门大学高等教育发展研究中心主任，教授，博士研究生导师；俞兆达（通讯作者），男，福建平潭人，厦门大学教育研究院、厦门大学教师发展中心2020级博士研究生。

得了丰硕成果。然而，从学生体验与发展视角关注人才培养质量的专门探讨却很不够，这既与人们倡导的“以学生发展为中心”的现代教育理念有所背离，也与“高等教育质量首先是学生发展质量”[2]的基本共识相去甚远。有鉴于此，本文基于民办高校办学“守质量底线，抓学生主线”的应然立场，对学生在学体验展开质性考察，并尝试回答以下问题。（1）民办高校的人才培养模式是否满足了学生的质量诉求？学生对它的总体评价如何？存在哪些正面、负面感受？（2）这些正面、负面感受分别揭示了学生视域中民办高校人才培养的哪些质量维度？其具体内涵是什么？（3）更进一步地，这些质量维度的背后包含学生的哪些价值诉求？这些诉求又是如何生成的？有哪些合理性启思？

## 二　研究设计

已有研究表明，“就读经验”是观测和评价高等教育质量学生立场的主要视角。[3]参考安希·佩拉吉拉和约翰纳·鲁苏乌尔里[4]780~783，以及乔治·凯姆伯里斯和格里·迪米特里亚迪斯[4]801等人对质性研究资料收集和分析方法的洞见，本文采取半结构问卷和焦点小组访谈的方式收集 Q 校在学体验中学生对民办高校人才培养质量的总体印象和感受。一方面，从 3042 份有效问卷（由厦门大学教育研究院赴 Q 校博士研究生调研团队开发，所回收的有效问卷中：男生 46.12%，女生 53.88%；2017 级 2.73%、2018 级 22.75%、2019 级 31.43%、2020 级 43.09%；工程技术类专业 56.74%、人文社科类专业 24.23%，医药科学类专业 19.03%）的“在读体验”主观题部分析出文本约 2 万字，作为轴心证据。另一方面，从现场焦点小组（共开展 3 场次，涉及学生 36 人）中转录访谈文本约 3 万字，作为补充证据。对于上述两种质性资料，从问卷主观题析出的主要是学生个体意见，而从焦点小组访谈中提取的主要是学生集体解释，将两者结合利用，有助于证据的交互验证，在一定程度上避免了 Jean-Paul Sartre 意义上的“自欺”（bad faith）陷阱（即错信固化、静态、单一意识生成的证据，并为其所困）[4]805。

在具体的分析路线方面，首先，将来自学生个体意见和集体解释的质性证据导入 Nvivo 12.0 Plus 质性数据辅助分析软件。其次，采取扎根理论编码技术，结合破解本文研究问题的可能方向，对一手质性证据进行逐级编码：一级编码以“情感”为主线，获取学生对人才培养模式的总体评价和正面、负面感受；二级编码以“语义”为主线，考察学生在学体验正面、负面感受中所蕴含的质量维度及其具体内涵；三级编码以“需求”为主线，梳理学生对人才培养质量的价值诉求及其生成逻辑。本文涉及的实地调研现场和一手证据来源均为 Q 校，主要原因如下。一是其办学历史较长，发展稳定。始建于 1991 年，于 2011 年经教育部审批升格为普通本科高校，至今已发展成一所以工为主，管、医、文、艺等适度发展的全日制民办应用型本科院校。二是其办学机制富有创新，影响力大。创造了中国民办教育发展史上“混合所有制办学”和“院校委托管理”两个经典案例，后者更是被写入《国家中长期教育改革和发展规划纲要（2010~2020 年）》。三是其育人成效显著，办学模式有特色。已为社会培养输送毕业生 5 万余名（留省率保持在 50%以上），探索出“政校企合作、产学研融合、教学做合一”特色办学模式。

## 三　质性探究

### （一）情感反馈：学生的质量诉求被满足了吗？

文本情感分析（sentiment analysis）是自然语言处理领域意见挖掘和态度倾向分析的重要工具。[5]本文基于情感分析原理的编码结果显示，学生在学体验对学校现行人才培养模式呈正面感受的有 1497 份（占 49.21%）；呈负面感受的有 267 份（占 8.78%）；呈中性或不明感受的有 1278 份（占 42.01%）。为进一步了解学生群体内部的水平差异，本文对正面、负面，及中性或不明感受分别赋值“1”“-1”“0”，运算结果显示（见表 1），不同性别学生无显著差异；非毕业年级（2018~2020 级）高于毕业年级；工程技术类专业最高，医药科学类专业次之，人文社科类专业最低。值得注意的是，在任一维度上，都未有一组学生群体对民办高校人才培养质量的总体评价超过总分的 50%，且标准差相对稳定，组间差距较小。这表明：一方面，在学生的认知中，民办高校人才培养质量本身所传递出的积极信号较弱，学校的人才培养模式并没有很好地满足学生的质量诉求；另一方面，这一认知在一定范围内达成了内部共识。此外，我们还应该看到，中性或未明确表达情感的中间群体是披着“中立”外衣的“负面”反馈者，因为他们的“暧昧”态度从侧面反映出学校质量建设工作显示度和被感知度存在不足的事实，并在相当程度上拉低了学生对民办高校人才培养质量的总体评价。

**表 1　学生对民办高校人才培养质量的总体评价**

| 群组 | 维度 | 均值 | 标准差 |
|---|---|---|---|
| 性别 | 男 | 0.404 | 0.645 |
| | 女 | 0.404 | 0.645 |
| 年级 | 2017 级 | 0.379 | 0.638 |
| | 2018 级 | 0.404 | 0.645 |
| | 2019 级 | 0.403 | 0.645 |
| | 2020 级 | 0.404 | 0.645 |

续表

| 群组 | 维度 | 均值 | 标准差 |
|---|---|---|---|
| 专业 | 工程技术类 | 0.404 | 0.645 |
|  | 人文社科类 | 0.402 | 0.645 |
|  | 医药科学类 | 0.403 | 0.645 |

具体来说，学生在学体验的正面、负面感受构成了理解学生视域中民办高校人才培养质量的“一体两面”（即从学生在学体验的正面、负面反馈中挖掘和理解民办高校人才培养质量的学生立场）。那么，学生群体具体通过怎样的话语来表达自己的正面、负面感受呢？Nvivo 12.0 Plus 的词频统计结果显示，学生的正面感受（见图 1）具体表达为：“好”（占 8.11%）、“努力”（占 6.77%）、“充实”（占 4.66%）、“学习”（占 4.56%）、“实践”（占 3.07%）、“专业”（占 2.21%）、“坚持”（占 2.16%）、“成长”（占 1.92%）、“积极”（占 1.78%）、“认真”（占 1.63%）等。负面感受（见图 2）具体表达为：“累”（占 5.03%）、“迷茫”（占 3.44%）、“辛苦”（占 3.17%）、“平淡”（占 1.85%）、“紧张”（占 1.85%）、“平凡”（占 1.59%）、“忙”（占 1.59%）、“难”（占 1.59%）、“严格”（占 1.32%）、“无聊”（占 1.32%）等。可以看到，学生在表述正面感受时主要采取的话语相比负面感受来说更为集中，这表明前者的内部话语差异相对后者更小，正面感受有助于我们理解学生“满意点”的主流意见；同时，学生表达负面感受的话语内部还出现了诸如“累”“辛苦”和“无聊”、“平淡”和“紧张”“严格”等看上去前后矛盾的说法，这表明学生群体对学校人才培养模式“不满意点”的内部分歧较大，要了解其中缘由就必须进行更加深入的具体分析。

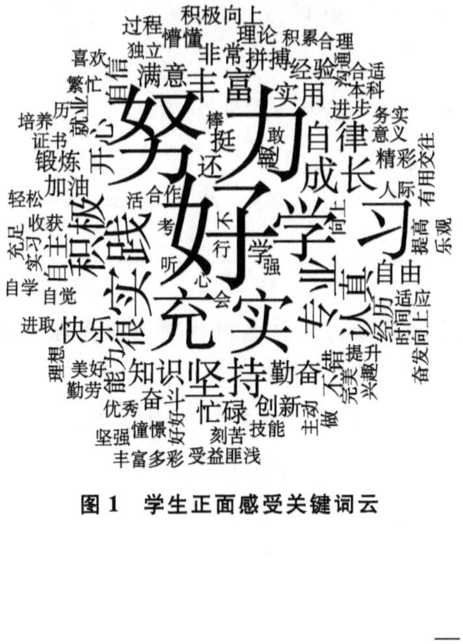


图 1　学生正面感受关键词云

图 2　学生负面感受关键词云

### （二）语义阐释：辩证解构学生诉求的质量之维

为探究学生视域中民办高校人才培养质量的具体维度，本文进一步对学生在学体验的正面、负面感受展开语义编码（semantic coding）。其中，对学生正面感受的语义编码结果显示（见表 2），学生视域中民办高校人才培养的质量维度主要有以下几点。

**表 2　学生正向感受中的质量维度**

| 父节点 | 子节点 | 参考点数（个） | 参考点示例 |
|---|---|---|---|
| Z1 主体完型 | Z1-1 自我建设 | 97 | 自主；自由；自信；自律；自觉；主动；愿意；找自我；热爱…… |
| | Z1-2 人际支持 | 26 | 学长；老师；人际；合作；团队；集体；沟通；平等；交流…… |
| Z2 学习转化 | Z2-1 学习投入 | 288 | 钻研努力；未来可期；勤能补拙；勤奋；目标；积极向上…… |
| | Z2-2 学习成就 | 131 | 自我适应；增长阅历；与时俱进；受益匪浅；成熟…… |
| Z3 素质拓展 | Z3-1 知识习得 | 131 | 知识；学习；升学；文化课；考试；绩点；基础课；不挂科…… |
| | Z3-2 思维升级 | 32 | 扩展；新奇；探索；求真；科研项目；突破；考研；研究生…… |
| Z4 社会融入 | Z4-1 就业优势 | 237 | 赚钱；专业；职业型；证书；实践性；企业实习；本科…… |
| | Z4-2 道德担当 | 60 | 修养；态度；用心；中庸；细节；品德；担当；诚实；责任…… |
| Z5 生活感知 | Z5-1 生活充实 | 174 | 珍惜；时间；忙碌；精彩；课程丰富；繁忙；多元；白驹过隙…… |
| | Z5-2 身心愉悦 | 321 | 有趣；心理素质；生动；绿化；快乐；健康；安全；生活…… |

（1）主体完型质量（参考点=123 个，占比 8.22%），强调自我建设和人际支持。前者关注个体发展诉求，表达为“自主”“找自我”等，有受访者指出“不想跟别人打工，我要自己掌控自己……”（A03）。后者反映了人际协作对学生内在建构的外在支持，表达为“老师”“学长”“合作”“团队”等，“没找到实习（单位），可以寻求老师的帮助”（A07）、“比较优秀的能做‘学长’（一种传帮带机制）”（C05）、“作业一般由小组一起完成”（B09）。

（2）学习转化质量（参考点=419个，占比27.99%），强调学习投入与学习成就。前者体现学生的能动参与，表达为“钻研努力”“目标”等，“应该从小做起，从自己的本职工作，能做的开始做好”（B06）、“我要去大城市”（C11）。后者呈现学习投入的成果产出，表达为“受益匪浅”“增长阅历”等，“大学四年学得更多，眼界也更宽”（B05）。

（3）素质拓展质量（参考点=163个，占比10.89%），强调知识习得与思维升级。前者注重经验知识获取，表达为“知识”“学习”“考试”等，“理论概念弄清楚以后再跟师傅学，会上手更快”（B02）。后者指向对既有知识的批判反思和进一步探索，表达为“求真”“科研项目”“研究生”等，“学的是思维方式和如何学习”（B03）、“要考研，一直往上考”（C06）。

（4）社会融入质量（参考点=297个，占比19.84%），强调就业优势和道德担当。前者彰显以“实用主义”导向的就业能力获取社会身份，表达为“赚钱”“专业”“职业型”“实践性”等，“我的成绩只能报护理，所以综合考虑下来比较好，至少专业性强”（C08）、“肯定选一家技术型的实习单位”（B11）。后者则表明以道德修养作为主体社会化的基本前提，表达为“修养”“态度”等，可以看到这些“道德”标准是内在分化的：有“中庸”处世的个人道德、有注重“用心”“细节”的职业道德，也有强调“担当”“责任”的社会公德。“德育考核不仅包括专业成绩，也包括道德素养”（C02）。

（5）生活感知质量（参考点=495个，占比33.07%），强调生活充实和身心愉悦。前者彰显学生对人才培养内容和节奏的适应状态，表达为“课程丰富”“精彩”等，“我们第三学期做的线上公益项目正好可以填满我们的暑假”（C07）。后者体现学生对内外部协同育人要素的多维感知，主要包括身心维度（如“心理素质”“健康”等）、文化维度（如“有趣”“生动”等）、环境维度（如“绿化”“安全”等）。

总的来看，学生正面感受所呈现的质量维度中：在父节点层面，生活感知质量的显示度最高，而主体完型质量的显示度最低；而在子节点层面，学生最关注身心愉悦（参考点=321个，占比21.44%）、学习投入（参考点=288个，占比19.24%）和就业优势（参考点=237个，占比15.83%）。这表明，学生视域中的人才培养质量兼顾知识、能力和情感、态度，且把“和谐人”的目标置于“专业人”之前。

此外，对学生负面感受的语义编码（见表3）从侧面补充了以下几点。（1）学力匹配质量（参考点=139个，占比52.06%），强调学习精专程度和教学过程适应。学力不适配体现为专精不足和适应困难。前者的判定标准为学习目标的“专业深度不够”、学习内容的实用性和实践性不强（如“无用课程满”“实训少”等）、学习形式的多元性和趣味性不足（如“单一”“无趣”等），“（实习时）如果用我所学的理论知识，效率会特别低”（B01）、“我觉得理论和实际有点脱节”（B08）。后者则体现为无力适应课程难度（如“难”“听不懂”等）、无法克服学习压力（如“学业重”“沉重”等）、无法应对学习任务（如“课程多”“复杂”等）和无法调节学习节奏（如“紧张”“尽力”等），“希望学校能减少一些无关的活动”（C10）。

**表 3　学生负向感受中的质量维度**

| 父节点 | 子节点 | 参考点数（个） | 参考点示例 |
| --- | --- | --- | --- |
| F1 学力匹配 | F1-1 专精不足 | 110 | 专业深度不够；学的不牢；无用课程满；无趣；实训少；单一；大失所望…… |
| | F1-2 适应困难 | 29 | 难；学业重；听不懂；课程多；紧张；尽力；艰辛；复杂；沉重…… |
| F2 生涯发展 | F2-1 生活劳碌 | 53 | 杂；辛苦；没有休息；忙；累；劳动；苦涩；活动繁忙；疲惫…… |
| | F2-2 目标模糊 | 27 | 迷惘；蒙；盲目；空空落落；孤独；不确定；规划变化；摇摆不定…… |
| F3 制度适应 | F3-1 主体抑制 | 38 | 注重形式；早自习；约束；无力；学校太小；模式化；纪律严明；强制性活动偏多；封寝…… |
| | F3-2 身心失范 | 10 | 颓废；懒惰；慵散；混吃等死；习惯；荒废；后悔…… |

（2）生涯规划质量（参考点=80 个，占比 29.96%），强调时间协调和目标明确。较差的生涯规划质量体现为生活劳碌和目标模糊。前者指向因时间规划紊乱而导致的“辛苦”（如“累”“苦涩”等）和“忙碌”（如“没有休息”“活动繁忙”等）状态，“说实话真的很累，以后还要从事这个行业……我精神都快炸裂了”（C03）。后者体现因职业生涯目标不清而导致的无所适从（如“蒙”“迷惘”“盲目”“空空落落”等）和行动失序（如“规划变化”“摇摆不定”等），“没想过人工智能的职业替代问题”（C02）、“我比较担心专业，因为网上很多人不看好”（C04）、“我们可能自主性没有那么强（需要引导）”（C12）。

（3）制度适应质量（参考点=48 个，占比 17.98%），强调主体本位和身心协同。较差的制度适应质量体现为主体抑制和身心失范。前者体现外部环境对主体意识的规制，包括空间规制（如“学校太小”“封寝”等）、管理规制（如“早自习”等）、制度规制（如“纪律严明”“模式化”等）、精神规制（如“无力”“约束”等）、文化规制（如“强制性活动偏多”“注重形式”等），“（我们）没有太多选择”

(B10)。后者则表现出“规制”的反面——“失范”：一方面表现为无意识堕落（如“颓废”“懒惰”等），另一方面又表达出对这种游离主流环境之外的“混吃等死”状态的“后悔”，进而呈现对传统“习惯”的怀念，乃至诉诸“回嵌”主流，“学校的管理和教学制度非常严格，这点要比许多大专要好。在学习涣散的时候，可以通过一些约束力，回到重要问题上”(C01)。

总的来看，学生负面感受所呈现的质量维度中：在父节点层面，学力匹配质量的显示度最高，而制度适应质量的显示度最低；而在子节点层面，专精不足（参考点=110个，占比41.20%)、生活劳碌（参考点=53个，占比19.85%)，以及主体抑制（参考点=38个，占比14.23%）是人才培养质量不达标的重要体现。这表明，学生视域中的人才培养质量不仅囿于个体的智识发展，还包括个体成长过程中认识和适应所处制度、文化和社区环境的能力。

### （三）需求构型：学生的价值偏好及其生成逻辑

如前所述，学生在学体验的正面、负面感受揭示了民办高校人才培养质量的8个维度。那么，这些维度包含学生对人才培养质量的哪些价值诉求呢？为了回答这一问题，本文进一步展开了需求分析和子节点合并运算。结果表明（见表4)，这8个质量维度在马斯洛意义上[6]从低到高地呈现了学生“自我建构—能力发展—职业竞争—社会归属—生命体悟”的需求层次结构。

表4　学生对民办高校人才培养质量的需求层次样态

| 需求层次 | 需求类型 | 正向反馈 | 负向反馈 | 合并参考点（个） | 需求构型 |
|---|---|---|---|---|---|
| 低 | 自我建构 | Z1-1、Z2-1 | F2-2、F3-1 | 450 | 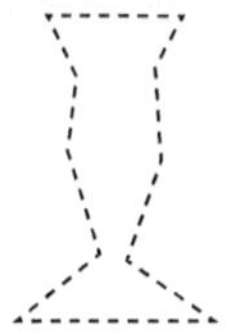 |
| ↓ | 能力发展 | Z2-2、Z3-1、Z3-2 | F1-2 | 323 | |
| | 职业竞争 | Z4-1 | F1-1 | 347 | |
| | 社会归属 | Z1-2、Z4-2 | F3-2 | 96 | |
| 高 | 生命体悟 | Z5-1、Z5-2 | F2-1 | 548 | |

(1) 自我建构需求（合并参考点=450个，占比25.51%）属于低阶需求，是学生向上抵达其他更高层次需求的前提，居于极其重要的基础性地位，这一需求包括自我认同感提升、主体意识觉醒、人生目标聚焦和个人主观努力等维度。(2) 能力发展需求（合并参考点=323个，占比18.31%）和职业竞争需求（合并参考点=347个，占比19.67%）属于中阶需求，由于能力发展所关涉的人力资本增值是形成职业竞争优势的基本条件，因此能力发展需求较职业竞争需求要靠前：前者包括知识获取和思维升级、能力适应和能力跃迁等维度；后者则包括专业性优势和实操性优势。

（3）社会归属需求（合并参考点=96 个，占比 5.44%）和生命体悟需求（合并参考点=548 个，占比 31.07%）属于高阶需求，有鉴于个体生命意义总是升华于一定的生活体验和社会阅历中，因此社会归属需求较生命体悟需求要靠前：前者包括人际互动、责任担当和回嵌主流；后者则是在生活节奏平衡和生活体验充盈的基础上寻找人生意义。值得注意的是，学生对人才培养质量的需求层次结构呈现典型的“工”字形样态，存在十分突出的重两极需求、轻中间需求的“腰部塌陷”现象和高、低阶需求“倒挂”的问题。这表明：一方面，链接自我建构需求和生命体悟需求的过程性投入和增值性程序受到了学生群体的忽视；另一方面，作为实现高阶需求基本前提的主体建设未受到充分重视。

进一步分析发现，学生在学体验对人才培养质量提出的五重价值需求基本围绕“主体—社会”的逻辑轴心展开。其中，自我建构需求、能力发展需求和生命体悟需求主要受主体本位逻辑形塑，而职业竞争需求和社会归属需求则受制于社会本位逻辑。具体来看，主体本位逻辑主要秉持学生的内适发展取向，追求人的全面自由发展，而社会本位逻辑则强调学生的外适发展取向，追求人的社会化，强调在集体中找到主体位格，在融入共同体生活的过程中探寻个体生命的意义。可以看到，学生视域中人才培养质量诉求的生成逻辑与高等教育的个体功能和社会功能运行逻辑基本对应。那么，在这两种生成逻辑之间，学生更偏向哪种？或者说，他们更关注“自我”价值还是“他我”价值呢？对此，更进一步的质性数据运算结果表明（见图 3）：持内适取向的主体本位逻辑占据绝对优势，合并参考点合计为 1321 个（自我建构需求 450 个+能力发展需求 323 个+生命体悟需求 548 个），占比高达 75%；而持外适取向的社会本位逻辑则处于相对弱势，合并参考点合计为 443 个（职业竞争需求 347 个+社会归属需求 96 个），占比仅为 25%。这一发现说明，基于民办高校的职业应用定位[7]，就判定其人才培养质量观的“外适取向”并不完全符合学生的价值立场。就此而言，如何回应学生诉求，并在“内—外”之间平衡各方利益是民办高校人才培养工作无法回避的议题。

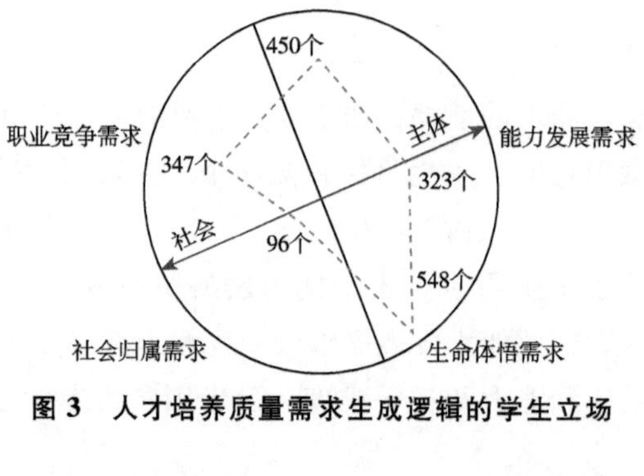


**图 3　人才培养质量需求生成逻辑的学生立场**

## 四　结论与讨论

本文的主要结论如下。(1) 学生对民办高校人才培养质量的总体评价相对较低，就读于民办高校本身在学生眼中就是“将就”“凑合”、不得已的价值选择。反观现实，以培养应用型人才为主要任务的民办高校常常遭受“应用”和“民办”双重“污名”，被视为高收费、低质量的“末流”高等教育。[8]美国著名社会学家 Edward A. Shils 曾言：“大学现在不是、过去也从来不是自我支持的机构”。[9]如何改善和提高民办高校的生存环境和社会地位，从而激发它们在普及化阶段的发展斗志和做出更大作为是我们这个时代所面临的重要课题。[10] (2) 学生在学体验的正面、负面感受分别揭示了民办高校人才培养的主体完型质量、学习转化质量、素质拓展质量、社会融入质量、生活感知质量和学力匹配质量、生涯发展质量、制度适应质量，其中既有学的质量，也有教的质量；既有内部质量，也有外在质量；既有目的性质量，也有过程性质量；既有专业学习的质量，也有生命发展的质量。总体上涉及学生的人文科学素质、知识技术技能、职业胜任发展、生活道德情操养成等多个方面。(3) 这 8 个质量维度从低到高地表达了学生对人才培养质量的自我建构需求、能力发展需求、职业竞争需求、社会归属需求和生命体悟需求。其中，自我建构需求属于低阶需求，能力发展需求和职业竞争需求属于中阶需求，社会归属需求和生命体悟需求则属于高阶需求。且学生对不同层次需求所持的价值偏好也不同，呈现非对称的“工”字形样态，在相当程度上存在重两极需求而轻中间需求的“腰部塌陷”现象和高、低阶需求“倒挂”的问题。(4) 学生对人才培养质量的需求生成主要以“主体—社会”互动为逻辑轴心，并由此延伸出两种取向：关注学生内适发展的主体本位取向（以自我建构需求、能力发展需求和生命体悟需求为驱动）和关注学生外适发展的社会本位取向（以职业竞争需求和社会归属需求为驱动），这与高等教育的个体功能和社会功能运行逻辑基本对应。(5) 学生在人才培养质量需求的两种生成逻辑中更加偏好主体本位取向而非社会本位取向，呈现重“自我”、轻“他我”的价值选择，这从学生立场上驳斥了论民办高校人才培养必冠之以“外适质量观”的刻板做法。

总的来看，首先，本文佐证了既有研究从教学环节打开民办高校人才培养质量“黑箱”的合理性[11~12]。尽管学生更多地把人才培养质量归因为“个体奋斗”，但总会在下意识的叙事中不自觉地回到“教”与“学”的基本语境中，在这个语境中，不仅有教学关系，还有学伴关系，这种基于关系需求满足的多主体教学互动在保障学习效率、降低学习成本，乃至提升学习幸福感方面具有重要价值[13]。其次，本文支持了现有研究对民办高校人才培养质量受文化、制度、环境共时调节[14~15]，且兼具人文性、社会性和职业性的基本判断[16]。此外，还回应了民办高校选择“学历+职业+技能”应用型人才培养模式[17]的合理性。但也应该看到，在学生对民办高校人才培养质量的认知中，社会性需求总以主体性需求为前提，学生的外适发展维度只有联动内适发展维度才能得到彰显[18~19]。一些研究曾把学生导向视为民办高校的三大优势之一[20]，而要想保持这一优势就必须真切“共情”学生的主体立场，在为社会培养合格“劳动者”的同时，也要注重塑造马克思意义上具备识别“异化”并有能力超越之的“自由人”。

在既有文献探讨之外，本文研究还补充了 3 个新的发现。（1）民办高校学生的“本科意识”呈显著的“职业性”“应用型”特征，即便是考研升学这样的学术性规划也常常带有鲜明的实用色彩，这提醒我们民办高校分类管理和评价，以及适时对接专业研究生教育的必要性[21]。（2）在学生视域中，“双师型”师资队伍建设（现有研究中的重点关切）并非高显示度话题，他们更关心老师是否在教学互动中及时给予足够的外部支持和人情关怀[22]，否则教师的理论和实践背景便无法成为学生眼中人才培养质量的“激励性因素”，这一发现基本符合 P. G. Altbach 等学者将高等教育质量视为“过程”而非“理念”的认识[23]。但是，对于教师流失率高企和教师队伍年龄结构相对年轻的民办高校来说，如何建构起稳定的师生互动关系仍是一个十分严峻的挑战。（3）学生对应用型人才培养质量的认知存在明显的“能力转向”（从“知识传授到能力培养”[24]），他们不满足于既有的经验性知识习得和技术操作过关，也希望掌握知识应用和创新转化的关键技能，同时他们还期待在学校获得充分的人文陶冶，从而能更“自信”地与高职高专人才区别开来[25]。这启示我们，要想帮助学生更好地适应未来社会的诸多变化，就必须从“授人以鱼”转向“授人以渔”，从“学历教育”转向“学力教育”，从追求“就业率”指标转向注重“就业力”培养。如此，职业导向的专业教育才会真正具有人文主义温度。

较公办高校而言，民办高校的学生对民办高校办学的影响更为直接，这不仅因为前者所缴学费是后者办学的主要经费来源，而且因为前者就学状况的好坏是后者再发展成败的根本因素[26]。从这个意义上讲，民办高校本应更注重学生体验与发展，但长期以来人们关注民“办”（办学体制机制）远胜民“生”（学生发展质量），极大地忽略了学生内心世界的价值诉求。有鉴于此，本文采取质性研究方法对 Q 校学生展开考察，回答了学生对民办高校人才培养质量的总体印象和评价、具体感受及其质量意蕴、价值诉求及其生成等问题。但本文研究还存在一定的局限性：一方面，尽管 Q 校具有相当的典型性，但单一的调研现场仍存在选择性偏差和代表性问题，其结论对其他民办高校是否适用还有待商榷，未来的进一步研究可通过增加实地调研高校数量和类型来丰富本文现有认知；另一方面，焦点小组访谈总体上互动还不够充分，未能符合预期地从“集体建构知识”过程中获得足够饱满的“集体性解释”[27]，未来可通过互动性更强的访谈语境挖掘学生意见，以期校正本文的粗略结论。

## 参考文献


[1] Simon Marginson, "High participation systems of higher education," *The Journal of Higher Education*, 2016, 87 (2): 243-271.

[2] 刘海燕:《本科教育质量提升研究——基于就读经验的视角》, 高等教育出版社, 2017, 第 27 页。

[3] 周作宇、周廷勇:《大学生就读经验: 评价高等教育质量的一个新视角》,《大学 (研究与评价)》2007 年第 1 期, 第 27~31 页。

[4] 诺曼·K. 邓津、伊冯娜·S. 林肯主编《质性研究手册》, 朱志勇等译, 重庆大学出版社, 2018。

[5] 赵妍妍、秦兵、刘挺:《文本情感分析》,《软件学报》2010 年第 8 期, 第 1834~1848 页。

[6] 胡家祥:《马斯洛需要层次论的多维解读》,《哲学研究》2015 年第 8 期, 第 104~108 页。

[7] 黄藤、阎光才:《民办教育引论》, 中国社会科学出版社, 2003, 第 168 页。

[8] 刘尧:《我国民办高等教育的现状、问题与发展趋势》,《教育研究》2004 年第 9 期, 第 71~76 页。

[9] Edward A. Shils, *The Order of Learning: Essays on the Contemporary University* (Transaction Publishers, 1997), pp. 175-204.

[10] 潘懋元、邬大光、别敦荣:《我国民办高等教育发展的第三条道路》,《高等教育研究》2012 年第 4 期, 第 1~8 页。

[11] 陈新民、周朝成、任条娟等:《深化教学改革 推进民办高校人才培养转型——全国民办普通高校教育教学改革研讨会综述》,《中国大学教学》2009 年第 5 期, 第 95~96 页。

[12] 阎献平:《关于民办高校提高教学质量的思考》,《教育理论与实践》2006 年第 10 期, 第 15~16 页。

[13] 宋意霞、陈甜、黄肖嘉棋等:《关系需求满足量表在中国大学生中的信效度检验》,《中国临床心理学杂志》2021 年第 6 期, 第 1217~1221 页。

[14] 양한순, "중국 교육의 시장화와 사립학교의 성장," *동북아 문화연구*, 2011, 1 (26): 673-697.

[15] Y. M. Yuk, *Challenges in China's Private Higher Education: A Comparative Study on Minban and Independent Colleges* (Francis, 2019), pp. 300-307.

[16] 翁伟斌、徐立清:《应用型本科人才培养质量标准的制定》,《中国高等教育》2018 年第 17 期, 第 16~19 页。

[17] 胡大白、杨雪梅、张锡侯等:《民办本科高校培养目标定位与育人模式改革的研究与实践》,《黄河科技大学学报》2009 年第 6 期, 第 1~36 页。

[18] 杨炜苗:《民办高校的人才培养价值链管理——基于人力资本运营的视角》,《高等教育研究》2019 年第 8 期, 第 57~62 页。

[19] 孙鹏:《关于民办高校人才培养适应市场需求的研究》,《中国劳动关系学院学报》2016 年第 1 期, 第 116~119 页。

[20] 薛晗、何锋、江山：《我国民办高校人才培养现状及对策研究》，《中国软科学》2020年第S1期，第250~254页。

[21] 徐绪卿：《关于民办高校分类管理的思考》，《教育发展研究》2011年第12期，第1~5页。

[22] C. Z. Wang, "Minban education: The planned elimination of the 'people-managed' teachers in reforming China," *International Journal of Educational Development*, 2002, 22 (2): 109-129.

[23] P. G. Altbach, L. Reisberg, L. E. Rumbley, *Trends in Global Higher Education: Tracking an Academic Revolution* (UNESCO, 2009).

[24] 邱均平、徐蕾：《应用技术型大学人才培养质量的内部保障》，《重庆大学学报》（社会科学版）2017年第1期，第71~75页。

[25] 徐和清、柳和生、赖明谷：《地方本科高校应用型人才培养质量影响因素的实证研究——基于"同级类差"与"同类级差"的视角》，《高等工程教育研究》2017年第4期，第94~98页。

[26] 袁振国、周彬：《中国民办教育政策分析》，中国社会科学出版社，2003，第275~279页。

[27] 陈向明：《质的研究方法与社会科学研究》，教育科学出版社，2000，第212页。

# Students' Demands for the Quality of Talent Cultivation in Private Colleges and Universities and Its Formation

*Liu Zhentian, Yu Zhaoda*

**Abstract**: Student orientation is a prominent feature of private colleges and universities. Having a keen understanding of of students' demands for the quality of talent cultivation in private colleges and universities not only helps to precisely improve the quality of private higher education in China, but also helps to promote the establishment of a high-quality higher education system centered on students' development. The results of the qualitative study on students from Q University show that students' overall evaluation of the quality of talent cultivation in private colleges and universities is relatively low; the positive and negative feelings of students' learning experience emphasize the dimensions of subject completion quality, learning transformation quality, ability expansion quality, social integration quality, life experience quality and academic adaptation quality, career planning quality, institutional adaptation quality, including the quality of humanities and sciences, knowledge and technical skills, career development, and moral sentiments in life. These dimensions also express the students' needs for self-construction, ability development, career competition, social belonging and life realization from low level to higher level, from single dimension to multiple dimension and from individual aspect to social aspect in terms of talent training quality.

**Keywords**: Private Colleges and Universities; Quality of Talent Cultivation; Students' Demands; Learning Experience

## 主持人语

# 以学生为中心教学改革的名与实

赵炬明*

近年来，本科教育中广泛开展了“以学生为中心”（student-centered，简称 SC）的教育教学改革实践。SC 改革有三个基本特征：以学生发展为中心、以学生学习为中心、以学习效果为中心。这三句话分别从本科教学的目标、过程和效果三个方面展开，即 SC 改革要以促进学生发展为目标，在教学过程中要关注学生学习和学习效果，要把学生学习效果改善作为检验教师教学有效性的标准。这个表述代表了一个完整的教学思想体系，和“老三中心”（以教师、教室、教材为中心）教学模式形成鲜明对比。从理论上分析，是否关注学生学习效果，是否用学习效果来评价教学改革成效，是区别“新三中心”和“老三中心”教学模式的一个关键。SC 改革就是要用“新三中心”教学模式取代“老三中心”教学模式。因此 SC 改革被认为是当代本科教学改革的一次巨大变革。

北京大学教育学院杨钋副教授组织本专题，请我点评。本专题组织了三篇有关以学生为中心本科教学改革的文章，拟探讨我国高校中“以学生为中心”教学改革的理念与实践。这三篇文章是《以学生为中心：高校创业教育课程质量改进研究》《以学生为中心：行业高校“卓越计划”质量实证研究》和《以学生为中心：西安欧亚学院教学改革的实践逻辑》。前两篇比较接近，都是从学生学习效果角度考察某个具备 SC 特征的教学改革计划成效。最后一篇从学校战略管理角度反思一个民办学校 SC 改革的 15 年历程。

在“以学生发展为中心、以学生学习为中心、以学习效果为中心”这三句话中，“以学习效果为中心”十分关键，其哲学含义是“实践是检验真理的唯一标准”。它不仅告诉我们应该用什么来检验和评价教学改革成败，还为促进大学教学研究科学化和大学教学专业化奠定了坚实基础。第一、第二篇论文就是两个很好的例子。

第一篇通过调查全国 6 所高校中学习过创业课程学生的学习投入程度，考察目前我

* 赵炬明，男，北京人，华中科技大学教育科学研究院教授，博士研究生导师。

国高校创业课程的效果。研究者把经过本土化改造的课堂学生投入调查问卷（classroom survey of student engagement，CLASSE）作为基本调查工具。研究发现，虽然目前高校开设的创业课程对学生有一定帮助，但总体来说效果并不显著，这表现为在教学过程中学生参与程度不够、投入水平较低。作者建议开设这类课程的教师要注意创业课程本质上是一门实践和技术方法课，应该以学生体验为中心来进行课程设计，不要用理论课的方式讲实践课。教师在课程设计时要注意内容的有用性、情景的真实性、学习的挑战性、过程的互动性、环境的社会性等。要尽可能尝试提出接近真实情景的学习任务，提升课程挑战度，采用团队学习、合作学习等教学方法，使学生在实践中创造性地运用理论知识，增强创业意识，提高解决复杂问题的能力，同时培养学生的团队合作能力、批判思维与创新思维能力等，从而真正理解和学会创业。尤其有价值的是，作者还介绍了一个她们认为好的创业课程设计案例（见该文表2），这对创业课老师非常有用，可以帮助他们理解什么是好的创业课程设计。这篇论文还有一个亮点，那就是介绍了“学生投入量表”方法，这对很多想了解如何调查班级学生学习投入状态的老师会很有用。

第二篇是对我国实行多年的卓越工程师教育培养计划（卓越计划）所做的效果调查。卓越计划是中国开展的一个重要本科教育计划，目的是推动中国工程师教育培养模式改革，提高工科本科教育质量。作者采用了20个国际工程师界认可的评价指标，通过比较参加过和没参加过该计划的学生的学习体验，得出了一个基本结论：卓越计划对学生的工程师能力有正向影响，但在统计上效果并不显著。此外，该文不仅对9所学校的1136名学生做了问卷调查，还深入高校考察为什么效果会不显著。实地调查发现，计划的设计是合理且理想化的，然而一到高校就面临很多问题，如缺少有效的校企合作机制，工程实践一年的计划很难完成；被挑选的学生后来考研究生去了，没有几个人真正愿意到企业工作；开始时热情很高，但过几年新热点出现，计划就被学校取消了；这个计划需要经费较多，学校不愿支持这种高成本计划；等等。这篇论文清楚地向我们展示了一个理想主义的教育计划是如何被现实撕碎的。如何克服教育计划设计中的理想主义倾向，实际上是教育研究中，尤其是教育计划设计中的一个大问题，也和下面讨论的理论与实践的关系问题相关。

这两个研究都让我们看到，用学生学习效果来评价教育教学项目，是一个非常有效的方法。效果检查很容易呈现这些教育教学项目的成效和问题，就和医生用疗效来检查治疗方案的有效性一样，这就是学习效果类实证研究的魅力和力量。我希望未来可以看到更多类似研究。此外，关注学习效果还有助于推动务实的教育教学改革。因为一旦将学习效果作为评价标准，教师和教育教学项目研究者就会把注意力和工作重点放到学生学习成效上，这就真正实现了本科教学改革的目标。以此观察当前的很多教学比赛和教学评估，我认为一个主要缺点是没有把学生学习效果放进去，更没有把它作为主要评价标准。因此很多这类比赛本质上变成了教师们的表演，仍然是以教师为中心而非以学生为中心的。因此，我呼吁我国的 SC 改革要高度重视学生学习效果评价，并把它作为教学改革评价的主要标准。

关于“学生投入量表”，有一点需要指出，学生的学习投入不是学生的学习效果，而是学生的学习行为表现。当年在设计大学生学习投入调查问卷时，由于缺少学习效果评价工具，于是聚焦学习行为，因为研究表明，学生学习行为和学习效果之间存在很强的正相关性，因此可以用学生学习行为调查结果来预测学生学习效果。这很像用浮漂的沉浮来判断鱼儿是否上钩一样。所以，学生学习投入状态调查本质上仍然是对学习效果的间接测量。这是可以的，比没有好。但我们要清楚，学习投入状态不等于学习效果，就像积极学习不等于有效学习一样。

第三篇文章有点特殊，作者从学校战略管理角度回顾了西安欧亚学院 15 年 SC 教学改革的历史。在这个历史回顾中作者发现了一个现象，即西安欧亚学院的 SC 教学改革中存在明显的逻辑和实践的不一致性。特殊在于我本人是亲历者，因此我想从亲历者角度谈谈我的看法，供大家参考。

西安欧亚学院 SC 教学改革中确实存在逻辑和实践不一致的现象，而且这种不一致还会继续存在。因此要思考的是，如何理解这种逻辑与实践的不一致性。首先要明确的是，所谓逻辑与实践的不一致性是指理论设想与实践活动之间的不一致性，指实际发生的实践活动不完全符合理论设想。其实这只是一种情况。还存在另一种情况，即实践符合理论设想，即逻辑与实践一致。两者结合在哲学上被称为理论与实践之间的辩证统一。由于历史也是实践，因此这个表达又可以称为历史与逻辑的辩证统一。换言之，作者提出的实际是关于理论与实践关系的一个哲学问题。作者的贡献是，仔细考察了西安欧亚学院 SC 教学改革中这种理论与实践不一致表现的实际过程。

这里的逻辑指理论的逻辑，即我提出的 SC 改革方案的“三环”：第一环即中心环是教师教学改革和学生学习支持；第二环是教学管理、教师发展和教师激励；第三环是学校其他部门的支持。但要注意，这里理论逻辑表示的是各项工作之间的关系，不是各项工作的先后关系。至于实践中应先做什么和后做什么，是要根据学校具体情况决定的。理论的逻辑并不涉及这种工作安排。这就是为什么理论的逻辑与实践的逻辑会不一致。然而，如果这个框架正确，无论不同学校在实践中做得有多么不同，最后一定会殊途同归，都会回到这个基本框架。这就是理论与实践的一致性。明白了这一点，再去读这篇文章，就可以比较好地理解西安欧亚学院在过去 15 年中所经历的曲折探索过程，也才能体会到该校领导和教职员工在这个改革过程中表现出来的坚定信念和为此付出的巨大努力。西安欧亚学院的这些经历可以为计划实施类似改革的学校提供借鉴。这些都是这篇文章的主要看点。

严格地说，SC 教学改革在西安欧亚学院还没有完成，目前仍在继续实践之中。

然而有了这个理论框架，就会比较容易明白你在做什么，目标是什么，不太容易走弯路，可以在实践中表现出较强的理论自觉性。这就是理论对实践的指导作用。我提出的框架是由美国学者巴尔和塔格于1995年首先提出来的，我做了简洁化处理。这里我要说一句，到现在我仍然认为这个框架是正确的，不需要进一步修改。关于SC教学改革中理论和实践的不一致性还有一个更极端的例子。美国的SC教学改革从20世纪90年代至今已经30年了，但现在仍然在痛苦的挣扎之中。由此可见理论与实践的不一致性可以达到何种程度。以此观之，西安欧亚学院算是幸运的，至少他们已经看到了一缕曙光。

有人说，“知难，行更难”，这确实非常有道理。本专题的三篇文章既说明了以学生为中心教学改革的成效，也说明了改革的“名与实”、“理论和实践”之间的张力，期待未来有更多的研究关注这种张力。

# 以学生为中心：高校创业教育课程质量改进研究

杨 钋 王 琼*

【摘　要】近年来，我国高校创业教育在蓬勃发展的同时也面临质量困境，“以学生为中心”的教学范式成为创业课程的改革方向。本文利用课程层面的课堂学生投入调查问卷，基于6所高校1393名修读创业课程学生的实证数据，发现现阶段我国高校创业课程中存在师生互动情况不理想、授课方式未能与传统学术教学法区分开来等问题。针对这些薄弱环节，有必要遵循“以学生为中心”的教学理念，从师生主观观念和客观条件的构建、本土化体验式教学内容的开发等方面进行改进。本文结合一个高校创业课程质量改进案例，说明如何将“以学生为中心”的教学理念融入高校创业课程。

【关 键 词】以学生为中心　创业课程　教学改革　学生投入

## 一　引言

广义的创业教育是指培养具有开创性特征的个人，通过相关课程体系，提高学生的整体素质和创业能力，使之具有首创精神、独立工作能力以及技术、社交和管理技能。[1]我国的创业教育以1997年清华大学开设创新与创业方向课程为起点，前后经历了高校自发探索阶段、教育行政部门引导和指导下的多元探索阶段、全面推进阶段以及国家统一领导下的全面深入推进阶段。[2]创业教育在我国的兴起和蓬勃开展，既是顺应新经济时代要求、建设创新型国家的必然选择，也是缓解青年就业压力、以创业带动就业的现实需要。

创业教育关系着高等教育的改革发展和人才培养质量。一方面，由于时代际遇获得了快速发展；另一方面，也因为基础薄弱面临巨大挑战。譬如，高校创业学科建设不健全，创业教育课程设置比较随意。[3]创业教育的教学方法还很传统[4]，相当一部

* 杨钋，女，北京人，教育经济学博士，北京大学教育学院副教授；王琼（通讯作者），女，陕西宝鸡人，教育博士，清华大学工程专业学位研究生教育中心高级主管，清华大学研究生院七级职员。

分教师偏重于知识的讲授，忽略教授方式、学生的学习行为和成效。创业教育的质量控制环节薄弱，尚未形成科学合理、规范的质量控制体系。[5]相关领域的研究尚未形成成熟的学科体系，缺乏对教育目标、教学内容、教学方法、质量评价、教育实践活动等方面的深入探讨。[1]高校创业课程甚至遭到“实施评价不当，质量改进无方”的诟病。[6]

近年来，“以学生为中心”（student-centered，SC）的教学范式已被高校广泛接受，成为创业教育课程的改革方向。赵炬明研究指出，以学生为中心的本科教学改革有三个要点：以学生发展为中心、以学生学习为中心、以学习效果为中心，即“新三中心”。这个表述代表了一个完整的教学思想体系，和“老三中心”（以教师、教室、教材为中心）教学模式形成鲜明对比。[7]SC 课程设计考虑的因素包括布鲁姆认知模型中的六类学习：记住、理解、应用、分析、评价、创造。在课程设计中若能兼顾这六种学习，合理布局，就会全面促进学生心智与大脑发展。同时需考虑积极学习五要素，即知识的有用性、学习的真实性、任务的挑战性、环境的社会性、过程的互动性，如果能在课程教学设计中抓住这五个要素，基本上可以解决学生学习的积极性和主动性问题。[8]在 SC 课程设计理念指导下，本文尝试通过课堂层面的学生投入调查反映现阶段我国高校创业课程的实施现状，诊断其中存在的问题，有针对性地提出改进建议，并辅以案例讨论改进措施，以期为进一步提升创业教育课程质量总结经验、指明方向。

## 二 高校创业教育课程实施现状

### （一）测量工具与调查实施

提倡“以学生为中心”的创业教育理念，意味着学生不应只是被动地接受教育内容，而是积极主动地参与创业教育课程，使课程成为惠及所有学生的有效教育实践。学生对创业课程的参与，可以应用课程层面的课堂学生投入调查问卷（classroom survey of student engagement，CLASSE）来测量。该量表由欧米特和斯莫尔伍德在美国大学生学习投入调查问卷（national survey of student engagement，NSSE）的基础上改进而来[9]，它保留了 NSSE 中与课堂学习投入相关的题项，从学生的角度出发关注在课程中“学生学了什么”和“学生是怎样学习的”，充分体现了“新三中心”的理念。NSSE 的测量维度设计源自著名的“优秀本科教育实践七原则”[10]。问卷题项设计注重考察布鲁姆认知模型中的学习类型和积极学习要素，如课程挑战度维度体现了课程对培养学生“记住、理解、应用、分析、评价”能力的重视程度，体现了“以学生发展为中心、以学习效果为中心”的理念；主动合作学习、师生互动维度充分考察了生生、师生互动的频率和质量，以及笔者新增的“过程评价”维度，体现了“以学生学习为中心”的理念。

科学的测量工具作为质量改进的应有之义，对检验和提高创业教育课程实施水平具有重要意义。本文结合现实教育情景和我国创业教育实践对 CLASSE 进行了本土化改进。经过严格的问卷翻译、题项文化适应、认知访谈等程序，研究者对预研究数据进行了探索性因子分析、验证性因子分析、效标关联效度检验、模型信度检验等分析，形成了 4 个维度、共 23 个题项的我国高校“创业课程学生投入量表”。相关测量研究的结果显示，该量表具有较高的信效度。[11]它作为课程层面学生投入量表具有广泛的适用性，作为创业教育课程评价工具能够体现出科学性，作为诊断工具可以发现目前创业课程中存在的问题并有助于有针对性地提出改进建议。

为了解现阶段我国高校创业课程的实施现状，笔者所在团队组织实施了创业课程学生投入调查。调查采用分层整群抽样方法，将院校因素纳入抽样设计。由于高校的层次和定位与创业教育具体开展方式有关联，按院校选拔性分类的样本会使创业教育实施类型本身更具代表性。研究将调查对象分为两类，即 985/211 高校和一般本科院校，作为分层抽样的依据。分层随机抽样结果包括三所北京地区的 985/211 高校，以及三所京外的一般本科院校。参与调查高校的本科生培养方案中均有关于创新创业类课程模块的学分要求，6 所院校均面向全体本科生开设了创业基础类课程。采用问卷星开展调查，于 2020 年 1 月和 2020 年 6 月实施，即每学期末课程结束时，面向修读创业课程的学生，由创业课程授课教师、辅导员在课程中随堂或者在班级、年级微信群中组织发放问卷。① 经样本代表性检验，形成了 1393 人的有效样本，该样本在高校层级、学生性别、城乡、专业和年级方面具有较好的代表性。②

## （二）课程实施现状分析

为全面反映现阶段高校创业课程的实施现状，本文对创业课程学生投入调查的数据进行了统计分析。创业课程学生投入调查得分情况反映了高校创业课程中学生的整体投入性水平；主动合作学习、师生互动、课程挑战度、过程评价四个测量维度的得分情况较为全面地体现了学生在创业课程中的学习过程、方式以及对课程的感受，可

---

① 为提高回收问卷的有效率，问卷中设计了“问卷推荐人”题项（譬如某老师、某班级学生干部），虽然是匿名填写，但所有填答问卷可追踪到来源；问卷设置了抽奖环节，填答认真、完整有效的问卷填写者可按一定比例获得奖励。共回收有效问卷 1393 份，无效问卷的判断原则包括“答题时间过短”“个人信息答案明显偏误”“创业课程学生投入量表的题项回答完全一致”。

② 样本中 985/211 高校 690 人、占 49.5%，一般本科院校 703 人、占 50.5%；男生 566 人、占 40.6%，女生 827 人、占 59.4%；城镇户籍 764 人、占 54.8%，农村户籍 629 人、占 45.2%；工学 628 人、占 45.1%，理学 118 人、占 8.5%，经济学 337 人、占 24.2%，管理学 184 人、占 13.2%，其他学科 126 人、占 9.0%；大一学生 269 人、占 19.3%，大二学生 558 人、占 40.1%，大三学生 450 人、占 32.3%，大四学生 116 人、占 8.3%。

以借此诊断其中存在的问题。

分析结果显示，样本高校创业课程学生投入性水平整体得分为 9.670 分，4 项指标得分分别为 2.469、2.015、2.476 和 2.710（见图 1）。这表明，现阶段高校创业课程中的学生投入性水平整体上不够理想，其中两项指标——主动合作学习、课程挑战度的得分在为百分制的情况下仅仅勉强达到及格水平，师生互动的得分明显偏低。从各维度具体来看：主动合作学习、课程挑战度得分的中位数分别为 2.4 分、2.375 分，换算成百分制在 60 分附近，主动合作学习、师生互动、课程挑战度得分的众数为 2.0 分，换算成百分制为 50 分。另外，约 50%的学生主动合作学习得分低于 2.4 分（百分制 60 分），约 50%的学生师生互动得分低于 2.0 分（百分制 50 分），约 25%的学生课程挑战度得分低于 2.0 分（百分制 50 分），约 75%的学生过程评价得分低于 3.0 分（百分制 75 分）。

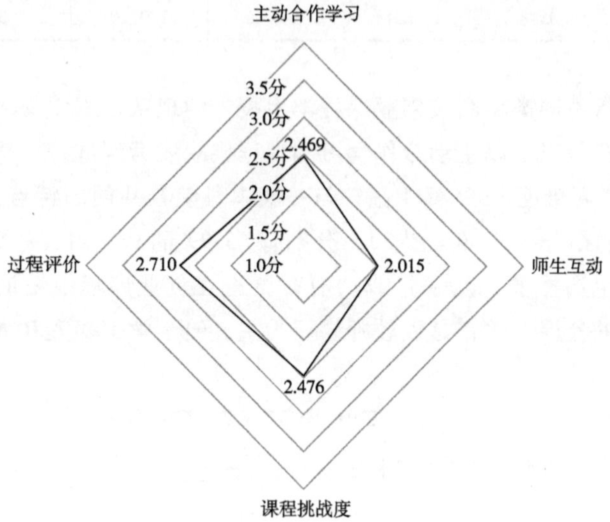


**图 1　样本高校创业课程学生投入四项指标得分情况**

此外，本文对两大类院校创业课程实施过程中的学生投入性水平进行比较。如表 1 所示，通过独立样本 T 检验结果可知：985/211 高校创业课程学生投入得分的均值是 9.859 分，高于一般本科院校创业课程学生投入得分的均值 9.484 分，二者在 0.001 的水平下呈现显著差异。分维度来看，在主动合作学习上，985/211 高校得分的均值是 2.522 分，高于一般本科院校该指标得分的均值 2.417 分；在师生互动上，985/211 高校得分的均值是 2.047 分，高于一般本科院校该指标得分的均值 1.983 分；在课程挑战度上，985/211 高校得分的均值是 2.555 分，高于一般本科院校该指标得分的均值 2.398 分；在过程评价上，985/211 高校得分的均值是 2.734 分，高于一般本科院校该指标得分的均值 2.686 分。其中，两类学校的主动合作学习、课程挑战度得分差异在统计上显著。进一步的效应分析结果显示①，参与本次调查的 985/211 高校开展的创业课程，较之一般本科院校的创业课程，仅在课程挑战度上拥有轻微的优势，在创业课程学生投入性水平的其他方面，无实质性的差异。师生互动的得分在两类高校中都比较低。

表 1　创业课程学生投入的院校间差异

| 维度 | 985/211 高校 | | 一般本科院校 | | T 值 | P 值 |
|---|---|---|---|---|---|---|
| | 均值 | 标准差 | 均值 | 标准差 | | |
| 主动合作学习 | 2.5223 | 0.6377 | 2.4171 | 0.5991 | 3.174 | 0.002 |
| 师生互动 | 2.0468 | 0.6095 | 1.9833 | 0.6077 | 1.946 | 0.052 |
| 课程挑战度 | 2.5554 | 0.5719 | 2.3979 | 0.5867 | 5.072 | 0.000 |
| 过程评价 | 2.7343 | 0.6714 | 2.6856 | 0.6881 | 1.336 | 0.182 |
| 创业课程学生投入 | 9.8588 | 1.9835 | 9.4840 | 2.0120 | 3.501 | 0.000 |

为进一步分析不同类型高校创业课程学生投入的现状，本文深入分析了每个指标的小题项得分情况，以下以主动合作学习和课程挑战度为例进行说明。

在主动合作学习维度，985/211 高校与一般本科院校共同的特点是："在创业课程中做课堂汇报" 的得分偏低（见图 2），分别有 65.9%的 985/211 高校学生和 72.7%的一般本科院校学生选择了 "从未" 或 "有时" 会在创业课程中做汇报。原因可能是现阶段创业课程的授课方式仍是以教师讲授为主，给予学生探究和展示的空间比较有

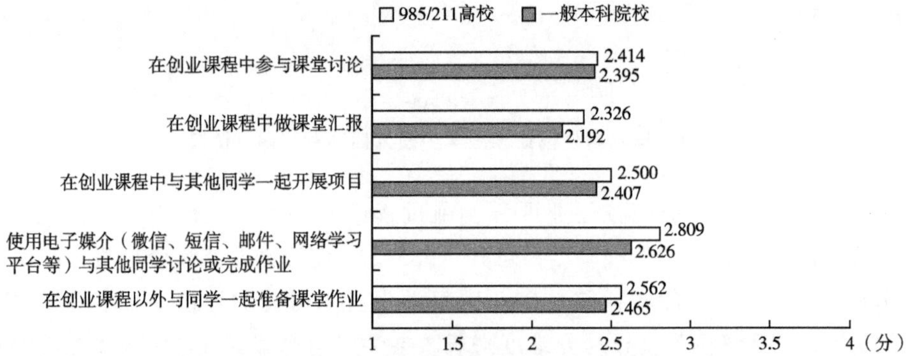


图 2　985/211 高校与一般本科院校在主动合作学习维度的比较

① T 检验是检验两平均数是否有统计上的差异，而效应大小（Effect Size）是衡量这种差异在实际中的意义，若效应大小的绝对值在 0.2 和 0.5 之间表示有差异但差异较小。

限。“使用电子媒介（微信、短信、邮件、网络学习平台等）与其他同学讨论或完成作业”的得分均相对较高，61.9%的985/211高校学生和52.9%的一般本科院校学生选择了在创业课程中“经常”和“很经常”使用电子媒介与其他同学讨论或完成作业。

在课程挑战度维度，985/211高校与一般本科院校共同的特点如下。“教学过程中运用新媒体、新技术（mooc、翻转课堂、云课堂、雨课堂、智慧课堂等）”的得分最高，分别有58.7%的985/211高校学生和45.7%的一般本科院校学生认为自己修读的创业课程“比较多”或“非常多”地运用了新媒体和新技术①。“教学过程中组织形式多样的教学活动（头脑风暴、角色扮演、商业沙盘模拟、实地参观等）”的得分最低，分别有60%的985/211高校学生和66.4%的一般本科院校学生认为自己修读的创业课程“非常少”或者仅仅“有一些”强调对以上教学活动和方法的组织运用。这一点正是目前创业教育课程中广受诟病，也是未来创业教育课程质量改进的突破口，需要研究者和实践者给予足够的重视。在该维度，985/211高校在所有题项的得分均高于一般本科院校。同时可以发现，作为一门实践导向的课程，985/211高校的创业课程更加重视对学生“分析”“综合”“评价”“应用”等高阶思维和能力的培养，而一般本科院校课程中对学生高阶思维的培养要求和强调程度仍与“识记事实、观点”的低阶思维等同。

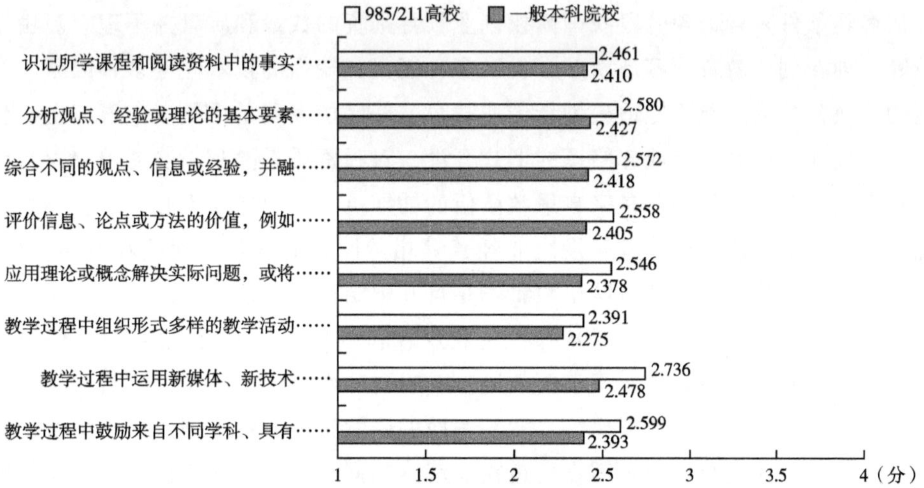


**图3 985/211高校与一般本科院校在课程挑战度维度的比较**

① 原因可能是部分样本数据来自2019~2020学年春季学期，这一学期受到新冠肺炎疫情影响，高校的创业课程改为在线授课形式，促进了各种新媒体和新技术的广泛运用。

## 三　高校创业教育课程典型问题及改进建议

本文设计的“创业课程学生投入量表”是一个基于教育过程、针对院校具体创业课程教学实践和学生学习经历的调查工具。该工具的设计体现了“以学生为中心”的理念，可以作为质量监测工具对创业课程进行有效评价。通过数据分析，本文认为现阶段高校创业课程存在以下典型问题，需要改进。

首先，高校创业教育课程中的师生互动情况不理想。调查结果显示在创业课程学生投入的四项指标中，师生互动指标得分最低。25%以上的学生“从不在创业课程中提问”“从不与老师讨论生涯发展规划”“从不在创业课程以外与老师讨论在阅读或课程中产生的想法”。这一发现也在某种程度上支持了 NSSE-China 的调查结果，后者发现我国高校学生在几大投入性指标中师生互动维度得分最低，与美国同类院校相比差距最为明显[12]。同时，这一发现也与已有创业教育研究的结论相一致。一项对全国 938 所高校创新创业教育现状的调查研究建议当前我国高校的创业教育应当加强师生互动。[13]

创业课程学生投入指标中较低的师生互动得分，究其原因，既有师生主观态度和观念的影响，也暴露出创业课程师资和培训的不足，尚未形成以学生为中心的教学质量观和教师发展观。从主观观念来看，传统的“师道尊严”塑造了教师高高在上的权威者和主导者形象，“科研优先于教学”环境催生了教师与学生的疏离感和隔阂感。从客观条件来看，现阶段我国高校创业教育师资的数量和质量并不理想。由于起步较晚，创新创业教育内容涉及多学科、多种能力和较强的技术性等多种因素，高校创新创业教育师资队伍不能适应创新创业教育又好又快发展的需要。[14]事实上，创新创业类课程往往以通识课或选修课的形式开设，对师资质量要求就会更高。[15]目前高校中从事创业教育的教师多是来自思政队伍的辅导员、就业指导中心开展生涯教育咨询辅导的教师、经济管理学院开设企业经营等相关课程的教师，理论水平有所欠缺，多数没有创业实战经历，师资队伍数量不足且知识结构不合理。

针对上述薄弱环节，有必要从师生主观观念和客观条件的构建两方面进行改进。在创业教育课程这个场域内，不仅要鼓励打破阻碍师生交流的藩篱，还需要在更深层次上努力营造敢为人先、敢冒风险、宽容失败的课堂氛围。由于创业活动本身的特点注定了独特的创业文化，教师需在传道授业解惑的同时，注重培育包容质疑、鼓励挑战、崇尚探索、宽容失败的土壤，这既是促进师生互动的需要，也是创业文化传承的必要。除此之外，高校应坚持教师的创业理论水平和创业实践经验并重、专职教师与兼职教师相结合，通过聘用、培养建立起一支强大的师资队伍。

其次，高校创业教育课程的授课方式没有与传统学术教学法区分开来。调查结果显示在创业课程学生投入的四项指标中，主动合作学习维度和课程挑战度维度仅仅勉强达到及格水平。在主动合作学习维度，985/211 高校与一般本科院校学生“在创业课程中做课堂汇报”的得分都偏低，近七成的学生选择了“从未”或“有时”会在创业课程中做汇报，仅有不到 1/10 的学生选择了“很经常”在创业课程中做汇报。在课程挑战度维度，一般本科院校的创业课程中对学生的要求仍然更多停留在“识记事实、观点”的层面，从而忽视对学生创新实践能力的培养，对学生“分析”“综合”“评价”“应用”等高阶思维和能力的养成重视不足。由此可见，目前高校创业教育课程的教育教学方法还很传统，给予学生探究和体验的空间非常有限。

创业是一种实践。真实的创业活动是一个随时需要面对各种不确定的环境、需要面对各种意想不到的现实困难、面临高度资源约束和时间压力的活动，创业教育需要传递的是一种思考和行动的方式，在注重理论性的创业知识传授之外，也要强调体验式课程锻炼，即理论性知识与实践性体验相结合。作为全球创业教育的先锋，“百森商学院”的行动式教学体系或许可以带给我们一些启示。行动式教学打破了传统课堂中“教师教、学生学”的模式，将教室模拟成一种创业生态环境，让学生成为学习的主体，通过在模拟创业生态环境中进行实践，系统学习和锻炼创业所需技能。如“角色扮演”等游戏化场景能给学生带来很强的代入感，“商业模拟沙盘”等“试验”实践体现了“验证性学习”的概念，给予学生创业体验和反思复盘的机会。

有鉴于此，我国高校的创业课程需要在借鉴国外高校体验式教学经验的基础上，进一步开发本土化教学内容。国际领先的创业教育都非常重视在传授理论知识之外，为学习者提供更具沉浸感的体验活动，将课堂变成“以学生为中心”的学习共同体，让学生“在做中学”。我国高校创业课程需要改变以往教学模式单一化的问题，尽可能尝试创建接近真实情景的学习任务，提升课程的挑战度，注重采用团队学习、合作学习的教学方式，使学生在实践活动中创造性地运用理论知识，增强创业意识，提高解决复杂问题能力、团队合作能力、批判思维与创新思维能力。

## 四 高校创业教育课程质量改进案例

为了更鲜活地阐释主题，本文选取“全国创新创业典型经验高校 50 强”单位中一个具体的创业课程质量改进案例，探讨在创业教育一线的教学实践中，如何在课程设计层面凸显教学内容的有用性、情景的真实性、学习的挑战性、过程的互动性、环境的社会性，同时兼顾布鲁姆认知模型中的六类学习，尤其是对学生高阶思维的培养，从而实现“以学生发展为中心、以学生学习为中心、以学习效果为中心”的“新三中心”教学设计。

案例高校的创业教育课程面向全校本科生，无先修课要求，选课学生专业、年级不限。课程实行小班教学，单个课堂容量为 30 人。根据教育部办公厅印发的《普通本科学校创业教育教学基本要求（试行）》（教高厅〔2012〕4 号），创业基础课程内容主要包括创业精神与人生发展、创业者与创业团队、创业机会与创业风险、商业模式开发、创业计划、新企业的开办等主题。改进前的课程设计基本沿用了这个课程框架，授课形式以教师讲授为主（见表 2）。从学生学习状态来看，学生出勤率不高，对课堂教学活动似乎也没有强烈的参与兴趣，请假旷课、在教室里做专业课作业、玩手机的现象时有发生。

**表 2　高校创业教育课程质量改进案例**

| 课程 | 改进前的课程设计 | | 改进后的课程设计 | |
|---|---|---|---|---|
| | 授课主题 | 授课形式 | 授课主题 | 授课形式 |
| 第 1 节 | 创业导论 | 讲授 | 前测+创业导论 | 新生小班研讨 |
| 第 2 节 | 创业者素质 | 讲授 | 创业者素质+创业机会识别 | 案例讨论+教师反馈 |
| 第 3 节 | 创业团队 | 讲授 | 创业团队+你的创业项目 | 案例讨论+教师反馈、竞聘 CEO+分组 |
| 第 4 节 | 创业机会 | 讲授 | 创业资源+创业计划 | 小组破冰+项目执行概要写作 |
| 第 5 节 | 创业资源 | 讲授 | 商业计划书写作强化 | 同学互评已完成的项目执行概要+常见问题总结 |
| 第 6 节 | 创业计划 | 讲授 | 商业模式开发+创业风险 | 合作性任务：商业模式画布、价值网络建模、服务蓝图设计 |
| 第 7 节 | 创业风险 | 讲授 | 创业沙盘+创业基地参观实习 | 模拟经营+参观交流 |
| 第 8 节 | 新企业的开办 | 讲授 | 结课汇报+后测 | 创业项目成果展示+师生反馈 |

着眼于学生学习过程的优化及学习质量的提高，改进后的教育课程保留了原有的主要内容和主体，但不再局限于“传递—结束”的传统授课模式，融入了诸多“以学生为中心”的元素。首先，以学习者为中心，教师是引导者和促进者，利用启发式、互动式、案例式等方法来引导和激发学生的参与积极性。学生阅读资料和观看视频，根据授课主题回应“你认为优秀的创业者应该具备哪些素质?”“你认为好的创业团队的基本构成是什么/优秀的创业团队应该具备哪些特征?”“创业团队可能因为哪些原因产生意见分歧？由此引发的潜在风险是什么?”“那些盛极一时的创业项目（诺基亚手机/ofo 等）何以倾覆?”等问题。教师通过对小组合作学习报告、案例讨论结果等的及时和高频反馈，帮助学生建构知识。案例的选择均来自日常生活实践，如“拼多多”“饿了么”“抖音”“老干妈”“顺丰速运”等学生可以接触到的品牌故事。其次，创设良好的师生互动、生生互动氛围，通过学生自愿报名“竞聘 CEO”、其他同学双向选择的方式建立创业团队，主张跨学科、跨专业的交流，在班级内构建互教互学、和谐平等的学习共同体。最后，课程任务主题来自真实生活情景，鼓励学

生带着自己的创业项目参与课程学习，如“大学生打卡社交App”“校友企业新款产品品牌推广”等。改进后的课程设计将课程主题推进与学生项目完善结合起来，以团队为单位展开创业项目的商业模式开发，绘制商业模式画布，进行价值网络建模和服务蓝图设计。学习任务综合性强，大部分创意由来自不同学科的学生“头脑风暴”后合作完成，需要学生综合应用所学知识，在解决现实问题和服务社会的同时感受自身价值，提升创业自我效能感，明确创业意向。

此外，该课程综合运用多种教学方式，“商业沙盘”中让学生就“制帽厂”的生产销售模拟经营，增强学习的趣味性；参观创业大赛获奖并入驻创业园实地孵化的项目，与已落地成熟项目的负责人面对面交流，使在读学生对创业活动的现实和困难有更深入的认识。特别值得注意的是，该课程建立了学生学习档案袋用以记录学习过程，利用“超星学习通”“中国大学慕课”等网络学习平台展示阶段性学习成果，采用学生互评、阶段性任务分步骤评比、创业项目模拟路演等方式进行考核评价，实现传统课堂模式的转型。值得欣喜的是，改进后的创业课程收到了学生积极正向的评教反馈，保持率和参与率明显提高，主动合作学习、师生互动、课程挑战度、过程评价四项投入性指标得分显著提升，基本达到了预期的质量改进效果。

## 参考文献


[1] 李家华：《我国创业教育发展状况》，《中国大学生就业》2008年第2期，第43~45、47页。

[2] 葛宝山、宁德鹏：《我国高校创业教育满意度对创业行为的影响研究——一个以创业激情为中介的大样本实证考察》，《华东师范大学学报》（教育科学版）2017年第3期，第103~115、171~172页。

[3] 李家华：《创业教育亟须突破三大困境》，《人民日报》2012年6月15日，第18版。

[4] 雷家骕：《根本在育人、深化在融入、基础在研究》，《中国高等教育》2015年第17期，第19页。

[5] 李家华、刘帆：《中国高校创业教育的发展、挑战和对策》，《中国青年政治学院学报》2009年第5期，第1~5页。

[6] 肖鹏：《大学创业教育课程质量改进的设计研究——以学习者为中心的视角》，博士学位论文，北京大学教育学院，2011，第10页。

[7] 赵炬明：《论新三中心：概念与历史——美国SC本科教学改革研究之一》，《高等工程教育研究》2016年第3期，第35~56页。

[8] 赵炬明：《聚焦设计：实践与方法（下）——美国“以学生为中心”的本科教学改革研究之三》，《高等工程教育研究》2018年第3期，第29~44页。

[9] J. A. Ouimet, R. A. Smallwood, “CLASSE—The class-level survey of student engagement,” *Assessment Update*, 2005, 17 (6): 13-15.

[10] G. D. Kuh, “The national survey of student engagement: Conceptual framework and overview of

psychometric properties，” Center for Postsecondary Research，Indiana Universty，2002.
［11］王琼、杨钋：《高校创业课程学生投入的内涵与测量工具研究》，《教育学术月刊》2021 年第 6 期，第 67～75 页。
［12］史静寰、涂冬波、王纾等：《基于学习过程的本科教育学情调查报告 2009》，《清华大学教育研究》2011 年第 4 期，第 9～23 页。
［13］刘帆：《高校创新创业教育现况调查及分析——基于全国 938 所高校样本》，《中国青年社会科学》2019 年第 4 期，第 67～76 页。
［14］蒋德勤：《高校创新创业教育师资队伍建设探析》，《中国高等教育》2011 年第 10 期，第 34～36 页。
［15］仇存进：《我国高校创新创业教育课程体系研究》，《江苏高教》2018 年第 11 期，第 82～85 页。

# Student-centered：Research on Quality Improvement of Entrepreneurship Courses in Universities

*Yang Po，Wang Qiong*

**Abstract**：In recent years，as entrepreneurship education in China's universities witnesses a boom while faces a dilemma of its quality，the “student-centered” teaching paradigm becomes the reform direction of entrepreneurship courses. This paper adopts the Classroom Survey of Student Engagement（CLASSE）to make assessment on the course quality. Based on the empirical data collected from 1393 students in 6 China's universities who take entrepreneurship courses，it finds that some problems exist in the current entrepreneurship courses in China's universities，such as the unsatisfactory interaction between teachers and students，and the failure to distinguish between ways of teaching and traditional academic teaching methods. In view of these weak links，it is necessary to follow the “student-centered” teaching philosophy and make improvement in such aspects as the construction of the subjective concepts and objective conditions of teachers and students，and the development of localized experiential teaching content. It explains how to integrate the “student-centered” teaching concept into the entrepreneurship courses in universities through a case of the quality improvement of such courses.

**Keywords**：Student-centered；Entrepreneurship Courses；Teaching Reform；Student Engagement

# 以学生为中心：行业院校“卓越计划”质量实证研究*

郭建如　郑　力**

【摘　　要】为提高我国工程人才培养质量，教育部于2011年正式启动“卓越工程师教育培养计划”，进行“以学生为中心”的工程人才培养模式改革。10年过去了，强调学生发展的“卓越计划”是否切实提升了工程人才的培养质量？这一问题在已有研究中没有得到较好的回答。本文基于北京大学教育学院2020年行业院校调查数据，以工程师能力考察为重点，分析了“卓越计划”对行业院校的本科工程人才培养质量的影响。研究结果显示，进入“卓越计划”专业对行业院校学生的工程师能力存在正向影响，但在统计上不显著。本文结合实地调查对这一结果进行了讨论，并提出了“卓越计划”院校提高工程人才培养质量的政策建议，即构建良好的校园环境与支持服务体系，建立完善的“卓越计划”校企合作管理体制。

【关 键 词】以学生为中心　“卓越计划”　行业院校　工程人才培养

## 一　引言

21世纪以来，新一轮科技革命对工程活动产生了巨大影响，对工程活动的主要参与者——工程师提出了新的要求，传统的工程教育面临较大的转型压力。2011年1月8日，教育部发布《关于实施卓越工程师教育培养计划的若干意见》（教高〔2011〕1号），标志着“卓越工程师教育培养计划”（以下简称“卓越计划”）正式启动。这一计划的目标主要有两个，即“培养造就一大批创新能力强、适应经济社会发展需要的高质量各类型工程技术人才”，以及“促进工程教育改革和创

---

* 本文系国家自然科学基金应急项目“新时代行业特色高校治理模式与创新发展研究”（72041003）、国家社会科学基金重点项目“新发展阶段高等医学教育改革研究”（AIA210011）的研究成果。

** 郭建如，男，河南南阳人，社会学博士，北京大学教育经济研究所教授；郑力（通讯作者），男，浙江绍兴人，管理学博士，清华大学教育研究院博士后。

新，全面提高我国工程教育人才培养质量”。在具体内容方面，“卓越计划”要求进行全方位的工程人才培养模式改革，其最大特点就是鼓励校企深度合作培养。随后，教育部先后确定了三批入选“卓越计划”的院校和学科专业，共有 208 所院校的 1771 个学科专业入选。

为应对中国工程教育内外部环境的变化，教育部、工业和信息化部与中国工程院于 2018 年 9 月 17 日发布《关于加快建设发展新工科实施卓越工程师教育培养计划 2.0 的意见》（教高〔2018〕3 号），标志着“卓越计划 2.0”的开展。“卓越计划 2.0”的目标是“建设一批新型高水平理工科大学、多主体共建的产业学院和未来技术学院、产业急需的新兴工科专业、体现产业和技术最新发展的新课程等，培养一批工程实践能力强的高水平专业教师”，并最终使“20%以上的工科专业点通过国际实质等效的专业认证，形成中国特色、世界一流工程教育体系，进入高等工程教育的世界第一方阵前列”。

“卓越计划”的出现标志着我国工程教育人才培养模式改革开始向着“以学生为中心”的方向转变。“以学生为中心”的教育理念强调教育要从学生的发展出发，使学生获得全面、主动、有个性的可持续发展。[1]在美国高校中，“以学生为中心”的教学改革包括三大方面：一是基于科学研究的教学改革；二是以真实学习为基础的教学模式，包括真实教学法、结果导向教育等；三是由经验总结而产生的教学模式，包括学习金字塔、高影响力教学活动等。[2]

《国家中长期教育改革和发展规划纲要（2010~2020 年）》明确指出：“以学生为主体，以教师为主导，充分发挥学生的主动性”。作为纲要的有机组成部分，“卓越计划”对工程人才培养模式改革的要求体现出“以学生为中心”的教育理念。首先，“卓越计划”关注学生能力素质的全面提升，包括工程师能力、人文素养、外语水平、社交技巧等，从而实现学生的全面发展。[3]“以学生为中心”教学改革的核心是以学生成长为中心，以促进学生发展为目标，关注学生的学习效果，把学生学习效果改善作为检验教师教学有效性的标准。因此“卓越计划”对学生工程师能力等软硬技能的关注，体现了以学生发展为中心、以学生学习为中心、以学习效果为中心，即“新三中心”的本科教学模式特点。[4]其次，“卓越计划”针对当前工科学生工程实践能力较弱的情况，强调对工科学生“主动实践”能力的培养，并通过实践同步提升工科学生的观察力、协同力、领导力等多种能力素质。[5]“以学生为中心”的本科教学改革以脑科学、发展科学、认知科学和学习科学为基础，重视学习环境对学习活动和学习效果的影响，强调应该为学生营造挑战、真实、合作、实践、互动的学习环境。[6]“卓越计划”强调通过实践来提升学生的多维能力，尝试营造真实、合作、实践、互动的学习环境。另外，“卓越计划”强调培养工科学生的“大工程观”和“批判性思维”，从而为学生掌握 21 世纪所必需的可持续发展

能力奠定基础。[7~8]

综上所述，“卓越计划”为工程教育开展“以学生为中心”的教育教学改革提供了良好的政策环境。我国的行业院校以工科类为主，因行业而生，因行业而兴，依托于行业，服务于行业，相较于其他类型高校，有通过校企合作开展工程实践活动的天然优势。那么，参与“卓越计划”的行业院校是否在工程教育改革中贯彻了“以学生为中心”教育理念？这些改革是否促进了工科学生工程能力的发展？是否提高了行业院校的工程人才培养质量？本文尝试以全国代表性行业院校的调研为基础，回应上述问题。

## 二　文献综述

自“卓越计划”实施以来，学界已在宏观层面进行了较多的讨论。首先是“卓越计划”的定位。一些研究认为，“卓越计划”是一项我国高等工程教育改革的重大举措，是促进高校培养适应社会和经济发展需要的高级专门人才的一项新的“质量工程”[9]，能够培养造就一大批创新能力强、适应企业发展需要的多种类型优秀工程师，满足经济社会快速发展基础上的科学技术和工程应用国际化的要求[10]，并能够推动高校从“知识生产模式Ⅰ”向“知识生产模式Ⅱ”转变[11~12]。

其次是“卓越计划”对传统的工程人才培养模式产生的影响。研究者认为，与传统工程师相比，21世纪的工程师需要“人文情怀、相应的科学素养、多学科视野、跨文化交流沟通能力、团队协作能力”等新型能力素养。[13]“卓越计划”要求院校对传统的人才培养模式进行改革[14]，促进学生在这些新型能力素养方面的发展，并最终培养出一大批“适应经济社会发展需要的高质量各类型卓越工程师”[15]。此外，“卓越计划”还能成为全面提高我国工程人才培养质量、促进我国从工程教育大国走向工程教育强国的突破口。[16]另外，研究者还对“卓越计划”院校在工程人才培养改革方面取得的进展和面临的问题进行了讨论。一些研究者认为“卓越计划”为实现中国工程教育人才培养模式的变革与创新奠定了坚实基础[17~18]，但也存在企业参与人才培养的态度不积极、师资队伍建设面临困境、校企联合培养支持力度不足等问题[19]。在此背景下，应当逐步扭转企业参与“卓越计划”的消极态度，并通过政策鼓励，优化现有教师队伍结构，服务学生，提升人才培养的社会效益。[20]

总的来看，已有研究虽然围绕“卓越计划”进行了较多探索，但还存在一定的局限性。首先，相关研究多停留在理念探索层面，缺乏基于实证的经验研究；研究对象大多局限于研究者所在的院校或所在区域的院校，研究结论缺乏外部有效性。其次，学生是人才培养的出发点与落脚点，但是已有研究少有从学生层面进行分析，主要关注院校、专业等层面，对学生这一人才培养对象的讨论明显不足。自“卓越计划”实施以来，虽然有一些案例研究发现，该计划推动入选该计划的院校在教学方法改革、师资队伍建设、校企合作培养人才等方面取得了长足的进展。[21~22] 然而，“卓越计划”是否在较大范围内切实提升了工程人才培养质量这一问题并未得到很好的回答。有鉴于此，本文尝试对“卓越计划”对行业院校本科工程人才培养质量的影响进行量化分析。

## 三 研究设计

### （一）数据、样本与变量

北京大学教育学院行业院校调查课题组于2020年7~11月在全国4个省份选择9所“卓越计划”行业院校，开展“行业院校工程教育毕业年级学生调查”。该调查共回收1136份有效问卷，其中985院校调查样本占全部样本的1.68%，211院校占比为35.75%，省属行业划转本科院校占比为62.57%。

本文将学生的“工程师能力”作为工程人才培养质量的测量变量。研究者根据国际工程联盟（International Engineering Alliance）、美国工程技术认证委员会（Accreditation Board for Engineering and Technology）等机构对工程师能力的界定，编制了包含20个题项的“工程师能力”量表。本文对量表进行因子分析，取其因子得分作为模型中的因变量。① 因子分析结果显示，该量表的Cronbach's Alpha系数为0.971，KMO值为0.974，Bartlett球形检验的伴随概率为0.000，信效度较高。

同时，本文将“进入‘卓越计划’专业”（1=是，0=否）作为自变量。在协变量方面，本文选取调查对象个人与家庭层面的变量，如“性别”“高中类型”“家庭位置”“家庭年收入”等，这些变量除“父亲受教育年限”外均为分类变量。表1汇报了描述统计结果。在个人特征方面，男生占多数（77.2%），有26.8%来自“卓越计划”专业，非“卓越计划”专业调查对象的比例为73.2%。就读过重点/示范高中的调查对象占比为65.2%，就读过普通高中的调查对象占比为34.8%。在家庭特征方面，家庭位于农村的比例最高（40.4%），其次为县级城市（17.6%）。调查对象家庭年收入比例最高的区间是10001~30000元（27.7%），其次为50001~100000元（22.6%）。

① 因篇幅限制，因子分析的过程不在正文中显示。

表 1　描述统计结果

| 变量类型 | 变量名称 | 类型 | 占比或数值 |
|---|---|---|---|
| 自变量 | 进入“卓越计划”专业 | 是 | 26.8% |
| | | 否 | 73.2% |
| 协变量 | 性别 | 男 | 77.2% |
| | | 女 | 22.8% |
| | 高中类型 | 重点/示范高中 | 65.2% |
| | | 普通高中 | 34.8% |
| | 家庭位置 | 省会城市或直辖市 | 15.1% |
| | | 地市级城市 | 17.4% |
| | | 县级城市 | 17.6% |
| | | 乡镇 | 9.4% |
| | | 农村 | 40.4% |
| | 家庭年收入 | 200000 元以上 | 4.5% |
| | | 100001~200000 元 | 13.1% |
| | | 50001~100000 元 | 22.6% |
| | | 30001~50000 元 | 19.5% |
| | | 10001~30000 元 | 27.7% |
| | | 10000 元及以下 | 12.6% |
| | 父亲受教育年限 | 均值 | 10.2 年 |
| | | 最大值 | 23 年 |
| | | 最小值 | 0 |

表 2 汇报了“卓越计划”专业学生和非“卓越计划”专业学生在工程师能力上的差异。结果显示，“卓越计划”专业学生在 20 项工程师能力指标上的评价均值均高于非“卓越计划”专业学生；T 检验的结果显示，“卓越计划”专业学生和非“卓越计划”专业学生的工程师能力差异仅在“复合型的知识与技术”“设计问题解决方案的能力”和“从环境、可持续、法律、经济等多维度考虑工程项目的能力”上显著（P 值<0.05）。以上结果说明，“卓越计划”专业学生对自身工程师能力的评价高于非“卓越计划”专业学生，特别是在“卓越计划”强调的综合、系统等维度的工程师能力上具有更好的表现。

表2　工程师能力的组间差异

| 工程师能力 | “卓越计划”专业学生 | 非“卓越计划”专业学生 | T值 | P值 |
|---|---|---|---|---|
| 完成工程项目的自信心 | 2.91 | 2.88 | 0.724 | 0.469 |
| 完成任务的积极态度 | 3.09 | 3.08 | 0.306 | 0.759 |
| 沟通表达能力 | 3.05 | 3.00 | 1.551 | 0.121 |
| 生涯规划能力 | 2.97 | 2.90 | 1.887 | 0.059 |
| 信息检索能力 | 3.06 | 3.03 | 0.831 | 0.406 |
| 创新能力 | 2.92 | 2.86 | 1.572 | 0.116 |
| 审辩性思维能力 | 3.04 | 3.01 | 1.017 | 0.309 |
| 适应新环境与任务的能力 | 3.12 | 3.07 | 1.415 | 0.157 |
| 工程知识与技术 | 2.97 | 2.90 | 1.946 | 0.052 |
| 复合型的知识与技术 | 2.93 | 2.81 | 3.169 | 0.002 |
| 问题分析能力 | 3.05 | 3.01 | 0.982 | 0.326 |
| 数学建模能力 | 2.81 | 2.74 | 1.682 | 0.093 |
| 设计问题解决方案的能力 | 3.04 | 2.96 | 2.282 | 0.023 |
| 使用设备与工具的能力 | 3.01 | 2.95 | 1.820 | 0.069 |
| 社交能力 | 3.01 | 2.96 | 1.287 | 0.199 |
| 从环境、可持续、法律、经济等多维度考虑工程项目的能力 | 2.97 | 2.87 | 2.476 | 0.013 |
| 职业伦理与专业精神 | 3.10 | 3.09 | 0.186 | 0.853 |
| 团队合作能力 | 3.13 | 3.09 | 1.173 | 0.241 |
| 项目领导力 | 2.95 | 2.89 | 1.396 | 0.163 |
| 项目统筹管理能力 | 2.97 | 2.92 | 1.412 | 0.158 |

## （二）模型设定

为估计进入“卓越计划”专业对工科学生工程师能力的影响，可以采用一般最小二乘法进行估计。考虑到学生进入“卓越计划”专业并非随机，而是会受到其他一些因素的影响，最小二乘法可能会因为自变量的内生性而产生估计偏差。为控制学生进入“卓越计划”专业的内生性问题，本文采用倾向值匹配方法分析“卓越计划”对学生工程师能力的影响。倾向值匹配最早由 Rosenbaum 和 Rubin 于 1983 年提出，其目的是通过将同时影响自变量与因变量的混淆变量纳入 Logistic 回归模型，产生一个预测个体接受干预的概率（倾向值），并基于倾向值对处理组和控制组样本进行匹配，然后估计平均干预效果。研究者可以通过控制倾向值来遏制选择性误差对研究结论的影响，从而保证结论的可靠性。[23] 本文计算样本倾向值与估计平均处理效应的模型为：

$$Zyjh_i = D_i Demog_i + D_2 Family_i + \varepsilon_i \tag{1}$$

$$ATT = \frac{1}{N^T}\sum_{i\in T}\left\{ y_i^T - \frac{\sum_{j\in C} y_j^C w_{ij}}{\sum_{j\in c} w_{ij}} \right\} \tag{2}$$

公式（1）中，$Zyjh_i$ 为学生进入“卓越计划”专业的概率，学生进入“卓越计划”专业记为 1，未进入“卓越计划”专业记为 0。$Demog_i$ 为学生的个人特征变量，$Family_i$ 为学生的家庭特征变量，$\varepsilon_i$ 为残差。分析分为三步进行。首先，利用二元 Logistic 回归模型，得到个体接受干预的预测概率，本文根据不同的匹配方法得到不同的权重系数 $w_{ij}$，$i$、$j$ 分别代表处理组和控制组的个体。其次，根据权重 $w_{ij}$，通过公式（2）计算处理组和控制组在因变量上的差异，即平均处理效应（$ATT$）。公式（2）中的上标 $T$ 和 $C$ 分别代表处理组和控制组个体，$y$ 为因变量，$N^T$ 为处理组的样本量。最后，为克服潜在的小样本偏误对结论的影响，从而确保结果的稳健性，本文运用 bootstrap 自助抽样（重复 50 次）检验估计效应的显著性和标准误，并基于此估计平均处理效应。

# 四　研究结果

## （一）进入“卓越计划”专业的影响因素

本文首先利用二元 Logistic 回归模型估计学生进入“卓越计划”专业的概率。表 3 结果显示，“高中类型”“父亲受教育年限”和“家庭年收入”对学生进入“卓越计划”专业具有显著影响。其中，“高中为重点/示范性高中”“家庭年收入 10001～30000 元”和“家庭年收入 100001～200000 元”的影响显著为正，“父亲受教育年限”的影响显著为负。这说明家庭收入在这两个区间内、高中为重点/示范性高中的学生进入“卓越计划”专业的可能性较高，而父亲受教育年限较长的学生进入“卓越计划”专业的可能性较低。

**表3　进入“卓越计划”专业的Logistic回归结果**

| 协变量 | 系数 | 标准误 | Z值 |
|---|---|---|---|
| 性别 | 0.175 | 0.155 | 1.13 |
| 高中为重点/示范性高中 | 0.292** | 0.138 | 2.11 |
| 父亲受教育年限 | −0.040* | 0.021 | −1.91 |
| 家庭位于省会城市或直辖市 | −0.345 | 0.220 | −1.57 |
| 家庭位于地市级城市 | −0.084 | 0.202 | −0.41 |
| 家庭位于县级城市 | −0.068 | 0.190 | −0.36 |
| 家庭位于乡镇 | −0.207 | 0.232 | −0.89 |
| 家庭年收入10001~30000元 | 0.445** | 0.215 | 2.07 |
| 家庭年收入30001~50000元 | 0.222 | 0.230 | 0.97 |
| 家庭年收入50001~100000元 | −0.027 | 0.231 | −0.12 |
| 家庭年收入100001~200000元 | 0.682** | 0.269 | 2.53 |
| 家庭年收入200000元以上 | 0.531 | 0.360 | 1.48 |

注：*、**和***分别代表10%、5%和1%的显著性水平。

## （二）平衡性检验

基于上述二元Logistic回归模型，本文得到所有个体进入“卓越计划”专业的倾向值，并基于此倾向值将处理组和控制组的样本进行了匹配。本文采用四种匹配方法（邻近匹配、分层匹配、核匹配与半径匹配）。倾向值匹配的前提条件是样本通过平衡性检验。平衡性检验的目的是检验通过不同匹配的处理组与控制组的样本是否满足“条件独立”假定和“平衡性”假定。T检验结果显示，在匹配处理后，处理组与控制组的协变量均不存在显著性差异（P值>0.05），说明样本可以视为在处理组与控制组之间实现了随机分配。另外，处理组与控制组均通过了似然比检验，匹配后的伪$R^2$均下降，说明匹配方法的匹配效果较好。最后，倾向值直方图表明处理组与控制组的倾向值均具有较大的重合部分，说明处理组与控制组的倾向值共同区间较大，满足了平衡性假设。①

## （三）进入“卓越计划”专业对工程师能力的影响

基于匹配样本，本文估计了进入“卓越计划”专业对工科学生工程师能力影响的平均处理效应。表4汇报了通过四种匹配方法对样本进行匹配后，再运用bootstrap

① 由于篇幅限制，T检验结果、似然比检验和倾向值直方图不在此处罗列。

自助抽样（重复50次）检验估计效应的显著性和标准误，从而得到的进入“卓越计划”专业对学生工程师能力的平均处理效应。平均处理效应显示进入与未进入“卓越计划”专业学生的工程师能力差异的均值。

表4 平均处理效应的估计

| 干预变量 | 匹配方法 | 平均处理效应 | 标准误 | Z值 | P值 |
|---|---|---|---|---|---|
| 进入“卓越计划”专业 | 邻近匹配 | 1.238 | 1.041 | 1.19 | 0.234 |
| | 分层匹配 | 0.727 | 1.041 | 0.70 | 0.485 |
| | 核匹配 | 0.009 | 0.824 | 0.01 | 0.992 |
| | 半径匹配 | 0.009 | 0.797 | 0.01 | 0.991 |

估计结果（见表4）表明，进入“卓越计划”专业对学生工程师能力具有正向影响，四种匹配方法的估计值分别为1.238、0.727、0.009和0.009，但四种方法匹配后的平均处理效应均在统计上不显著（P值>0.05）。可见，在调查的行业院校中，“卓越计划”专业对学生工程师能力存在正向影响，但并不显著。这意味着与控制组相比，进入“卓越计划”专业对行业院校工科本科生的工程师能力无显著影响。

# 五 结论与讨论

## （一）结论

基于2020年行业院校调查数据，本文运用倾向值匹配方法分析了“卓越计划”对工科学生工程师能力的影响。研究结果显示，在行业院校中，进入“卓越计划”专业能在一定程度上提升学生的工程师能力，但提升效果并不显著。对于这一研究结论，本文尝试结合访谈内容从以下三个方面予以讨论。

首先，“卓越计划”的执行过程中出现了调整，影响到行业院校学习环境的构建和项目效果。课题组在访谈中了解到，部分“卓越计划”行业院校已不再设置独立的“卓越班”建制或“卓越计划”人才培养方案。有些院校反映，“我们2017年之后就不再设置独立的‘卓越班’，这个专业所有的学生都一样了”（Z轻工业大学教务处处长）。另一些院校提出“2018年修订了人才培养方案，不再设置单独的‘卓越计划’培养方案，建制也取消了”（C工业大学机电工程学院院长）。另外，一些行业院校在取消独立的“卓越班”建制或“卓越计划”人才培养方案后，将原本在“卓越班”实施的教学实践活动推广至所有学生，这些举措在很大程度上削弱了“卓越计划”对入选计划的工科学生工程能力的影响。

其次，一些参与“卓越计划”的行业院校由于各种主客观条件的限制，在实施“卓越计划”所要求的工程人才培养模式改革时打了折扣，特别是在“卓越计划”重点关注的企业实习方面。例如，由于企业考虑到学生实习可能产生的安全问题，不积极配合，导致学生无法进入真实的生产环境。“企业从安全角度考虑，没有培训的话，一般不让（学生）动（设备）”（Z轻工业大学食品与生物工程学院院长）。另外，一些企业接待学生实习的能力有限，对学生赴企业实习的质量产生影响。“一年企业实习很难做到，企业很难接纳，接受不了那么多学生”（D电力大学党委书记）。缺乏企业提供的真实生产环境会影响进入“卓越计划”专业学生工程师能力的发展。

最后，“卓越计划”实施迄今已经十年多，外部环境发生了较大的变化。随着我国高等教育规模的不断扩大，企业对学生学历的要求不断提升，学生有较强的动力追求更高的学历水平。行业院校“卓越班”中的部分学生——特别是成绩较好的学生多选择考研而不是去企业实习，或中途退出“卓越班”。受访对象反映，“成绩好的考研走了，没有进企业，行业里面学生能留下10%就不错了”（Z轻工业大学食品与生物工程学院院长）；“90%都培养成了硕士，去企业的很少”（C工业大学机电工程学院院长）。非随机的学生退出使得“卓越计划”专业毕业生的工程师能力水平下降。

另外，我国于2016年正式加入《华盛顿协议》后，“工程专业认证”成为很多工科院校的工作重点，削弱了院校对“卓越计划”的关注。“2017年之后学校的重点放在‘工程专业认证’上了，对‘卓越计划’的关注就少了”（C工业大学机电工程学院院长）。院校注意力的转移可能带来资源配置的调整，注意力的转移和资源水平的下降对“卓越计划”的效果产生不利影响。外部环境引起了“卓越计划”相关专业在人才培养过程中的调整，在一定程度上削弱了它对学生能力的正向影响。

总的来看，在参与调查的行业院校中，当前“卓越计划”对学生工程师能力的提升没有达到预期目标，“以学生为中心”的人才培养模式改革理念未能得到有效执行。究其原因，主要有以下几点。

首先，“卓越计划”缺乏来自教育主管部门的制度支撑。2013年后，教育部对“卓越计划”的管理与规范逐渐缺位，在规范性文件制定与管理体制建设方面停滞不前，导致“卓越计划”院校在实施“卓越计划”时缺乏统一的引导与监管，在适应外部环境变化方面也较为滞后。

其次，在“以学生为中心”的教育理念指导下，“卓越计划”强调对学生主动实践能力的培养，并通过实践同步提升学生的观察力、协同力、领导力等多种能力素质。学生实习需要大量资金的支撑，但教育主管部门并未配套相关资金支持“卓越计划”，导致一些“卓越计划”院校不得不挪用教改项目、省部共建项目的经费来支撑“卓越计划”实施，从而无法有效地实现“卓越计划”在质与量两个方面目标的达成。

另外，企业积极性不强也是制约“卓越计划”有效实施的重要因素之一。企业出于安全生产、生产效率等的考虑，在接受“卓越计划”规定的累计一年时间的学生实习方面存在困难。事实上，由于涉及多个维度的现有制度，这一问题无法由教育主管部门单独解决，而是需要各部门协同磋商、共同制定“卓越计划”学生实习制度。

## （二）讨论

整体上看，当前参与“卓越计划”的行业院校在实现项目目标方面仍有较大的改善空间。“以学生为中心”的教育理念要求将学习的责任从教师转移到学生身上，使学生更加主动地参与到学习过程中去。[24]在这样的背景下，院校应当从服务者与协调者的角度出发，为学生的参与提供环境与制度保障，并协调各种资源，使资源投入能够促进学生参与到相关的活动中，如第二课堂、基于实践的教学活动等。[25]结合实地调查情况，本文尝试从校园环境和“卓越计划”管理体制两个层面提出提升工程人才培养质量的建议。

第一，虽然“卓越计划”院校在专业实习方面进行了较多的投入，但在校园环境提升与“卓越计划”管理体制建设等方面仍存在不足。良好的校园环境（包括学习环境、生活环境、文化环境等）对学生的积极影响已被许多研究所证实。[26~28]因此，“卓越计划”院校必须重视校园环境对学生工程师能力发展的影响，从而推动校园环境建设，并将之与校企合作结合起来。这正是“以学生为中心”的本科教学改革对学习环境构建的基本要求。

第二，行业院校应当完善与“卓越计划”相关的校企合作管理体制，包括合作企业资质的审核、校企合作项目的审批、校企合作专项资金的管理、校企合作效果的评价与反馈等。此外，“卓越计划”行业院校应当通过多种方式降低校企合作的成本，如通过寻求企业与地方政府支持、促进校企合作成果转化等方式为“卓越计划”校企合作提供支持，从而保证校企合作的质量。

**参考文献**

［1］邵晓枫、廖其发：《“以学生为本”教育理念内涵的解读》，《中国教育学刊》2006年第3期，第3~5、9页。

［2］赵炬明：《打开黑箱：学习与发展的科学基础（上）——美国“以学生为中心”的本科教学改革研究之二》，《高等工程教育研究》2017年第3期，第31~52页。

［3］涂善东：《“全面工程教育”引论》，《高等工程教育研究》2007年第2期，第6~13、25页。

［4］赵炬明：《论新三中心：概念与历史——美国SC本科教学改革研究之一》，《高等工程教育研究》2016年第3期，第35~56页。

［5］姜芳、刘铁锋：《主动实践，培养大学生科技创新能力》，《高等工程教育研究》2007年第6期，第97~99页。

［6］赵炬明：《助力学习：学习环境与教育技术——美国“以学生为中心”的本科教学改革研究之四》，《高等工程教育研究》2019年第2期，第7~25页。

［7］李培根：《工程教育需要大工程观》，《高等工程教育研究》2011年第3期，第1~3、59页。

［8］崔军、汪霞：《反思目标　回归本质——本科工程教育问题分析与改革对策》，《江苏高教》2009年第4期，第91~93页。

［9］张安富、刘兴凤：《实施“卓越工程师教育培养计划”的思考》，《高等工程教育研究》2010年第4期，第56~59页。

［10］王永生：《高水平特色大学卓越工程人才培养模式的研究与实践》，《中国高等教育》2011年第6期，第15~18页。

［11］迈克尔·吉本斯：《知识生产的新模式：当代社会科学与研究的动力学》，北京大学出版社，2011，第3~4页。

［12］高喜军：《新知识生产视角下卓越工程师教育培养计划探析》，《国家教育行政学院学报》2016年第2期，第16~20页。

［13］李培根：《工程师教育培养该何以卓越》，《中国高等教育》2011年第6期，第13~14页。

［14］林健：《注重卓越工程教育本质　创新工程人才培养模式》，《中国高等教育》2011年第6期，第19~21页。

［15］林健：《形成具备竞争优势的卓越工程师培养特色》，《高等工程教育研究》2012年第6期，第7~21页。

［16］林健：《谈实施“卓越工程师培养计划”引发的若干变革》，《中国高等教育》2010年第17期，第30~32页。

［17］李越、李曼丽、乔伟峰等：《政策与资源：面向工业化的高等教育协同创新——“卓越工程师教育培养计划”实施五年回顾之二》，《清华大学教育研究》2016年第6期，第1~9页。

［18］王孙禺、谢喆平、张羽等：《人才与竞争：我国未来工程师培养的战略制定——“卓越工程师教育培养计划”实施五年回顾之一》，《清华大学教育研究》2016年第5期，第1~10页。

［19］高雪梅、潘丰：《卓越工程师培养模式初探》，《贵州社会科学》2011年第11期，第108~110页。

［20］孙颖、陈士俊、杨艺：《推进卓越工程师孵化的现实阻力及对策性思考》，《高等工程教育研究》2011年第5期，第40~45页。

[21] 林健：《高校“卓越工程师教育培养计划”实施进展评析（2010~2012）（上）》，《高等工程教育研究》2013年第4期，第1~12页。

[22] 林健：《高校“卓越工程师教育培养计划”实施进展评析（2010~2012）（下）》，《高等工程教育研究》2013年第5期，第13~24、35页。

[23] Paul Rosenbaum, Donald Rubin, "The Central Role of the Propensity Score in Observational Studies for Causal Effects," *Biometrika*, 1983 (1): 41-55.

[24] 李江霞：《以学生为中心、以项目为驱动力、以结果为导向——美国伍斯特理工学院本科工程教育模式创新及启示》，《高等工程教育研究》2013年第3期，第120~124页。

[25] 刘晖、张灵：《“以学生为中心”的地方大学本科教育改革的现状、问题及对策建议——基于中心城市大学的NSSE-China数据》，《高等教育研究》2013年第12期，第64~75页。

[26] 郭伟、姜威、李辉：《我国行业院校校园环境对学生发展影响的实证研究——兼论身份认同的中介效应与遮掩效应》，《清华大学教育研究》2016年第2期，第96~103页。

[27] 朱红：《高校学生参与度及其成长的影响机制——十年首都大学生发展数据分析》，《清华大学教育研究》2010年第6期，第35~43页。

[28] 白华、周作宇：《大学教育如何影响本科生的学习收获——基于CCSEQ实证调查数据分析》，《教育学报》2018年第3期，第81~88页。

# Student-centered: An Empirical Study on the Quality of the "Plan for Educating and Training Outstanding Engineers" in Industry-oriented Universities

*Guo Jianru, Zheng Li*

**Abstract**: In order to improve the training quality of engineering talents in China, the Ministry of Education officially launched the "Plan for Educating and Training Outstanding Engineers" in 2011 to carry out the reform of the "student-centered" training mode of engineering talents. However, does the Plan emphasizing students' development actually improve the training quality of engineering talents? This question has not been well answered in the existing researches. Based on the survey data on industry-oriented universities collected by the School of Education at Peking University in 2020, this paper explores the impact of the Plan on the training quality of undergraduate engineering talents in industry-oriented universities. The results show that taking part in the Plan has a positive impact on the engineering ability of students in industry-oriented universities, but it is not statistically significant. Besides, it discusses the findings of field survey and puts forward policy suggestions, for improving the training quality of engineering talents in universities included in the Plan, namely, the government should build a good campus environment and a support service system, and establish a perfect school-enterprise cooperation management system of the Plan.

**Keywords**: Student-centered; Plan for Educating and Training Outstanding Engineers; Industry-oriented Universities; Training of Engineering Talents

# 以学生为中心：西安欧亚学院教学改革的实践逻辑*

赵军镜**

【摘　要】实施“以学生为中心”的教学改革是民办高校战略转型的必然选择。西安欧亚学院以“新三中心”理论为指导，推动实施了“以学生为中心”的系统变革。由于面临特殊的办学环境和现实条件约束，民办高校“以学生为中心”的教学改革存在理论逻辑与实践活动不一致现象，具有实践逻辑特点，具体表现为行动逻辑、经营逻辑、平衡逻辑三种形式。在案例研究的基础上，本文提出了民办高校“以学生为中心”的教学改革的关键改进方向。

【关 键 词】民办高校　以学生为中心　实践逻辑　西安欧亚学院

## 一　问题的提出

2010年前后，我国民办高等教育开始进入内涵建设和提高质量的新发展阶段。[1]此时，大多数民办高校已经走过了草根创业、艰难生存、规模扩张、规范发展等阶段，进入追求质量、内涵、特色的战略转型时期。近10年来，高质量发展普遍成为民办高校的核心办学目标。整体来看，战略转型时期的民办高校比之前更加关注学生，重视学生在校内校外的发展与成就。其中，部分民办高校致力于推动“以学生为中心”（student-centeredness，SC）的系统变革，把学校工作重心逐步转移到改善学生学习质量和校园生活质量，提高师生满意度上来。[2]

西安欧亚学院是较早开展SC教学改革的民办高校之一。[3]学校1995年创办，2005年升本，升本至今已经进行了超过15年的SC教学改革探索和实践，取得了显

* 本文系中国高等教育学会2021年度“地方大学改革发展重大理论与实践问题研究”专项课题“民办高校二级学院内部治理体系与治理能力研究”（21DFYB07）、陕西省教育事业发展“十四五”规划和教育重大问题研究重点课题“陕西省民办高校治理体系与治理能力现代化建设研究”（SJGH145-10）的研究成果。

** 赵军镜，男，西安欧亚学院校长助理兼教育创新研究院执行院长，副教授。

著成效，同时也存在一些问题和不足。总体而言，SC 教学改革对学校产生了深刻影响，“以学生为中心”已经成为学校实施战略转型的核心理念、指导原则和本科教学改革的主要抓手。

赵炬明教授的系列研究为国内高校推动与实施 SC 教学改革提供了“简明地图”[4]、思考与行动的一般框架以及通用方法论。他的研究指出，SC 本科教学改革是范式改革，需要课堂教学模式改革和支持系统改革两个方面的努力。[5]从实践现状来看，“以学生为中心”作为教学理念不仅在民办高校中尚未普及[4]，在整个高等教育系统中，“以学生为中心”质量观也尚未落实到行动层面[6]，还需要在理念内化、改革实践、具体路径和方法上进行持续探索。SC 教学改革在美国不同类型高校中的推进情况存在明显差异。[4]西安欧亚学院的实践也表明，民办高校在实施 SC 教学改革中存在不同于公办高校的现实困境和特殊问题。现有文献表明，国内民办高校的 SC 教学改革研究主要集中在专业、课程、教学方法层面，学校整体发展、战略转型的系统视角的思考几乎是空白。本文根据 SC 教学改革的一般原理，梳理西安欧亚学院在过去 15 年的 SC 教学改革过程，并进行总结与反思，探讨民办高校开展 SC 教学改革的挑战、逻辑与方向。

## 二　西安欧亚学院 SC 教学改革的过程与成效分析

### （一）十五年改革历程

西安欧亚学院经过了规模扩张期（1995～2000 年）、规范发展期（2001～2006 年）、战略转型期（2007 年至今）三个大的发展阶段。2005 年升本后，学校决定转变发展方向，引入“以学生为中心”理念成为学校改革的里程碑事件。此后，改革逐步推进，经历了引入观念、培训学习、提升领导力、推动组织变革、改造学校环境、实施教学改革等主要环节，大体可分为四个阶段。

1. 观念启蒙与意识唤起阶段

民办学校依赖学生学费，为了招收和保持足够多的学生，学校很早就强调所有工作都要尽可能满足学生需要，这是西安欧亚学院后来采用 SC 教学改革的重要基因。2005 年学校升本，进入了正规化发展阶段，需要探索新的办学方向。当时，我国本科高校评估如火如荼，升本评估让学校受到很大震动，也意识到学校必须在规范的基础上谋求创新。应该如何走正规化道路？如何形成自己的办学特色？这些问题是西安欧亚学院当时面临的最大问题，学校管理层有很强烈的危机感。[7]为了解决这些问题，学校聘请了华中科技大学教育科学研究院教授赵炬明为副院长，后为顾问，为学校提供咨询。

2006 年，赵炬明教授采用院校研究方法提出了新的发展战略，其核心思想是建议西安欧亚学院从“以学校发展为本”向“以学生发展为本”转变，同时还提出了六条具体战略原则。[2]然而在当时，这个战略的影响有限，因为当时学校还缺少全面落实 SC 教学改革所需要的财务资源、组织知识和组织能力。从资源角度来看，学校基建还未完成，招生任务很重，财务压力巨大。同时，SC 教学改革理念与传统教学理念差异较大，学校教师和领导层对此认识并不一致。例如，公办高校退休返聘的院系领导和学科带头人，更倾向于采用公办高校办学模式，设置更多本专科专业，建设完整学科体系；来自部队院校的退休军官更强调严管思路，希望把军事院校学生管理模式移植过来。当学校董事长在校内会议上介绍国外大学办学理念和经验时，个别院系领导会公开质疑和反对，隐蔽和潜在的观念冲突更为普遍。这些都表明，学校当时缺少 SC 教学改革所需要的组织知识和组织能力。因此要推进改革，就有必要进行组织学习，提高组织能力。结果是，在 2007～2012 年，学校较大力度地进行了组织改革和人员调整，为 SC 教学改革提供了组织建设条件。

多年后，学校重新反思这个阶段时认为，2006 年提出的战略原则是对后来 SC 教学改革所进行的一次思想启蒙。SC 教学改革理念为西安欧亚学院的战略转型注入了一个新的“灵魂”，使它从原来的“以学校发展为本”变为“以学生发展为本”。今天无论从任何角度来看，办学定位的这一改变都是根本性的，SC 教学改革理念逐步成为学校的基本定位和组织自觉。[3]六条战略原则中，“以学生为本，把学校工作的重心放到提高学习质量和校园生活质量上来”这一条对学校的影响最为深远。美国学者文森特·廷托的学生辍学理论指出，影响学生教育质量的要素有两个：学生学习质量和校园生活质量。[8]学校决定，如果学生学习质量提高需要长期努力（尤其是在师资方面），那么至少应该努力让学生对校园生活质量感到满意。“校园生活质量”的提出，引导学校在其后十几年办学中对校园环境建设持续投入，始终坚持改善校园生活环境，由此形成了西安欧亚学院今日的优美校园环境。

2. 战略规划与顶层设计阶段

2007 年，学校持续探索战略方向与发展规划，邀请外部咨询公司再次制定战略规划。咨询公司在广泛调查研究的基础上，建议把“为学生提供高质量教育服务”作为学校的办学使命。这个建议延续了“以学生发展为本”的理念。至此，SC 教学改革理念确立为学校的正式组织意志。根据 2007 年战略的精神，学校在 2008 年提出了一个发展目标（“四四二”战略规划）：用 10 年时间成为中国一流的应用型本科院校。当时的出发点主要是应对可以预见的生源危机，中国高等教育大发展，尤其是公立高等教育规模急剧扩大，必然会在生源上对民办高校形成挤压。这是学校制定“四四二”战略的一个重要原因。2009 年，学校在 10 年战略目标下提出“质量、经营和声望”三大战略主题。出发点依然是应对生源危机下学校的可持续发展问题，但实际上确立了基于 SC 教学改革提升教学质量的差异化办学思路。此外，经营问题显性化，把 SC 教学改革所需要的资源支持与保障问题也纳入了战略范畴。同时，学校的组织改造已经推行两年，建立了一个高效的行政管理体系，极大地提高了组织运行效率。这些都为后面的 SC 教学改革奠定了重要的物质和组织基础。

2010 年学校召开第三次教学工作会议，正式确定把“以学生为中心”作为学校基本办学理念，把学校教育教学工作的发展方向表述为“持续改进的卓越教学、不断提升的学生学习能力、独特的校园学习与生活体验”。[9] 从教学改革角度讲，这次会议是学校 SC 教学改革的里程碑事件，西安欧亚学院的 SC 教学改革由此全面展开。在这次会议上，赵炬明教授回顾了 2006 年提出“以学生发展为本”战略原则以来学校的发展变化，同时提出了学校“教育教学改进总体计划设想”（图 1），具体包括四项内容：（1）建立卓越教学中心，建立以学生学习为中心的教学模式；（2）建立学生学习支持中心，提高新生和其他学生的学习能力；（3）重新设计教师管理系统，确保全校性改革成功；（4）重新设计其他辅助系统，为教学改革提供保障。

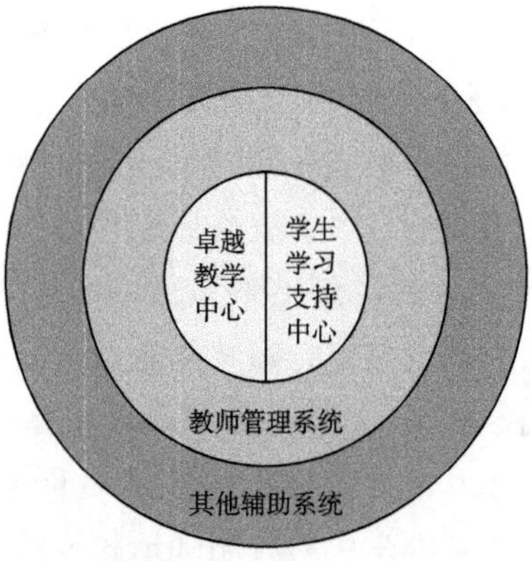


**图 1　西安欧亚学院 SC 教学改革总体框架**

SC 教学改革总体框架理顺了教学系统、学生系统、教师系统和其他系统（如信息系统、后勤系统、行政系统等）之间的关系。从后来的实施情况来看，除学生学习支持中心建设较为滞后外，其他方面都有深入的改革和较好的效果。2012 年，学校进一步调整完善战略规划，在“质量、经营、声望”三大战略内容的基础上，增加“组织与管理体制、信息化”两大保障内容。至此，西安欧亚学院的总体战略框架基本成形。显然，SC 教学改革已经成了西安欧亚学院整体战略的核心。

3. 支持系统改革阶段

建立卓越教学中心，系统性开展教师培训是西安欧亚学院 SC 教学改革的又一重要里程碑。2010 年，西安欧亚学院邀请美国杜肯大学教授威廉·伯龙教授为学校设计教师培训体系。在 2010 年教学工作会议上，伯龙教授提出了《西安欧亚学院卓越教学中心建设方案》。其中提出卓越教学中心的使命是通过教师培训，提高学生学习质量。具体包括五个方面：（1）促进新的理念和有效的教学方法融入课程、专业和全校的课程体系；（2）鼓励和支持学术性教学和对教与学的学术研究；（3）开发、实施、辅助各种教学方式与方法；（4）为持续的教学讨论提供机会与平台；（5）在全校培育重视教学、创新教学、表彰奖励教学的学术氛围。学校与杜肯大学签订了为期五年的教师培训合约：前两年是教师培训期，培训教师共 300 多人次；后三年为实施辅导期。这个项目让学校和教师首次看到和体验到美国的大学教师培训活动，为组建教师发展中心和开展系统性教师培训奠定了基础。

2011 年学校以承担国家教育体制改革试点项目为契机，开展基于授权的内部管理体制改革，把过去集中在学校层面的目标、责任和资源配置权下放到二级学院，鼓励二级学院根据自己的学科专业特点，开展教学业务改革。为保障授权体制的有效运行，学校调整人力资源策略，大胆起用一批年轻人担任二级学院院长和职能部门负责人，并全面开展领导力提升培训，包括每年组织中层干部和骨干教师赴中国香港、中国台湾、新加坡、德国、日本等地考察学习。同时，为促进战略目标达成，学校一开始采用平衡计分卡方法对目标、任务、权力进行分解，建立相应的绩效考核体系，从 2012 年起又采用美国波多里奇国家质量奖评价标准对二级学院进行绩效评价。

2012 年后，学校还在教师管理、学生管理、教育信息化、财务资源配置、校园建设等方面分别启动了“彩虹”师资队伍建设规划、学生事务社区化改革、教学与管理信息化、刀刃管理会计计划、校园环境建设改造等专项规划。总之，这些改革体现了西安欧亚学院在 SC 教学改革中对支持系统的探索与改革，以适应 SC 教学改革的范式特征。

4. *教学改革阶段*

西安欧亚学院的教学改革实际上是后来进行的，这与赵炬明教授建议的 SC 教学改革路径并不一致。赵炬明教授认为，在理想状态下应该是教学改革先行，支持系统改革随之跟上。但由于学校面临各种现实条件的约束，在实践中出现了组织建设先于教学改革的情况。上文介绍的组织观念转变、组织学习和能力建设问题，都属于此类。逻辑与实践的不一致性是正常现象，尤其是 SC 教学改革这样的范式改革。学校早期是以教学辅导和培训为主。这个阶段学校教学的特点是满足市场需求，市场需求决定教学目标和任务。发展到一定规模后，学校以学习借鉴公办高校办学经验为主，达到教学的规范化管理。目前处于改革探索阶段，以探索适合“以学生为中心”理念的教学模式和教学支持系统为标志。

根据学校相关文献，西安欧亚学院的 SC 教学改革与实践大体有以下几个特点。（1）着眼学生全面成长和长远发展，重新定位培养目标。除了应用专业能力，还包括多元价值观、创造性思维、批判性思维、沟通表达、领导及合作能力等。（2）以市场和客户需求为导向，针对毕业生职场表现和职业需要建立岗位胜任力模型，然后制定人才培养方案。（3）整合课程体系，优化课程结构，形成了由通识课程、学科基础课程、专业核心课程、跨专业选修课程等构成的多元模块化课程体系。（4）完善实践教学体系，形成了产学合作、实验实训、工作坊、小学期、学科竞赛、社团活动等多通道实践教学模式，支撑学生职业能力和职业素养提升。（5）开展国际合作与交流，探索教学工作与国际教育体系接轨。（6）重新定位学生事务工作目标，先是建立咨询、服务、活动三大职能的教学支持型学生事务体系，之后开展学生事务社区化改革，从生理、理性、职业、社会四个维度促进学生发展。（7）建立有利于学生多元化和个性化发展的管理与服务机制，包括尝试学分制与弹性学制改革，增加学习过程中学生的自主选择性。（8）探索建立新的教学质量监控及过程管理体系，通过多个委员会对学生、教师、员工、课程、设备设施等环节进行质量管理。

人才培养方案是高校组织和实施教学活动的基础。在 SC 教学模式改革中，西安欧亚学院于 2012 年、2016 年和 2020 年三次大规模修订人才培养方案。表 1 显示了三次修订的情况。虽然三次方案修订的重点各有不同，但都贯穿了 SC 教学改革理念并使之逐步细化。例如，2020 年修订的指导意见提出，人才培养方案应首先服务于学生，要成为学生的学习地图。

**表 1　西安欧亚学院人才培养方案三轮修订调整重点对比**

| 项目 | 2012 年 | 2016 年 | 2020 年 |
| --- | --- | --- | --- |
| 调整重点 | • 尊重学生个性选择，提高选修课比例<br>• 减少传统讲授，提高学生自主学习投入度<br>• 优化课程结构和数量，提升课程质量<br>• 通识教育支撑专业教育<br>• 注重产学合作培养人才 | • 为学生提供清晰的学习地图<br>• 通识教育和专业教育有机融合<br>• 加大专业实践教学学分比重 | • 给学生提供可转换的国际国内双轨教育通道<br>• 设置对认知能力高挑战的学习任务，免除大量重复、低阶、高度结构化的任务训练，激发学生的学习兴趣，提升学习投入度 |

在教学模式改革与转型过程中，责权利一体化的授权体制极大地激发了二级学院对专业教学质量的关注，基本形成了“学校办学院、学院办专业”的局面，各二级学院能够积极探索和创新，将“以学生为中心”理念和应用型定位落实到各教学环节和教学活动中，为形成适应学校自身特点的人才培养模式打下了良好基础，也积累了大量的实践案例和经验。

## （二）成效、经验与挑战

西安欧亚学院战略转型的整体成效是显著的。2019 年学校组织了一个专项小组对“四四二”战略成效进行评估，结论是质量、经营、声望、组织与管理体制、信息化建设五个战略主题均获得明显进展和突出成绩。[3] 2016 年召开的第四次教学工作会议认为：“六年来学校坚持‘以学生为中心’的质量观，教育教学改革方面取得了重大突破和阶段性成果，赢得了学生、员工、企业、同行、政府等利益相关者的高度认可……用实践证明了国际先进教育理念和管理模式可以为中国民办高校采用，展现了‘国际化、应用型、新体验’的欧亚学院全新风貌。”[10]

单从 SC 教学改革来看，也有一些亮点。西安欧亚学院自 2012 年开始参加清华大学开展的“中国大学生学习与发展追踪研究调查”（CCSS），是国内第一所参加该项目的民办高校。调查显示，西安欧亚学院学生对校园环境支持度的评价高于地方本科院校常模 8～10 个百分点。此外学校教学信息化建设效果明显，目前 100%的课程资源实现了网上运行，在线课程开出率（门次）≥93%。2020 年疫情期间师生对在线课程的满意度高于全国常模 5～10 个百分点。课程考核评价改革也有新发展，到目前为止，全校共探索出 14 种不同类型的课程考核方式，85%的课程采取了多元化评价方式。

关于问题和不足，学校也有系统总结和清醒认识。学校第四次教学工作会议提出，教学改革方面的主要不足是教与学环节未充分体现“以学生为中心”理念下的“新体验”，学生对教学改革感受不深，获得感不强。2019 年学校对“四四二”战略实施效果的评估报告认为，在战略转型方面，问题和不足主要表现在五个方面：一是对课堂教学质量和学生学习效果关注不够；二是国际化缺乏实际有效行动；三是师资队伍的数量和质量与教学改革的目标要求还有差距；四是学生整体就业层次和质量还未获得明显提升；五是学校行政与学术领导力还需进一步提升。此外，学校还就 2006 年赵炬明教授提出的六条战略原则进行评价，认为“以提高学生就业能力为目标，进行教育与教学改革，尽可能提高学生的就业层次和就业率”是达成度最低的一项，和预期目标有较大差距。整体来看，西安欧亚学院的战略转型和学校整体发展成效明显，“以学生为中心”理念深入人心，并围绕 SC 教学改革做了大量支持性工作。学校已基本实现观念转型，但在教学质量、学习效果、学生就业等方面与目标有一定差距，SC 教学改革效果还未能完全显现。

## 三　西安欧亚学院 SC 教学改革的主要特征及其原因

西安欧亚学院在推动 SC 教学改革时出现了一些不同于 SC 教学改革总体框架的特征，主要有以下四点。一是 SC 教学改革的逻辑结构和实践结构的不一致性。赵炬明教授所提出的 SC 教学改革总体框架以及 2006 年西安欧亚学院的 SC 教学改革总体计划，都将 SC 教学改革目标置于核心，而支持系统改革位于外围，呈现中心向外扩展的三个同心圆结构。但实际上西安欧亚学院的 SC 教学改革是在学校战略转型的

“四四二”战略整体框架内进行的。“四四二”战略有五个主题，SC 教学改革只是质量战略的一个核心战略方向，呈现整体与局部的金字塔结构。两者的区别是逻辑结构和实践结构的不同。逻辑结构表现的是事物的内在逻辑，实践结构表现的是现实约束条件下的工作安排。由于各校情况不同，如何安排工作可以出现很大差异。因此，实践中出现事物内在逻辑与工作安排不一致是正常现象。

例如，在赵炬明教授设计的 SC 改革逻辑结构中，核心工作是教师教学改革和学生学习支持，然后是教师支持和教学管理支持，再次是学校文化与管理制度支持。这是事物的逻辑。但西安欧亚学院在实施 SC 教学改革时是从“观念宣导、组织改造、条件准备”开始的，即首先是领导层统一思想和行政管理队伍建设，然后是教师队伍建设和教学管理队伍建设，最后才进入教学改革和学生学习支持。这个过程体现的是实践的逻辑。这一过程具有“先改变观念，建立概念化能力，然后再展开改革行动”的内在合理性。[3]

二是 SC 教学改革过程的非连贯性。在理论上把一件事情想清楚是一回事，在实践中把事做出来是另一回事。两者的主要不同是，理论思考可以高度理想化，但实践中所有约束条件都会干扰现实过程。因此，现实的改革总是漫长而复杂的，充满中断、停滞、反复和摇摆，需要领导者的坚定信念、坚持不懈和一以贯之的持续推进。这一点在西安欧亚学院的改革中尤为明显。在西安欧亚学院的 15 年 SC 教学改革中，来自外部的如创新创业教育、“四个一流”评审①、硕士教育申办、专项工程教育计划、各种项目申报与评比，来自内部的如院系负责人更换、教学团队骨干离职等突发情况，都会对学校的 SC 教学改革造成大大小小的冲击和影响，一个完整的改革思路或项目往往就此搁浅。除了这些不可控因素带来的被动干扰，还有一类是“主动作为”造成的影响。梳理学校 10 余年的工作要点发现，学校每年的年度主题和重点都有一些新观点、新提法、新措施，相互之间缺少协同和衔接，如潮水般起落。这种特点在中国高等教育管理领域较为明显，被称为“运动式管理”。[11] 对于“十年树木、百年树人”的大学教学来说，这种运动式管理尤为有害，它会搅乱学校既定发展战略，导致管理上的战略摇摆。

三是 SC 教学改革与应用型人才培养之间的不一致性。应当指出，SC 教学改革和应用型人才培养并不矛盾。SC 教学改革适合所有类型的人才培养，是具有普适性的。但在实践中这两者表现出了矛盾和冲突。西安欧亚学院从 2010 年开始正式推动 SC 教学改革，而 2014 年教育部要求地方高校向应用型转型，于是二级学院和教师同时面临 SC 教学改革和应用型转型两种压力与挑战。经过初期混乱，老师们才逐渐意识到两者不仅不矛盾而且互补，应用型的本质在于增强教育的适应性，SC 教学改革可以

① 国家实施“双一流”战略，陕西省在省级层面实施“四个一流”计划，即一流大学、一流学科、一流学院、一流专业。

有效落实应用型人才培养。显然这个矛盾是由时间先后引起的，原因在于老师们起初对应用型及其内涵的理解过于狭隘。一旦想通了两者的关系，这个矛盾就消失了。

四是 SC 教学改革中对师生责任要求的不平衡性。在 SC 教学改革初期，大量教改工作明显增加了教师的责任，但没有对学生提出相应要求，学生自己担负起学习责任的状况未能得到有效改善。随着教改的推进，学校和老师逐步认识到，没有学生更加努力地学习，SC 教学改革是难以成功的，于是学校着力加强学风建设，在课内外教学活动中提高了对学生的要求。在实践中，民办高校学生的学习基础与学术准备相对不足，让学生真正负起学习责任、自觉增加学习投入依然是一个难题，尚未真正得到解决。

上述特征存在的原因主要表现在以下四个方面。第一，民办高校和公立高校的办学环境和办学目标不太相同。中国公立高校有经费保障，而民办高校经费只能自给自足。民办高校自己要对财务健康负责，办学初期运营重点会优先向生存与安全问题倾斜，节约资金以保证基本办学条件。这就是所谓的“以学校发展为本”时期。直到 2015 年建校 20 年后，学校才基本从普遍的财务紧张状态中摆脱出来，转向关注教学质量和学习质量。

第二，存在路径依赖效应。民办高校在办学过程中形成了很多组织规则与制度，办学目标转向之后，原有制度会继续发生影响，形成路径依赖。此时，旧制度与新目标之间会产生矛盾和冲突。客观来讲，西安欧亚学院目前仍处于新旧制度的冲突阶段，适应和支持 SC 教学改革的规则和制度并未完全建立起来，新的制度体系仍在构建过程当中。

第三，SC 教学改革尚处于初期阶段。SC 教学改革在全世界都是一件新生事物，就连在美国，除了少数高校和专业获得较好成效外，整体上 SC 教学改革并没有取得全面胜利。[4]我国从 2018 年才开始大力倡导 SC 教学改革，所有相关者（政府机构、学校管理者、教职员工、学生）都处于学习领会阶段，还缺乏足够的知识和经验积累。在此情况下，西安欧亚学院属于“先吃螃蟹者”，至今为止仍是边干边学，对 SC 教学改革的全面性、系统性、复杂性要有清醒认识，并保持足够耐心。

第四，需要匹配的高等教育政策与制度环境。和前述情景相关，我国高教系统还不具备支持 SC 教学改革的政策供给与制度环境，高校 SC 教学改革缺乏成熟且适用的评价体系。

总之，以上种种原因和困难使得西安欧亚学院的 SC 教学改革成效仍然不够显著。尽管西安欧亚学院已经走在全国前列，但还有很长的路要走。

## 四　民办高校 SC 教学改革的实践逻辑

邬大光教授认为，中国高等教育的发展是一种“实践逻辑”，这是一种有别于西方“形式逻辑”的“合理性逻辑”，我国民办高等教育的发展轨迹就是这种“实践逻辑”的例证。[12]他的观点能够解释，民办高校SC教学改革不同于SC教学改革总体框架的实践特征，以及改革成效还不够理想的现状。实际当中，这种“实践逻辑”又有三种具体表现形式。

一是行动逻辑。与其相对应的是理论逻辑或理性逻辑。前者强调先行动起来，在行动中学习、提高、完善。后者强调理论指导下的谋定而后动。民办高校的很多工作，特别是情况不够明朗、创新探索性质的目标和任务，都有行动逻辑的特点，其好处是快速高效，缺点是科学性可能不足。对于民办高校而言，本科教学是一件从事了十几年的“旧事”，但SC教学改革是一件复杂、创新的“新事”。虽然西安欧亚学院在办学方向和整体战略上全面接受SC教学改革理念，但在实践中又有具体情景下的行动逻辑。这种逻辑强调“先把事情做成，再把事情做好”。[13]对于还不熟悉SC教学改革的民办高校而言，可以且应该采用行动逻辑，边学边做，逐步完善，而不是寻求一步到位且步步精确。

二是经营逻辑。经费不足和资源约束是民办高校必须面对的一个基本现实，它对民办高校改革与发展的影响无处不在。美国营利性私立大学普遍通过把经费集中用于保证教学质量，保障学生就业、提升学校品牌，继而稳定和扩大生源以筹集办学经费，形成了解决经费、质量、就业三大难题的闭环，这是消费者导向型学校生存发展的关键。[2]本文认为，这一闭环是学校经营逻辑而不是教育逻辑，其本质是通过服务消费者（学生）来实现学校财务健康，“以学生为中心”实际上是服务于学校经营目标的手段。目前国内民办高校处于类似发展阶段，践行经营逻辑是学校的头等大事，因此会把SC教学改革置于学校整体经营战略框架之中，而不是学校战略的逻辑起点。

三是平衡逻辑。当前的高等教育政策导向、制度环境与评价体系下，民办高校面临多元任务和目标，如审核评估、升硕升大、科研成果、产教融合、职业教育、学生中心、在地国际化等。对于这些目标，学校可以做平衡，但很难做取舍，更为现实的选择是以平衡思维来处理和协调不同目标。事实上，大学本身就是一个多功能、多目标的复合型功能组织，一些著名教育组织理论家都主张在大学管理中采用平衡策略。如伯顿·克拉克提出的“三角协调模式”，即大学本质上受到政府、市场和学术三种力量的整合影响，大学最重要的是在三者之间保持平衡。[14]哈里·德波尔（Harry de Boer）提出“治理均衡器”的概念也是基于这个思路，即大学的现实治理结构是在国家规制、利益相关者、学术自治、管理自治和竞争五个维度上保持平衡。[15]

因此，行动逻辑、经营逻辑、平衡逻辑共同构成了民办高校管理的实践逻辑，也反映了西安欧亚学院SC教学改革中的管理特色。

## 五　总结与展望

国内升本较早的民办高校举办本科教育已有近20年时间，基本建立了规范化的教学体系，但教学范式呈现同质化与多元化并存特征。同质化指传统的“传授范式”，即以教材、教师、教室为中心的“老三中心”模式。[4]多元化指民办高校追求高质量教学目标的指导思想、实践体系和具体做法因校而异。有资源导向、政府导向、市场导向、学生导向等不同价值取向，也有规范标准型、研究导向型、产教融合型、创新创业型、学生中心型、国际合作型等多样化教育模式，具体实践和教学方法更是多种多样。但不管什么样的教学模式，教学目的都应该是促进学生有效学习，因此“以学生为中心”的基本理念仍然适用，关键是要把握“以学生为中心”的原理与实质。

放眼未来，民办高校推动和实施SC教学改革是实现战略转型的必然选择，但由于存在现实环境、条件制约和实践逻辑，为了促进SC本科教学改革，需要在一些关键方面做出改进与调整。

一是重构经营逻辑与教育逻辑的关系。普通民办高校需要超越“经营”的惯性思维，从更超脱的视角处理好教学质量战略与学校经营发展战略的关系。可行的路径之一是走创业型大学道路。伯顿·克拉克将积极进取、富有创业精神的大学称为“创业型大学”，并归纳了传统大学向创业型大学转型的途径，包括强有力的驾驭核心、拓宽的发展外围、多元化的资助基地、激活的学术心脏地带、整合的创业文化五个方面。[16]对于民办高校而言，需要从“一次创业”走向“二次创业”：“一次创业”是学校创业，解决了生存问题；“二次创业”是学术创业，解决教学质量和学术卓越问题。

二是打破对既定优势的路径依赖，建立新的制度和能力体系。民办高校在生存阶段形成的经营、管理等制度优势，对学校整体发展有利，但也会因为路径依赖效应，被“锁入”既定优势范围或路径当中，导致新的战略目标缺乏应有支撑，因此需要快速构建和发展以卓越教学和学术质量为核心的制度体系，以及支撑SC教学改革的组织能力。

三是加强系统化的教学科学研究，提升SC教学改革的理论素养和专业性。SC教学改革具有坚实科学基础和系统理论支撑，即使是非线性的SC教学实践与方法，也有基于科学研究而产生、受生活与职业发展的影响而产生、由经验总结而产生的有机结构。[17]提升专业性，则需要培养大批熟知大学生发展、学习科学、现代教学技术、教学设计研究理论与实践的教学设计师。[18]这方面没有捷径，只能一步一步扎实推进，加强SC教学改革理论的学习、消化和校本化应用。

当然，还需要高等教育政策与制度环境的支持与改进。好的变化是，最新出台的本科教学工作审核评估方案，已经采取了分类评估制度，部分评估指标还允许高校自选。2020年颁布了《深化新时代教育评价改革总体方案》，其中的很多表述与“以学生为中心”理念实质吻合。虽然实施起来必定面临各种困难与障碍，但相信一定会朝着更好的方向演进。

## 参考文献


[1] 钟秉林：《民办高校要高度重视和切实加强文化建设——我国民办高等教育改革与发展探析（八）》，《中国高等教育》2012年第12期，第10~12页。

[2] 赵炬明、徐海涛：《一个战略的诞生——在中国应用院校研究方法的一个案例》，《高等工程教育研究》2008年第4期，第45~52页。

[3] 胡建波：《一个战略的演进、结果与反思——基于高校战略规划"行动反思模式"的案例研究》，《高等教育研究》2020年第1期，第44~57页。

[4] 赵炬明：《论新三中心：概念与历史——美国SC本科教学改革研究之一》，《高等工程教育研究》2016年第3期，第35~56页。

[5] 赵炬明、高筱卉：《关于实施"以学生为中心"的本科教学改革的思考》，《中国高教研究》2017年第8期，第36~40页。

[6] 胡建波：《以热爱战胜恐惧——高等教育普及化阶段民办高校的高质量发展思考》，《人民政协报》2020年12月23日，第10版。

[7] 胡建波：《中国民办高等教育的创新与辨析——在陕西师范大学"教育书院教授讲坛"上的演讲》，《西安欧亚学院学报》2010年第1期，第15~23页。

[8] Vincent Tinto, "Dropout from higher education: A theoretical synthesis of recent research," *Review of Educational Research*, 1975 (1): 89-125.

[9] 西安欧亚学院教学事务委员会：《坚持应用型、国际化道路，践行提供高质量教育服务的组织使命——西安欧亚学院第三次教学工作会议工作报告》，西安欧亚学院教务处，2010年11月。

[10] 西安欧亚学院教学事务委员会：《创新　开放　共享：描绘欧亚未来教育图景——西安欧亚学院第四次教学工作会议工作报告》，西安欧亚学院教务处，2016年10月。

[11] 周雪光：《运动型治理机制：中国国家治理的制度逻辑再思考》，《开放时代》2012年第9期，第105~125页。

[12] 张兴华：《中国高等教育发展的"特殊性"——访厦门大学副校长邬大光教授》，《中国教育报》2014年11月17日。

[13] 鲁百年：《创新设计思维》，清华大学出版社，2015，第37~44页。

[14] 伯顿·克拉克：《高等教育系统——学术组织的跨国研究》，王承绪等译，杭州大学出版社，1983。

[15] Dorothea Jansen, *New Forms of Governance in Research Organizations: Disciplinary Approaches, Interfaces and Integration* (Springer Netherlands, 2007), pp. 130-137.

[16] 伯顿·克拉克：《建立创业型大学：组织上转型的途径》，王承绪译，人民教育出版社，2007。

[17] 赵炬明：《聚焦设计：实践与方法（下）——美国"以学生为中心"的本科教学改革研究之三》，《高等工程教育研究》2018年第3期，第29~44页。

[18] 赵炬明、高筱卉：《论大学教学研究的科学化、学科化与专业化》，《中国高教研究》2018年第11期，第28~34页。

# Student-centered: Practical Logic of the Teaching Reform in Xi'an Eurasia University

*Zhao Junjing*

**Abstract**: Implementing the student-centered (SC) teaching reform is an inevitable choice for the strategic transformation of private universities. Xi'an Eurasia University has promoted the implementation of systematic student-centered reforms under the guidance of the "New Three Centers" theory. Due to the limitation of special school-running environment and practical conditions, the SC teaching reform in private universities presents inconsistency between theoretical logic and practical activities, which has the characteristics of practical logic manifesting in the following three forms: action logic, business logic and balance logic. Based on the case study, this paper points out the key direction of deepening the SC teaching reform in private universities.

**Keywords**: Private Universities; Student-centered; Practical Logic; Xi'an Eurasia University

# 论中国宪法教育与宪法发展*

## ——纪念1982年宪法颁布实施40周年

刘茂林　袁周斌**

【摘　要】我国宪法教育旨在向国民传授全面、准确的宪法相关知识和理论，以提升其宪法素养、塑造其宪法认同、培育其宪法信仰，促使他们成为与社会主义现代化国家相适应的适格公民。回顾我国现行宪法的发展历程，宪法教育对宪法发展的推动作用不容忽视。但宪法教育本身并不能对宪法发展直接产生影响，而是起到一种间接的推动作用，且这必须依赖于宪法受教育者作为学习主体的自我建构和自我完善。在新时代深入推进现行宪法的良性发展，宪法教育理念应更具时代性，宪法教育内容应更具针对性，宪法教育过程应更具生活性，宪法教育机制应更具完备性。

【关 键 词】宪法教育　宪法发展　宪法认同　宪法受教育者

## 一　问题的提出

宪法是国家的根本大法，是治国理政的总章程，是党和人民意志的集中体现。现行宪法已颁布实施近40年，在总体保持连续性、稳定性、权威性的基础上，随着党领导人民建设中国特色社会主义的发展而不断完善发展。在现行宪法可持续的良性发展进程中，包括全民普法在内的各种宪法教育活动可谓功不可没。宪法教育推动宪法发展的重要功用得到了社会各界的普遍认可。2014年党的十八届四中全会通过的《中共中央关于全面推进依法治国若干重大问题的决定》，建立了国家工作人员就职的宪法宣誓制度，并明确要求在全社会普遍开展宪法教育，弘扬宪法精

* 本文系2021年湖北省高等学校省级教学研究项目“习近平法治思想纳入公安院校法治理论教学体系的创新路径研究”（2021403）、湖北省高等教育学会2021年度专项课题“公安院校宪法学课程思政的育人理念与实施路径研究”（2021ZD5）的研究成果。

** 刘茂林，男，湖北天门人，法学博士，中南财经政法大学法学院教授、宪法学与行政法学专业博士研究生导师，湖北警官学院院长，湖北省法学会宪法学研究会会长；袁周斌，男，湖北大冶人，湖北警官学院法律系副教授，湖北省法学会宪法学研究会副秘书长。

神。宪法教育首次被提到党和国家顶层设计的高度。习近平总书记多次强调宪法具有最高的法律地位、法律权威、法律效力，明确指出要加强宪法学习宣传教育，弘扬宪法精神、普及宪法知识，为加强宪法实施和监督营造良好氛围，进而推动宪法与时俱进、完善发展。

近年来，宪法教育已呈现制度化、常态化、多样化发展趋势，但宪法教育实践中亦存在低效[1]、“跑题”[2]、空洞化[3]、专业师资缺乏[4]等现实问题。如何解决上述问题，让宪法教育能够充分发挥推动宪法发展的应有效用，急需学界从宪法学和教育学的双重视角做出积极回应。

检视有关宪法教育的现有研究成果，不仅数量较少，而且大多面向单一，或者聚焦于宪法教育的价值属性、本体功能，或者局限于青少年、大学生、公务员等某类特定宪法受教育者，或者简单介绍美国、德国、日本等外国宪法教育概况，而鲜有从推进宪法发展的视域对宪法教育理论与实践问题做整体性、系统性的反思与研究，尤其是对宪法教育与宪法发展之间关系的论述尚付阙如。

从逻辑上讲，为了宪法更好地发展，我们必须进行宪法教育，但宪法教育本身并不能对宪法发展直接产生影响或者说并不能直接推动宪法发展。它发挥的是一种间接的推动作用。也即，通过开展宪法教育活动，提升作为受教育者之国民的宪法素养，促使其身心发展并成为具备丰富宪法知识、正确宪法观念的合格公民，亦可称之为适格的宪法主体；宪法受教育者在将宪法教育的成果转化成自身作为宪法主体的意识和技能之后，积极参与宪法实施、宪法监督和宪法修改等宪法生活实践，并做出宪法评价、提出宪法要求，从而影响和推动宪法的发展。概言之，宪法教育对宪法发展的影响和推动作用，必须依赖于宪法受教育者的自我建构和自我完善。

本文拟基于宪法学和教育学的双重视角，厘清宪法教育的意涵及其与宪法发展之间的辩证关系，并在回顾宪法教育推动现行宪法发展的历程之基础上，探究新时代改进宪法教育的合理路径，以期通过宪法教育之完善，助推宪法之良性发展以及依宪治国宏伟目标之实现。

## 二　宪法教育的含义、要素及功用

### （一）宪法教育的基本含义

宪法教育是由“宪法”和“教育”两个独立概念相加所构成的一个复合概念，故而要阐释宪法教育的概念必须借助宪法学和教育学的双重理论话语体系。目前有关宪法教育的专门研究成果虽然较少，但已有学者对宪法教育概念做出了不同的表述。“宪法教育就是宪法知识和宪法精神的教化和传承过程。即宪法教育是指教育者通过有目的地传递与宪法相关联的社会生活经验而对受教育者产生特定的影响，以使之适应宪治社会发展需要的实践活动。”[5]“宪法教育是向受教育者传播宪法知识和宪治观念，培育普通民众法治思维和法治实践参与能力的一类教育活动。”[6]“所谓宪法教育是通过宪法知识的传授，培育公民宪法意识、孕育公民宪法精神、坚定公民宪法信仰，养成公民遵守宪法、维护宪法、监督宪法实施的行为习惯的教育实践活动。”[7]

从以上论述来看，学者关于宪法教育的理解大同小异，都认为宪法教育不仅是对宪法条文知识的讲解和阐述，而且强调对宪法精神、宪法价值、宪法信仰等内在观念的培育，注重宪法“教化”和“宪法实践传承”。从教育的一般含义出发，“教育是培养人的一种社会现象，是传递生产经验和社会生活经验的必要手段”[8]。教育的目的在于影响和促进人的发展，通过持续不断地传授知识和技能来培养人的实践意识和实践能力。而宪法教育归根到底是教育的一种类型，当然也要以培养人、发展人为直接目的。开展宪法教育的终极目的则是促进和推动宪法的良性发展。由此，我国的宪法教育概念可做如下诠释：通过以恰当的方式向作为受教育者的国民传授全面、准确的中国成文宪法（以宪法典为主要存在形式的宪法，其中包含宪法精神、宪法原则、宪法规范等）、观念宪法（以观念形态存在的宪法，如宪法要求、宪法评价）和现实宪法（既是观念宪法、成文宪法的客观依据，又是成文宪法规范和调整的客体）[9]51~52相关的知识和理论，提升其宪法素养、塑造其宪法认同、培育其宪法信仰，从而影响其世界观、人生观、价值观，最终使他们发展成为与社会主义现代化国家相适应的适格公民。

宪法教育的基本形态可分为宪法国民教育与宪法专业教育。所谓宪法国民教育，即对一国之全体国民开展的宪法教育，在教育领域、教育对象、教育内容和方式等方面具有明显的多元性和复杂性。基于教育领域和教育对象的不同，我国宪法国民教育可分为学校教育、党政机关教育、社会教育、家庭教育等多种类型。其中，作为宪法国民教育中最具基础性、系统性、连续性的学校教育又可细分为小学阶段、初中阶段、高中阶段、大学阶段等不同学段的宪法教育。各学段宪法教育的具体目标亦有不同：小学阶段重在普及宪法常识和启蒙宪法情感；初中阶段重在增强尊重宪法权利和履行宪法义务的宪法意识；高中阶段重在认同国家宪法制度和增强制度自信；大学阶段重在内化宪法理论和筑牢宪法信仰。[10]除了在学校开展宪法国民教育之外，党政机关（包括党校、干训班）针对党员干部或国家工作人员，居（村）委会、社会团体、企业组织针对基层社区群众、农民、企业雇员等，以及在家庭内部成员之间，都可开展多种形式的宪法教育。上述多元化的宪法国民教育，占据了我国宪法教育体系中的大部分，是宪法教育的主要形态。

本文所探讨的宪法教育主要就是指宪法国民教育。此外，与宪法国民教育相对应的宪法专业教育虽只占小部分，但亦不可或缺。宪法专业教育隶属于高校的法学专业教育，它不同于在高校里开展的以宪法基本知识为内容的通识教育，后者属于宪法国民教育的范畴。目前宪法专业教育除了针对法学专业本科生开展的宪法学课程教育之外，主要体现为宪法学专业方向的硕士和博士研究生教育。开展宪法专业教育所积累的师资力量及较为成熟的教育内容、教育方法等，对促进和保障宪法国民教育的有效开展具有重要的辅助作用。

### （二）宪法教育的构成要素

1. 宪法教育者：宪法教育过程中“教”的主体

在宪法教育活动中存在“教”与“学”两种活动，其中以“教”为职责的人是宪法教育者，以“学”为职责的人则是宪法受教育者。凡是从事宪法教育工作并对受教育者在宪法知识、技能、观念、素养等方面的发展起到直接作用的人，都可称为宪法教育者。首先，宪法教育者构成宪法教育实践活动中“教”的主体，他们将宪法受教育者作为“教”的对象，把引导和促进宪法受教育者身心的发展变化作为活动目的，力求使自己“教”的对象发展成为具备良好宪法素养的合格公民。其次，宪法教育者既是宪法教育活动的设计者、实施者和组织者，对整个教育活动起主导作用；同时也是受教育者学习活动的指导者、帮助者和评价矫正者，对整个学习活动起着校正方向、调整内容、激发动力、教给方法的作用。[11]因此，宪法教育者不仅要有正确的教育理念、合格的教育专业技能，还应具备一定的法律专业知识和社会工作经验，并达到能胜任相应的宪法教育任务的要求。此外，宪法教育者在“教”的过程中，理应率先垂范，带头尊崇宪法、维护宪法、恪守宪法。身教重于言教，对宪法受教育者的身心发展有着潜移默化的作用。

2. 宪法受教育者：宪法教育过程中“学”的主体

宪法受教育者（即全体国民）也是构成宪法教育的基本要素之一。宪法教育活动是教育者和受教育者双向互动的活动，如果没有受教育者的积极参加，并发挥主观能动性，宪法教育活动将只是教育者的独舞，不会有好的效果。在宪法教育过程中，受教育者作为宪法教育的对象存在于教育活动之中；与此同时，受教育者也是宪法教育过程中“学”的主体。学习并非被动的接受过程，而是根据自身的经验和理解不断建构新的知识的过程。据此，宪法教育活动要达到把受教育者培养为具备良好宪法素养的合格公民之目的，就必须提倡双主体的并重，即不仅教育者是宪法教育活动的主体——“教”的主体，受教育者同样也是宪法教育活动的主体——“学”的主体。宪法受教育者的这种主体性具体表现为以下三个方面。一是能动性。宪法受教育者能够借助感觉、知觉等认知形式，认识到自身宪法素养和国家宪法要求之间的差距，激发自身参加和接受宪法教育的需要；同时，他们还能结合教育者传递的宪法教育信息，及时地对自己的学习活动进行自我认识，不断地提高自己的宪法素养。二是自主性。宪法受教育者具有独立的主体意识，有明确的学习目标和自觉积极的学习态度，能在教育者的启发和指导下，自主地接收和消化宪法教育信息、自主地调节自己的宪法观念和行为。三是创造性。宪法受教育者能够在参与宪法教育的实际活动中，协同宪法教育者不断摸索和创造出宪法教育的新形式、新方法，并在与宪法教育者的互动过程中逐渐形成自己的宪法认同，进而在越来越大的程度上自主地尊崇宪法、学习宪法、遵守宪法、维护宪法、运用宪法，最终发展成为符合国家宪法要求的适格公民。

3. 宪法教育中介系统：宪法教育者与受教育者之间联系与互动的纽带

从教育学原理出发，教育中介系统是指开展教育活动的内容和方式。[12]就宪法教育内容而言，它是宪法教育者用来作用于受教育者并促进受教育者发展的影响物，也是宪法受教育者学习活动的对象。具体来讲，宪法教育内容是根据宪法教育目的，经过挑选和加工的、最具教育价值和适合受教育者身心发展水平的宪法知识和文化成果的结晶（如权利与权力、民主与法治、规则与程序、爱国与责任等基本概念和宪法价值要求）；它主要体现在课程、教科书、教学参考书和其他形式的信息载体（如报刊、广播、电视、电影、小视频、普法网站等）中，还体现在经过选择和布置的具有宪法教育作用的环境（如教室、校园、群众广场、人民大会堂、宪法宣誓厅等）中。宪法教育者通过上述多元化的信息载体或教育环境向受教育者传授全面、准确的宪法知识和理论，实现受教育者对宪法教育内容的内化。而宪法教育方式则是为实现教育内容而选择的各种活动方式。

宪法教育内容是宪法教育者和受教育者共同认识的客体，因而最佳的宪法教育内容是合目的性与对象性的统一，能否消除宪法教育过程中的基本矛盾，关键在于教育内容本身编排的科学性与否。宪法教育内容的编选，一方面要考虑宪法自身的不断发展对宪法教育的新要求，这种要求包括受教育者素质的全面性和教育内容本身的先进性与逻辑性，主要通过宪法教育目的的形式表达出来；另一方面要考虑受教育者个体身心的发展规律，应根据受教育者身心发展的共性与个性的实际情况，安排教育内容的进程，选择教育内容的难度，增减教育内容的分量，发掘教育内容的价值，最终达到合目的性与对象性的统一。

任何教育活动都要以一定的方式进行，都要表现为一定的教育活动方式。宪法教育方式依具体的教育对象、教育内容、教育目标而定，涉及各种教育工具和手段的运用，是一个十分复杂的动态过程，影响甚至决定着教育的效果与质量。譬如，针对青少年的宪法教育方式主要包括教育部在全国中小学推行的“道德与法治”课程（小学六年级上册和初中八年级下册专门设置为法治教育专册，集中讲授宪法）、“学宪法讲宪法”活动（包括学习答题和演讲比赛）、“宪法小卫士行动计划”（包括宪法教育视频学习和法治知识测评)、"宪法晨读"活动等，各地方层面举行的宪法专题讲座、宪法知识竞赛、宪法微电影和微视频大赛、国旗下宪法宣誓、展示宪法宣传标语、制作宪法手抄报等。此外，全国范围内的普法教育（内含宪法教育），新闻舆论媒体对"依宪治国、依宪执政"理念、国家宪法日、宪法宣誓活动等进行宣传报道，这些宪法教育方式针对的重点人群也包括广大青少年。近年来，通过上述多种宪法教育方式的并用，青少年的宪法信仰、国家观念和公民意识明显增强。[13]

## （三）宪法教育的直接功用

1. 提升受教育者的宪法素养

宪法素养就是一个人尊崇宪法、学习宪法、遵守宪法、维护宪法、运用宪法的品格和能力，主要包括宪法知识、宪法意识、宪法思维和宪法实践能力等内容。宪法素养是国民法治素养的核心组成部分，是实现依宪治国、依宪执政的一个重要前提和条件。通过开展宪法教育来普遍提升受教育者的宪法素养，是在依宪治国、全面建设社会主义法治国家背景下促使国民都能发展成为合格公民的必然要求和必由之路。首先，通过宪法教育帮助受教育者丰富宪法知识。在兼顾普遍性和特殊性的前提下，将宪法的一般原理与中国特色紧密结合，向受教育者传授宪法的概念、性质、历史与发展、指导思想、基本原则以及宪法的制定与修改等宪法基础理论，让受教育者了解我国宪法典规定的支撑中国特色社会主义制度的根本制度、基本制度、重要制度、公民的基本权利与义务、国家机构、国家标志以及宪法实施与宪法监督等宪法知识。其次，通过宪法教育引领受教育者参加宪法实践、树立宪法意识、探究宪法问题、养成宪法思维，并在参与宪法实践和解决宪法问题的过程中培养与提高做出科学宪法评价和提出合理宪法要求的能力。

2. 塑造受教育者的宪法认同

"宪法不仅记载着一个国家争取民主自由的历史，同时承载着国家的核心价值观，成为凝聚社会共识的基础。"[14]一国国民对本国宪法的理解和认同，是将多元的社会整合为共同体，实现国家生存和民族赓续的前提。而且，就宪法的有效实施而言，它不仅仅依赖宪法规范性的威慑作用，更仰仗的是国民对宪法的认同程度。"最低限度的宪法认同是一个国家和社会团结的酵素；宪法认同的瓦解，即意味着社会团结的瓦解和国家的崩溃。"[15]要塑造宪法认同，某些过程注定是不可省略的，宪法教育就是其中非常重要的一个环节。基于宪法与公民的私人生活、社会生活、政治生活息息相关[16]，多个领域、多元方式的宪法教育之开展，可以促使受教育者认识、接纳和认同我国宪法所规定的国体、政体、选举制度、政党制度、地方制度等中国特色社会主义政治制度和国家基本经济、文化、社会、生态文明制度，以及促使受教育者接纳和认同我国宪法所确认的社会主义核心价值观和以爱国主义为核心的中华民族精神。受教育者都有了宪法认同，也就有了推动宪法发展的精神基础。

3. 培育受教育者的宪法信仰

宪法的根基在于人民发自内心的拥护，宪法的伟力在于人民出自真诚的信仰。对宪法的信仰，就是对宪法所包含的整个价值体系的接纳、信任与尊崇。我国从1954年第一部宪法到现行宪法的发展历史早已证明，如果宪法不被国民所信仰，它就很难发挥自身应有的作用，甚至可能引发社会的动荡和不安，阻碍社会主义建设的正常进行。当然，培育国民的宪法信仰并不是一朝一夕的事情，而是一个长期的过程。国民的宪法信仰之形成，不仅需要各项宪法制度的落地实施和不断完善，为宪法信仰提供制度层面的保障，而且离不开宪法教育的积极作用。宪法教育与培育国民对宪法的信仰意识与情感具有密切的联系，凡是宪法信仰强的国家或社会，都极其重视宪法教育。[17]只有通过广泛且持久的宪法教育来传播宪法知识和宪法文化，使受教育者知悉宪法的合理性与正当性，才能渐渐将宪法意识与宪法精神铭刻于受教育者的心中，促使受教育者内心更加信服和依赖宪法，进而使他们慢慢树立起对宪法的信仰。

## 三　宪法教育与宪法发展之间的关系

### （一）宪法教育对宪法发展的间接推动作用

在宪法学理论中，宪法发展不仅指宪法的实施，还包括宪法解释、宪法修改和宪法变迁。其中，宪法修改被称为形式性的宪法发展，而宪法变迁和宪法解释属于实质性的宪法发展。就宪法教育而言，根本目的就是要推动宪法发展。从经验主义出发，开展宪法教育在客观上确实推动了宪法的发展；但从逻辑来讲，宪法教育并不必然地推动宪法发展，因为宪法教育者一般并不是宪法制定者或修改者。如果认为只要开展宪法教育就必定会推动宪法发展，那是一种想当然的错误认识。易言之，宪法教育本身并不能对宪法发展直接产生影响或者说并不能直接推动宪法发展，而只是起到一种间接的作用。

宪法教育与宪法发展之间之所以能产生这种间接关系，依赖于一个重要的逻辑联系点，即宪法受教育者。对于二者之间的这个逻辑联系点，目前学界关注的不多。世界上的事物都是相互联系的，但它们之间本质的联系在何处，不能不予以明晰。根据教育学原理，教育活动的过程就是教育者对受教育者进行合乎规律性与具有目的性的引导，激发受教育者内在的自为意识，唤醒他们作为学习活动主体的自觉精神，促使他们结合自己的社会生活经验和个人需要或情感，积极主动地对接收到的教育信息予以判断、选择、建构与评价，从而将一定的外在的教育内容和活动方式内化为自己的智慧、才能、思想，同时又将这些智慧、才能、思想外化为他们改造客观世界的实践活动。简言之，教育是教育者引导受教育者的经验和素质不断提升的过程，也是促成受教育者作为自由个性的主体的真正形成与发展的过程。不管人们意识到还是没意识到，承认还是不承认，教育活动的实际效果、受教育者自身素质的提升与全面发展，均依赖于受教育者的自我建构和自我努力。[12]同理，通过开展宪法教育来提升受教育者宪法素养的实际效果，或者说宪法受教育者发展成为适格的宪法主体，进而积极融入宪法生活，最终促进和推动宪法的良性发展，均取决于宪法受教育者自我完善的主观能动性，即自觉将宪法教育的成果转化成自身作为宪法主体的意识和技能。由此，基于宪法受教育者这个逻辑联系点，宪法教育间接推动宪法发展的作用机理如下。

首先，通过宪法教育使受教育者成为与宪法相匹配的合格公民或适格的宪法主体。国民从出生起即获得该国国籍并取得公民身份，但这并不意味着他们就自然而然地成为合格的公民或适格的宪法主体。他们还需要从小接受持续的宪法教育，并且通过自身发挥主观能动性去不断地提升宪法素养、塑造宪法认同、培育宪法信仰，最终才能发展成为与宪法相匹配的适格公民。如果国民没有接受宪法教育，或者接受的宪法教育不能激发他们学习的主观能动性，他们就不会获得正确的宪法知识和宪法观念，他们在参与宪法实施、宪法监督和宪法修改等宪法生活实践时，不可避免地会表现出盲目性。这种盲目性导致他们就各种宪法问题提出的要求或做出的评价，要么是无理的，要么是过分的，总之不能正确地定位在特定社会条件下，基于他们自己的宪法权利和义务，来参与宪法生活实践，从而促进宪法的发展。反之，当大多数国民通过宪法教育发展成为具备良好宪法素养的适格公民之时，依宪治国、依宪执政的实现以及社会主义法治国家的全面建成，就成为水到渠成的事情。

其次，宪法受教育者在成为合格公民或适格宪法主体后，继续发挥主观能动性，积极融入宪法生活之中，从而促进和推动宪法的良性发展。宪法的良性发展体现为成文宪法、观念宪法、现实宪法三个层面的耦合及由此形成的宪法秩序。[9]50~55这种耦合性的宪法秩序在宪法教育实践中表现为公民宪法知识、宪法观念和宪法信仰三个层次的逐级提高。宪法受教育者发挥学习的主观能动性，获得了大量的与公民宪法生活相适应的宪法知识，就具备了良好的宪法素养。在此基础上，公民会按照成文宪法的规范去有序地生活，此时他们生活在一个都能接受和认同的现实宪法状态中。与此同时，基于大多数宪法受教育者具备良好的宪法素养，他们作为适格的宪法主体会形成统一且正确的宪法观念。观念指导行为，他们就会积极发现和探究现实宪法状态中存在的实际问题和困难，并针对这些宪法问题，及时地做出科学的宪法评价和提出合理的宪法要求，比如对腐败问题和国家监察体制改革的宪法评价及提出完善监察制度的宪法要求。他们在宪法生活中发挥实际作用，从而形成社会中一致的宪法价值取向和对宪法发展的期许，此时观念宪法无疑得到了发展。此外，根据他们的宪法评价和宪法要求，相应国家机关适时地修改和完善现行成文宪法中的有关制度规范——成文宪法得以发展，并且按照宪法的新规定去创设法律，以践行依宪治国。总之，宪法教育就是按照上述作用机理去间接地促进和推动宪法的实质性发展。

## （二）宪法发展对宪法教育的推动作用

从实践来看，宪法发展反过来对宪法教育也会产生影响。宪法发展对宪法教育的影响主要体现在两个方面。

其一，宪法自身的发展促使宪法教育内容的更新。宪法知识及文化成果是宪法教育的主要内容，而每个国家在每个时代的宪法都不同，宪法教育内容必然随着宪法的不断发展而发展。我国现行宪法自颁布施行以来通过5次部分修改得以不断地发展，在每次修宪之后，宪法教育内容都会依据宪法修正案而做相应的更新。例如，在1993年宪法修正案中确立了建设有中国特色社会主义理论的指导地位，并宣布实行社会主义市场经济。这次修宪极大地促进了人们思想观念的转变，将人们长期以来关于社会主义与市场经济是否对立的疑虑一扫而空，它成为中国进一步改革开放的新起点。之后，作为宪法教育重要载体的普法教育——“三五”普法（1996～2000年）的内容即以宪法为核心、以《公司法》《合伙企业法》《乡镇企业法》《消费者权益保护法》《银行法》《保险法》《劳动法》《仲裁法》等部门法为重点，并强调以邓小平同志的社会主义民主法制思想为指导，加大对社会主义市场经济法律知识的普及力度，确保社会主义市场经济的有效运转。[18]又如，在1999年修宪时把“依法治国，建设社会主义法治国家”写入宪法，使我国坚定不移地走上了社会主义法治道路，保证了人民的安居乐业、社会的文明进步和国家的长治久安。随后，依法治国、建设社会主义法治国家成为“四五”普法（2001～2005年）的重点内容；为进一步提高全民的宪法意识，从2001年起，中共中央、国务院决定将现行宪法实施日12月4日确定为每年的“法制宣传日”；并以此为“四五”普法宣传的品牌，开展了以“增强宪法观念，推进依法治国，学习宣传宪法，推进民主法制建设”为主题的系列宣传教育活动。[19]可见，现行宪法自身的不断发展，会促使以普法教育为重要载体的宪法教育在内容上的适时更新。

其二，宪法自身的发展促使宪法教育方式的丰富。譬如，在宪法教育方式中强化法律仪式的影响和示范作用。2014年11月党的十八届四中全会提出建立宪法宣誓制度；十二届全国人大常委会于2015年7月通过关于实行宪法宣誓制度的决定；2018年3月，十三届全国人大一次会议修改宪法，将宪法宣誓制度在宪法中确认下来，宪法宣誓制度从一项宪法惯例发展为现行宪法明确规定的重要制度之一。宪法宣誓制度实行以来，各地区、各部门、各方面认真贯彻落实规定，依法开展宪法宣誓活动已经成为尊重宪法、尊重人民主体地位的重要实践，同时也成为宪法教育活动的重要方式之一。

# 四　宪法教育推动宪法发展的历程

## （一）宪法教育萌芽起步阶段（1954~1985年）

我国宪法教育早在20世纪50年代开始萌芽。1954年我国第一部宪法在起草过程中，受到了社会广泛关注，领导人重视，全民讨论，广泛征求意见，较为深入人心。这不仅使得新中国成立初期的人民群众开始学习和知晓何谓宪法，而且促成了第一部宪法的顺利出台。在1954年宪法开始施行之时，就有学者关注到宪法教育问题。1954年北京师范大学校长陈桓就提出了教师在教育中应将宪法的内容传授给学生的观点。[20]由于众所周知的原因，从20世纪50年代末到70年代末，我国宪法不仅未能取得良好发展，而且出现过1975年宪法和1978年宪法那样的大倒退；与此同时，宪法教育活动自然也是停滞不前。直到80年代初党中央启动全面修改宪法工作，宪法教育才得以重新起步，并开始发挥促进和推动宪法发展的作用。

1982年现行宪法的制定是中国立宪史上的一个创举，即当时的宪法修改草案由宪法修改委员会在征集各中央国家机关负责人意见并经多次讨论修改的基础上通过，并由全国人大常务委员会在《人民日报》上全文公布，交付全国各族人民讨论。这次关于修宪的全民大讨论，实际上也是一次全国范围的群众性的宪法教育，不仅增强了广大干部和群众对宪法的认知能力和水平，而且大力推动了1982年全面修改宪法的顺利进行。这次全民大讨论中，各方面的组织和公众参与的热情之高、人数之众、影响之广，前所未有。通过大讨论，全国工人、农民、知识分子和其他各界人士提出了大量的意见和建议，其中许多重要的合理的意见得到采纳。[21]诚如有学者指出：关于1982年宪法草案的全民大讨论——全民宪法教育，从普及宪法知识之广的意义来说，可以说是空前的，尽管未必是绝后的，但至今没有再现，堪称一件意义重大的宪法史实。[22]自此以后，宪法是国家的根本大法，宪法是治国的总章程之类的宪法常识，被许多人所熟记并总能脱口而出。

70年代末至80年代初期，我国宪法专业教育也开始重启，除了恢复法学专业本科招生的高校纷纷开设宪法学课程之外，中国社会科学院法学研究所、北京大学、中国人民大学、武汉大学、中南政法学院等高校相继招收了宪法学专业研究生，为国家培养了改革开放后的第一批宪法学高精尖人才。此外，从1982年到1985年，宪法学界围绕着1982年新宪法积极开展宪法释义、宣传与介绍工作，力求以宪法为纽带凝聚共识，增强国民对“新宪法秩序”的信任与期待，这对当时国民的宪法知识启蒙和推进新宪法实施都发挥了积极作用。[23]

### （二）宪法教育初步发展阶段（1985~2014 年）

1985 年 11 月，中共中央宣传部、司法部联合开展的“一五普法”拉开序幕，普法教育开始成为国民宪法教育的重要载体。从“一五普法”到“六五普法”的 30 年间，每个五年虽有不同的普法要点与任务，但普法教育不变的内在逻辑有三：一是始终以提升全民的宪法和法律素养为根本出发点，目标是建立社会主义法制/治秩序；二是保持社会发展与宪法和法律发展之间的动态平衡，以宪法和法律发展为社会发展提供制度支持；三是普法的对象始终是以领导干部和青少年为重点。[24]

经过多年的普法教育，一方面，国民对宪法和法律的需求已然不再停留在宪法和法律常识的阶段，国民的宪法意识和法治观念已普遍大为提升；另一方面，国民对普法的态度，也已从普法活动初期的被动接受普法中的宪法和法律常识，逐步转变为主动学习普法之内乃至之外的宪法和法律知识，体现出对我国宪法及其规定的各项基本制度的认同。亦即国民不再是单纯的普法教育（宪法教育）对象，而转变成主动学法用法的主体，并逐步发展成为积极融入宪法生活的合格公民或适格宪法主体。

特别值得一提的是从 2006 年“五五普法”开始并延续至今的“法律六进”活动，在全社会掀起了学法用法的高潮。“法律六进”具体包括：一是开展“法律进机关”活动，不断提高依法管理和服务社会的水平；二是开展“法律进乡村”活动，努力促进社会主义新农村建设；三是开展“法律进社区”活动，促进和谐社区建设；四是开展“法律进学校”活动，进一步推进青少年学生法律素质教育；五是开展“法律进企业”活动，大力促进企业依法经营、诚信经营；六是开展“法律进单位”活动，逐步提高法治化管理水平。贴近基层、贴近群众的“法律六进”活动体现了普法教育（宪法教育）对象的广泛性和国民化发展趋势。此外，为了落实“法律六进”的政策要求，各地纷纷设立了“12348”法律服务热线及“12348”法律服务网站，为群众搭建法律服务互动平台。该平台体现了普法的灵活反馈和双向互动传播的机制，实现了普法由政府单方主导向群众主动“学法”的转变，政府也不再以“管理型”而是以“服务型”方式向民众普法。[25]据此可见，“法律六进”的目的不单单是要在更广、更深的层面向国民传播宪法和法律的基本知识，更重要的是通过上述形式的对话与磋商，促使教育者与受教育者对普法教育（宪法教育）的目的及必要性达成认同，因认同产生共识，从而达到对普法教育（宪法教育）内容的深刻理解，进而在全社会形成以宪法文化为核心的法治文化，如此，宪法信仰与法治精神才能深入人心。而且，在这种双向互动传播的普法教育（宪法教育）过程中，教育者与受教育者之间保持了活跃的相互合作、相互理解、相互影响、相互促进的关系；这使得我国宪法和法律制度中需要改进和提高的地方，能够被作为合格公民或适格宪法主体的受教育者有效地认识与发现，进而有助于宪法和法律制度的不断完善和发展。

### （三）宪法教育走向成熟阶段（2014 年以来）

党的十八大以来，党中央对全面依法治国做出了重要部署，对以宪法教育为核心的法治宣传教育提出了新的更高要求。特别是在党的十八届四中全会通过的《中共中央关于全面推进依法治国若干重大问题的决定》中，党中央从顶层设计的高度明确要求在全社会普遍开展宪法教育，弘扬宪法精神。随后，从 2014 年 12 月 4 日第一个国家宪法日起，教育部每年在国家宪法日同步开展全国教育系统的宪法教育活动。2016 年 6 月，教育部、司法部、全国普法办联合印发实施《青少年法治教育大纲》。该大纲明确提出青少年法治教育要以宪法教育和公民基本权利义务教育为重点，覆盖各教育阶段，形成层次递进、结构合理、螺旋上升的法治教育体系；要将宪法教育贯穿始终，培养和增强青少年的国家观念和公民意识。教育部随即建立了“全国青少年普法网”并专门开设“宪法活动”版块，每年举行全国学生“学宪法讲宪法”“宪法晨读”等宪法教育活动。在 2021 年的“学宪法讲宪法”活动中，在线参与宪法学习的学生超过 78 亿人次；2021 年 12 月 3 日上午，全国有近 30 万所学校的 8000 多万名师生同步在线参加“宪法晨读”。[26]

从 2016 年至 2020 年实施的“七五普法”明确要求：坚持把学习宣传宪法摆在首要位置，在全社会普遍开展宪法教育，弘扬宪法精神，树立宪法权威。2021 年 6 月“八五普法”开始启动，“突出宣传宪法”仍是此轮普法教育的重点工作之一。把宪法教育明确作为普法教育的首要任务，就是要推动宪法家喻户晓、深入人心，教育全体公民特别是各级领导干部和国家工作人员都必须以宪法为根本活动准则，增强宪法观念，提升宪法素养，坚决维护宪法尊严。

2018 年 3 月，现行宪法由十三届全国人大做了第 5 次部分修改。学习掌握修改后的宪法，是贯彻实施宪法的前提和基础。为此，2018 年 4 月，中共中央宣传部、中共中央组织部、全国人大常委会办公厅、教育部、司法部、全国普法办联合印发了《关于组织开展宪法学习宣传教育活动的通知》，要求在全国深入开展以“尊崇宪法、学习宪法、遵守宪法、维护宪法、运用宪法”为主题的宪法学习宣传教育活动。具体工作任务包括：召开宪法学习宣传教育电视电话会议、举办宪法学习宣传系列报告会、推动宪法“七进”（进企业、进农村、进机关、进校园、进社区、进军营、进网络）、组织开展“我与宪法”微视频征集展播活动、组织开展“宪法宣传周”活动、建好用好法治宣传教育基地、对外讲好中国宪法故事、组织全系统带头学习宪法。2018 年 12 月，司法部、民政部、农业农村部、全国妇联和全国普法办五部门联合印发《关于组织开展“宪法进万家”活动的方案》，要求各地各相关部门深入贯彻习近平总书记关于加强宪法学习宣传教育的重要指示精神，贯彻落实中央关于深入学习宣传和贯彻实施宪法的有关要求，推动宪法学习宣传走入日常生活、走入人民群众。

概言之，我国宪法教育当下已呈现制度化、常态化、多样化发展趋势，正在逐步走向成熟。通过多年持续开展宪法教育，我国国民的宪法素养总体有所提升、宪法意识普遍有所增强，宪法教育取得初步成效。现行宪法施行近 40 年来的稳步发展与权威增强，功劳虽不能全部归于宪法教育，但开展长效性的宪法教育对宪法发展的推动作用是显而易见的。对于作为国家根本大法的宪法的贯彻实施与完善发展，政治家的主导、行政机关的执行、司法机关的保障、法学界特别是宪法学者的理论引导固然都很重要，但是，最重要的力量还是植根于全体国民之中。如果没有广大国民在宪法教育过程中对宪法的理解、认识、自觉地遵守和身体力行，以及对公权力部门和公职人员在贯彻执行宪法中实行强有力的监督，特别是如果没有对宪法理念、原则、精神和各项规定的精神上的信仰，没有形成全社会的宪法文化氛围，那么即使再好的宪法也不可能得到正确的实施，更不用谈宪法的良性发展。因此，作为宪法受教育者的国民才是保障宪法稳步实施乃至于推动宪法良性发展的真正强大的力量，这才是宪法生命力的真正所在。

## 五　宪法发展视阈下宪法教育的改进路径

毋庸讳言，中国社会整体尚未接受依宪治国的价值理念，社会各界对宪法的认同仍然有待增强。[27]有鉴于此，为了切实提升全体国民的宪法素养，形塑全社会的宪法认同，从而在新时代深入推进现行宪法的良性发展，故需在总结宪法教育过往经验与现存问题的基础上，探究改进宪法教育的合理路径。

### （一）宪法教育理念应更具时代性

2017 年党的十九大做出了“中国特色社会主义进入新时代”的重大判断，2022 年我国即将迎来党的二十大召开。时代在前进，社会在发展，新时代的中国宪法教育理念应更具时代性，与时俱进，开拓创新。

其一，宪法教育应更加强调政治性。宪法教育的本质与宪法的本质同样，都是一定社会的统治阶级意志的体现，故而宪法教育无疑具有鲜明的政治性和意识形态性。我国宪法以国家根本法的形式，确认了党领导人民进行革命、建设、改革的伟大斗争和根本成就，确认了党的执政地位，确认了党总揽全局、协调各方的核心地位，为党长期执政提供了根本法依据。中国最大的国情就是中国共产党的领导，这是中国特色社会主义的特色所在。针对实践中出现的极少数人在宪法教育中片面吹捧西方“三权鼎立”等问题，应特别强调新时代宪法教育的政治性，要坚定正确的政治方向。这背后实际上是一种宪法自信。正如习近平总书记指出的：“纵观各国政党，真正像中国共产党这样能够始终如一正视自身问题，能够形成一整套自我约束的制度规范体系，能够严肃惩处党内一大批腐化变质分子的，可以说少之又少。”[28]宪法教育教什么、怎么教、为谁教，都必须贯彻这种宪法自信，必须反映我国宪法的本质要求，必须反映工人阶级领导的广大人民群众的意志和利益。亦即中国宪法教育必须坚持和加强党的全面领导，坚持马克思主义指导地位，坚持以习近平新时代中国特色社会主义思想为引领，必须立足中国的国情和符合中国宪法体制，传授与我国现行宪法相适应的知识、理论和观念，并根据现行宪法发展的新成果及时更新教育内容。

其二，宪法教育应更加强调创新性。创新是历史进步和人类自身发展的永恒动力。习近平总书记曾指出：“创新是引领发展的第一动力”。[29]从某种意义上讲，新时代的新在于创新。当今时代，创新渗透全部社会生活的各个领域，创新现象大量普遍地出现，创新成为时代性概念和时代精神的灵魂。新时代的宪法教育在提升国民宪法素养、推进宪法发展和依宪治国进程中承担着重要历史使命，宪法教育要实现由传统向现代化的全面转型，必须更加强调创新性。宪法教育的创新主要体现在教育手段、方法、机制等方面：在教育手段创新上，要充分利用云计算、大数据等现代信息技术发展的成果整合宪法教育资源，实现“互联网+”背景下宪法教育的科技化、信息化、大众化[30]；在教育方法创新上，要把课堂教育与课外教育相结合、线下教育与线上教育相结合、宣传灌输和实践体验相结合、精神激励和物质奖励相结合、他教和自学相结合；在教育机制创新上，要建立科学的组织领导机制、充分的保障机制、有效的激励机制和全面的评估机制。在宪法教育创新过程中，要注意借鉴中国传统教育思想的精华，继承和发扬改革开放以来宪法教育的成功经验，同时要辩证地吸取外国宪法教育的有益成分。

### （二）宪法教育内容应更具针对性

由于宪法教育对象即作为宪法受教育者之国民，是一个具有广泛性的复杂的集合体，不同类型、不同层次的宪法教育对象在年龄智力、知识结构、能力水平、学习规律、职业属性等方面具有各自不同的特征；故须强化宪法教育内容的针对性，要根据不同类型、不同层次的教育对象，设计差异化的具体教育方案，有的放矢，以提高教育的实效性。

例如，在学校教育领域，针对不同学段的青少年学生开展宪法教育，应遵循青少年的身心发展规律，科学设计不同学段的宪法教育方案，合理确定教学重点内容。比如，针对小学生和初中生的宪法教育，要注重教学内容和方式的形象、生动，贴近学生实际，利用案例教学、实践教学，从生活实践中提炼案例，注重将宪法核心理念、重要概念与学生在生活实践中能够接触的事件相结合，使之与学生的理解能力相适应。此外，根据中央的统一部署，要把针对青少年学生的宪法教育融入国民教育全过程：在纵向上打通各学段，以宪法教育为核心，形成义务教育、高中阶段、高等教育全面覆盖、有机衔接的学校法治教育体系，由易到难、由浅入深、循序渐进；在横向上打通各学科，在语文、历史、地理等人文学科中挖掘宪法教育的知识点和切入点，努力做到全学科渗透。[31]

又如，针对国家工作人员尤其是领导干部的宪法教育，鉴于实践中国家工作人员队伍仍存在的“宪法虚无主义”“宪法工具主义”倾向以及党校、行政学院等领导干部培训单位仍存在“重业务培训、轻宪法理念培训”等问题[32]，应定期组织国家工作人员尤其是领导干部学习宪法知识，学习党章和其他党内法规，组织宪法宣誓活动，使国家工作人员尤其是领导干部的宪法教育常态化。在教育方案设计上，应突出公权力源自人民、服务人民、受制于宪法的宪法意识和树立执政党依宪执政、国家机关依宪治国的宪法至上观念；在教育内容选编上，应组织编写全国统一的宪法学习培训教材（通过大量宪法事例系统阐述宪法原理），重点内容应包括习近平法治思想特别是习近平总书记关于宪法的重要论述、宪法基本理论与我国宪法的基本精神、我国宪法与宪法实施、我国宪法的解释与修改、宪法与组织法的基本问题、宪法与国家公权力的关系、人权与公权力的行使、权力监督与权利救济等。

再如，针对其他普通公民的宪法教育也应分门别类，强调针对性。在宪法进农村主题活动中，应针对广大农民的法治需求和关注的热点问题，突出宣传培训现行宪法关于农业农村农民的规定和《乡村振兴促进法》《土地管理法》《农村土地承包法》等涉农重点法律法规。此外，针对城市基层社区群众的宪法教育，应结合“宪法进万家”活动，深入社区、家庭，了解社区群众的法治需求和关注的热点问题，突出宣传培训现行宪法关于公民基本权利和义务、基层群众自治制度等的规定，以及《城市居民委员会组织法》《未成年人保护法》《老年人权益保障法》《妇女权益保障法》《传染病防治法》等与社区治理密切相关的法律法规。

### （三）宪法教育过程应更具生活性

美国学者杜威提出“教育即生活”的主张，就是针对教育和生活实际的脱节，并强调生活世界对于教育的建设性意义。[33]基于我国宪法教育实践中较为常见的抽象化、教条化、空洞化问题，改进宪法教育还应从增强教育过程的生活性着手。宪法教育应立足生活，宪法教育者应帮助受教育者建立起与宪法的生活性关联，突出受教育者的学习主体性，关心现实生活对宪法教育的生成性，注重宪法教育过程对生活实践的回应性。易言之，增强宪法教育过程的生活性，应从“文本的宪法”转到“行动的宪法”。[34]

回顾我国宪法教育历程不难发现，传统上的宪法教育富于观念性而缺乏行动性，富于知识性而缺乏实践性。对此，2016年《青少年法治教育大纲》就青少年法治教育（宪法教育）过程中缺乏行动性、实践性的问题做了原则性的规定：要注重知行统一，坚持落细落小落实；要更多采取实践式、体验式、参与式等教学方式，与法治事件、现实案例、常见法律问题紧密结合，注重内容的鲜活，注重学生的参与、互动、思辨，创新形式，切实提高法治教育的质量和实效。

此外，从技术性层面来讲，收集、编撰和讲好中国宪法故事，是将“文本的宪法”转化为“行动的宪法”的重要途径之一。宪法故事是基于国情的宪法文化浓缩。[35]宪法教育不能成为无源之水，在宪法教育过程中要增强受教育者的行动性、实践性，必须以各种相应的要素为依托。这些要素包括宪法案例分析、事例解读、范例传承及相应的宪法文化符号等，而宪法故事是这些要素生成的生活化表达。应指出的是，宪法故事不同于宪法事例总结，后者实际上是理论界对行宪、修宪、释宪相关重要事件的编排与分析，但尚未形成对应于宪法教育目标的系统化故事表达机制。一般而言，故事是以情节引人入胜或发人深省的。因此，在编撰宪法故事时应注重宪法知识在宪法故事中的有效融入，在故事情节设计中注重对宪法意识的培养，在宪法故事反思中注重对宪法精神的弘扬。编撰宪法故事不只是为了纯粹地讲故事，而是要通过一个个鲜活的生活故事来引导受教育者对宪法问题的思辨。正如苏格拉底所言，未经反思的生活，是没有意义的生活。宪法教育从生活中获取源头活水，但又以高于生活的姿态去指引生活、改造生活。同时，宪法故事的演绎方式应该多元化，它们并不一定只存在于宪法读本里，还可以舞台演出、电影、电视或网络小说、小视频等更多的形式展现。再者，基于受教育者作为学习主体的行动性和实践性，宪法故事应由宪法教育者和受教育者共同来编撰和演绎。宪法故事深入民间、深入民心的过程，也就是宪法教育从“文本的宪法”到“行动的宪法”的生活性演进过程。

### （四）宪法教育机制应更具完备性

从系统论的视角出发，宪法教育的工作机制主要包括组织领导机制、保障机制、激励机制和评估机制等。结合我国宪法教育的现实情况，重点应从健全宪法教育的保障机制、评估机制两个方面来完备宪法教育的工作机制。

其一，健全宪法教育的保障机制。宪法教育的保障主要包括人和物两个方面。首先，建设结构合理、专兼配合的宪法教育工作者队伍。宪法教育工作者队伍建设是加强和改进宪法教育的人力基础。无论是在学校、宪法教育基地等场所专职从事宪法教育的法学（宪法学）专业教师，还是“谁执法、谁普法”政策要求下的兼职普法教育（宪法教育）工作人员，都必须具有政治强、业务精、作风正的良好综合素质。同时，还要建立健全宪法教育工作者的“乐教”机制。宪法教育工作者不仅应具备良好的素质，还必须对宪法教育工作真心热爱、真正“乐教”，如此才能以高度的热情投入工作，不断改进工作方式，提高工作的成效。为此，应当制订宪法教育的专业人才培养计划，并继续实施法治课教师“国培”计划（培养中小学法治教育“种子”

教师），切实增加和提高宪法教育工作者队伍的整体数量和总体水平。其次，加强对宪法教育工作的物质经费保障。要改进宪法教育工作就必须保证必要的投入，这不仅要求确保宪法教育相关基本设施、设备的建设，还要求确保宪法教育各项实践活动的有序开展。因此，各级财政应当为开展宪法教育工作配备充足的专项经费，否则，增强宪法教育实效只能是一句空话。

其二，健全宪法教育的评估机制。宪法教育的现状如何，到底有没有效果，宪法教育将向哪个方向发展，需要以宪法教育的评估为依据。宪法教育评估即对宪法教育效果的评价，是确定宪法教育活动实际达到何种程度教育目标的过程，从本质上来讲是收集信息并进行价值判断的过程。宪法教育评估涉及的要素有三：由谁来评估（主体），评估什么（客体），怎么评估（方法）。宪法教育评估机制是指宪法教育评估的各个要素之间的结构关系和运行方式。申言之，健全宪法教育评估机制，就是要解决上述三个要素怎么协调、怎么最优化的问题。宪法教育评估机制的健全可从两个层面来进行：从评估机制的运作上讲，应健全完善宪法教育评估的计划机制、运行机制和监督机制；从评估机制的功能上看，应健全完善宪法教育评估的激励机制、制约机制和保证机制。[36]

## 六　结语

宪法教育通过提升公民宪法素养、塑造公民宪法认同、培育公民宪法信仰等方式来推动宪法发展，而宪法发展又是宪法教育的基础和支撑。通过对宪法教育促进宪法发展的逻辑梳理，可以明确当前宪法教育的目标设定、基本理路和实施重点，由此将宪法教育纳入宪法发展的总体格局中，将之作为中国宪法发展的基础路径，在此基础上进行规范化构建，推动宪法教育的制度化发展。

### 参考文献

[1] 苏芮：《互联网时代青少年法治教育途径低效的心理效应分析》，《预防青少年犯罪研究》2018 年第 1 期，第 68~73 页。
[2] 胡峻：《中小学宪法教育不可“跑题”》，《中国德育教育》2019 年第 6 期，第 10~11 页。
[3] 罗树庚：《宪法教育首先要破除固有观念》，《人民教育》2018 年第 10 期，第 37~38 页。
[4] 王晓君：《基础教育阶段的宪法教育研究》，《教育探索》2016 年第 10 期，第 115 页。
[5] 李德龙：《宪法教育简论》，硕士学位论文，武汉大学法学院，2004，第 4 页。
[6] 陈祥：《“国家公民”视域下宪法教育的功能研究》，硕士学位论文，西南大学法学院，2020，第 1 页。

[7] 徐继超：《论我国依法行政与宪法教育之关系》，《法学评论》2009 年第 1 期，第 5 页。
[8]《中国大百科全书》（简明版），中国大百科全书出版社，1998，第 2395 页。
[9] 刘茂林：《中国宪法导论》（第二版），北京大学出版社，2009。
[10] 郎方方：《大中小学宪法教育内容一体化研究》，硕士学位论文，四川师范大学马克思主义学院，2021，第 23~36 页。
[11] 柳海民：《教育原理》，东北师范大学出版社，2006，第 100 页。
[12] 王道俊、郭文安：《教育学》，人民教育出版社，2009，第 18 页。
[13] 廖妩晨、刘小妹：《新时代青少年宪法教育的理路与实践》，《预防青少年犯罪研究》2020 年第 3 期，第 25 页。
[14] 韩大元、孟凡壮：《中国社会变迁六十年的公民宪法意识》，《中国社会科学》2014 年第 12 期，第 140 页。
[15] 刘丹：《宪法认同与公民教育刍议》，《北京师范大学学报》（社会科学版）2012 年第 5 期，第 103 页。
[16] 周叶中：《宪法与公民生活息息相关——关于树立我国宪法权威的一点思考》，《求是》2004 年第 11 期，第 44~45 页。
[17] 范进学：《论宪法信仰》，《法学论坛》2020 年第 6 期，第 13 页。
[18] 尹中卿：《“三五”普法简明读本》，中央党校出版社，1996，第 18 页。
[19] 高学敏：《中国公民普法教育演进研究》，博士学位论文，复旦大学社会科学基础部，2014，第 52 页。
[20] 陈桓：《教育工作者应以实际行动来保证宪法的实施》，《人民教育》1954 年第 8 期，第 16 页。
[21] 彭真：《关于中华人民共和国宪法修改草案的报告》，载中共中央文献编辑委员会编《彭真文选》，人民出版社，1991，第 445 页。
[22] 陈云生：《改革开放三十七年的中国宪法学——亲历的体验和感受》，中国社会科学出版社，2015，第 198 页。
[23] 韩大元：《改革开放四十年中国宪法学的回应与贡献》，《中外法学》2018 年第 5 期，第 1131 页。
[24] 刘顺峰：《我国普法教育的历史沿革》，《时代法学》2019 年第 3 期，第 115~116 页。
[25] 张志文：《改革开放以来我国普法教育的历程回顾与对策展望——一种知识社会学的分析视角》，《学术论坛》2018 年第 5 期，第 15 页。
[26] 怀进鹏：《全面提升青少年宪法意识》，《光明日报》2021 年 12 月 4 日，第 7 版。
[27] 刘志鑫、翟国强：《中国宪法发展四十年：回顾与展望》，《法治现代化研究》2018 年第 5 期，第 31 页。
[28] 习近平：《党必须勇于自我革命》，载《十八大以来重要文献选编》（下），中央文献出版社，2018，第 591~592 页。
[29] 习近平：《在省部级主要领导干部学习贯彻党的十八届五中全会精神专题研讨班上的讲话》，《人民日报》2016 年 5 月 10 日，第 2 版。
[30] 翟翌、王霞萍：《“互联网+”背景下宪法国民教育新态：特征、目标与转向》，《中国电化教育》2020 年第 2 期，第 21~28 页。
[31] 朱之文：《把宪法教育融入国民教育全过程》，《中国人大》2017 年第 23 期，第 10 页。

[32] 韩大元：《论公务员的宪法教育》，《当代法学》2015 年第 1 期，第 19 页。
[33] 张云：《教育：向生活世界回归——杜威教育哲学的启示》，《探索与争鸣》2005 年第 4 期，第 48~50 页。
[34] 张劲：《让宪法回归生活：青少年宪法教育的一个路向》，《预防青少年犯罪研究》2020 年第 3 期，第 11 页。
[35] 谭波：《论我国宪法国民教育的目标、载体及完善——基于宪法故事和宪法自信的展开》，《浙江工业大学学报》（社会科学版）2019 年第 2 期，第 215 页。
[36] 蒲鸿志：《法治教育研究》，中国社会科学出版社，2021，第 274~284 页。

# On Constitutional Education and Constitutional Development in China —Commemorating the 40th Anniversary of the Promulgation and Implementation of the 1982 Constitution of the P. R. C

*Liu Maolin, Yuan Zhoubin*

**Abstract**: Constitutional education in China aims to impart comprehensive and accurate knowledge and theories related to the Constitution to citizens to enhance their constitutional literacy, shape their constitutional identification, cultivate their constitutional beliefs, and make them become qualified citizens suitable for a modern socialist country. Looking back at the development of China's current Constitution, constitutional education has played a significant but indirect role in promoting constitutional development, acting as an indirect impetus that must rely on the self-construction and self-improvement of constitutional education learners. In order to promote the development of the current Constitution in the new era, the concept of constitutional education should be kept in relevance with times, the content of constitutional education should be more specific, the process of constitutional education should be more life-related, and the mechanism of constitutional education should be more complete.

**Keywords**: Constitutional Education; Constitutional Development; Constitutional Identification; Constitutional Education Learner

# 高水平财经政法类高校一流本科教育建设路径研究*

黄容霞　周晓净**

【摘　　要】在“双一流”建设背景下，行业特色高校如何聚焦和强化特色，通过一流本科教育建设，来实现更高水平的发展，是当前我国高教界亟须破解的难题。本文通过政策文本分析法，以6所财经政法类高校首轮“双一流”建设文本为研究对象，分析这些高校本科教育的特点与建设路径。研究发现，这些高校本科教育的特点是：国际性、精英性、行业性、复合性、学术性、创新性。培养行业领军人才是财经政法类高校本科教育的人才培养目标，国际化师资队伍和优质生源是实现目标的保障，学科交叉、通专融合、人才培养特区、导师制是实现目标过程中的关键要素。但这些高校在人才培养过程中也存在优势学科单一、学科发展不均衡等问题。为了促进行业特色高校更好地开展人才培养工作，服务高教强国建设，本文提出如下建议：强化以特色创优势的办学理念，走特色发展之路；加强学科顶层设计，优化学科生态；加强与行业的合作，培养行业领军人才。

【关 键 词】财经政法类高校　本科教育　“双一流”建设

## 一　问题的提出

### （一）“双一流”建设背景下行业特色高校面临的机遇与挑战

国家“双一流”建设坚持分层分类发展策略，既要建设一批高水平的综合性大

* 本文系2020年度中央高校基本科研业务费“全面加强党对高校的领导，推进高校治理体系和治理能力现代化”专项课题“高校学术生态与一流学科建设研究”（2722020XC004）、中央高校基本科研业务费“‘双一流’行业特色高校弱势学科发展战略研究”（2722021DG005）以及国家社会科学基金“十三五”规划2020年度教育学一般课题“高水平行业特色高校一流本科建设路径研究”（BIA200178）的研究成果。

** 黄容霞，女，湖北咸宁人，管理学博士，中南财经政法大学公共管理学院副教授、国家治理与公共政策研究中心副研究员；周晓净，女，河南鹤壁人，中南财经政法大学公共管理学院教育经济与管理专业2019级硕士研究生。

学，也要发展一批特色鲜明、优势明显的行业特色高校。在国家政策的指引下，行业特色高校迎来了大有作为的新机遇。据统计，首轮“双一流”建设中，行业特色高校约占一流大学建设高校名单的1/3，约占一流学科建设高校名单的3/4。[1]由此可见，行业特色高校占据我国“双一流”建设的半壁江山，在高教强国中扮演着十分重要的角色。

我国高等教育体系复杂，行业特色高校类型多样，形成了学科专业设置聚焦、服务特定行业的学科特点和服务面向。[2]其中，财经类高校服务于国家的经济建设，为国家培养高端财经人才；政法类高校服务于国家政治建设，关联国家的司法体系。可以说，财经政法类高校培养的学生直接关系国家经济命脉和政治命脉。但全国本科层次的财经政法类高校有130多所，在首轮一流大学建设高校名单中，财经政法类高校榜上无名，仅有6所入选一流学科建设高校名单，且这些高校都只有一个学科入选①，这说明这些学校优势学科数量偏少。“双一流”建设实行动态调整机制，建设高校有进有出，这让只有一个学科入选“双一流”建设高校名单的行业特色高校面临很大的压力，建设任务也非常艰巨。而且，行业特色高校整体上要从一流学科高校走向一流大学，还有相当长的一段路要走。

### （二）一流本科教育与“双一流”建设

在“双一流”建设背景下，教育部明确提出，一流本科教育是一流大学的重要基础和基本特征，要求“双一流”高校将建设一流本科教育纳入“双一流”建设方案。因此，本文聚焦6所财经政法类高校，采用政策文本分析法，分析在“双一流”建设背景下，面对一流本科教育是冲击一流大学的重要途径和有效方法，这类高校是如何聚焦和强化特色，突出优势，通过建设一流本科教育，来实现更高水平的发展，以更好地引领行业和服务国家经济发展。研究和探讨这6所高校本科教育的特点和建设路径，以期为其他行业特色高校推进“双一流”建设、培养一流人才提供参考。

## 二 分析框架

一流本科教育建设是一项系统工程，需要全面设计、整体谋划，这要求多方共同发力、多种资源要素优化配置。为推进一流本科教育建设，学者多角度探讨了一流本科教育的组成元素和特点，认为“双一流”语境下，一流本科教育的特点是：精英教育、高素质生源、一流教师队伍、跨学科专业、小班研讨课、研究性教学、本科生

① 中央财经大学入选“应用统计学”、上海财经大学入选“统计学”、西南财经大学入选“应用统计学（自选）”、对外经济贸易大学入选“应用统计学（自选）”、中南财经政法大学入选“法学（自选）”、中国政法大学入选“法学”。

科研、住宿学院（书院）和国际化培养人才。[3]此外，一流本科教育应培养适应和引领未来的领袖人才，培养方案与课程体系建设应适应未来需要与学生个性化发展需求，教学方法应以研究性教学为主，同时具有一流的师资和一流的保障与支持[4]；一流本科教育建设的关键是改善专业教育与人的教育、教师与学生、教学与科研三个核心关系[5]；一流本科教育建设应注重重塑教育理念、优化人才选拔制度、改革教学组织方式、加强国际学术交流等[6]。

分析已有研究发现，围绕一流本科教育，学界关注的焦点是建设主体和人才培养过程。具体为：一流本科教育的建设主体为教师和学生；人才培养过程首先应有明确的人才培养目标，还需要科学的学科专业课程设置、有效的教学方法，以及合理的组织管理方式和良好的文化环境。基于此，本文选取师资队伍建设、招生、人才培养目标、学科建设、课程建设、组织管理等指标考察和归纳这6所财经政法类高校本科教育的特点与建设路径。本文采用的研究方法是政策文本分析法。政策文本分析法是一种从公开的政策文本中提取信息的研究方法，强调对各种政策文本所承载的信息进行客观、系统和定量的描述。笔者对6所高校公开的首轮一流学科建设方案进行逐篇阅读，识别和归纳文本中的相关内容，并凝练主题对内容进行进一步的分析与归纳。同时对6所高校官方网站发布的新闻、数据、文件等进行搜集和整理，以对一流学科建设方案进行补充和完善。

## 三 财经政法类高校一流本科教育特点与建设路径

本文聚焦6所高校首轮一流学科建设文本，从多案例比较视角，分析和归纳财经政法类高校本科教育的特点与建设路径。

### （一）师资队伍建设：国际性

师资队伍是衡量高校综合实力的重要指标，直接影响人才培养的质量。“双一流”建设背景下，各高校愈加重视人才强校战略。在全球化时代，国际化成为衡量高校师资水平的重要指标之一。建设方案反映出（见表1），6所财经政法类高校都重视国际化的师资队伍建设，主要通过“引进来”和“走出去”两种途径。对于“引进来”，中央财经大学进一步落实“外籍专家百人计划”和“海外优秀留学人才引进百人计划”，加快实施人才梯队“123计划”、“龙马学者支持计划”和“青年骨干教师百人计划”，加大引进和培育力度；上海财经大学全面实施“Global SUFE”战略，构造由世界著名的教育专家、学科专家组成的咨询团队；西南财经大学提出“全职海内外年薪制人才”需求计划，通过“光华杰出学者计划”“光华百人计划”等聘请海内外优秀专家担任兼职教授和学生导师；对外经济贸易大学引进一批长短期聘任结合的高水平外籍教师并完善外籍教师聘任办法；中南财经政法大学聘任、邀请国外学者来校任教，以教育背景、学术成果、学术发展潜力为标准，将高层次人才分为领军人才、杰出人才、学科带头人、青年学术骨干四个层次，并制定相应的引进程序和引进待遇；中国政法大学实施教师队伍国际化建设工程，通过各种灵活方式加大海外高层次人才引进力度，汇聚一批具有国际水准的学术大师和权威专家。对于“走出去”，中央财经大学加大力度派遣中青年教师赴海外世界一流大学进行教学研究、科研合作和学术访问，并鼓励教师在国际顶级期刊上发表学术论文，支持教师在国际学术组织担任重要职务；西南财经大学鼓励支持教师参与国际性科技、教育、文化项目；中南财经政法大学支持教师参加国际会议及赴海外知名教学科研机构研修；中国政法大学大力招聘世界一流高校博士、博士后人员，继续开展“中青年教师海外提升计划”。

**表 1　师资队伍建设**

| 大学名称 | 国际化师资队伍 |
|---|---|
| 中央财经大学 | 进一步落实“外籍专家百人计划”和“海外优秀留学人才引进百人计划”；加大力度派遣中青年教师赴海外世界一流大学进行教学研究、科研合作和学术访问；鼓励教师在国际顶级期刊上发表学术论文，支持教师在国际学术组织担任重要职务 |
| 上海财经大学 | 深化双聘制改革；全面实施“Global SUFE”战略，构造由世界著名的教育专家、学科专家组成的咨询团队；推动本科专业开展国际评估，并进行相应的教学改革 |
| 西南财经大学 | 鼓励支持教师参与国际性科技、教育、文化项目；聘请海内外优秀专家担任兼职教授和学生导师 |
| 对外经济贸易大学 | 引进一批长短期聘任结合的高水平外籍教师；实施外籍教师引进计划，完善外籍教师聘任办法；完善激励机制，推动教师开展对外交流；推动优秀中青年教师进入各项国家人才计划；按照“同等贡献，同等待遇”的原则，鼓励本土培养的青年教师自主提高国际化水平 |
| 中南财经政法大学 | 支持教师参加国际会议及赴海外知名教学科研机构研修；聘任、邀请国外学者来校交流；支持学术骨干在国际学术组织和国际学术期刊担任职务；在教师职称评聘、考核以及日常管理中进一步强化国际化导向 |
| 中国政法大学 | 实施教师队伍国际化建设工程，通过各种灵活方式加大海外高层次人才引进力度，汇聚一批具有国际水准的学术大师和权威专家；大力招聘世界一流高校博士、博士后人员，继续开展“中青年教师海外提升计划” |

资料来源：根据 6 所高校“一流学科建设高校建设方案”整理而成。

### （二）招生：精英性

生源是本科教育的起点，一流本科教育应该有一流的生源。生源质量不仅反映出学生自身的知识素养和学习能力，而且直接影响高校未来的人才培养质量。本科生的生源质量受学校社会知名度和认可度的影响。[7]随着高等教育的大众化和普及化，争夺优质生源成为高校招生计划的重点目标。就生源现状而言，上海财经大学 2019 年全国范围内本科招生，文科录取分数线在 23 个省（区、市）超过当地一本线 50 分以上，在 16 个省（区、市）录取生源为当地考生前 500 名；理科录取分数线在 24 省（区、市）超出当地一本线 100 分以上，在 17 个省（区、市）录取生源为当地考生前 2000 名。[8]对外经济贸易大学 2018 年生源质量创新高，学校文科在全国 10 个省市的录取分数线超出一本线 100 分以上，理科在全国 28 个省市的录取分数线超出一本线 100 分以上，录取分数线及位次稳中有进，继续位居全国高校前列。[9]中南财经政法大学在生源大省湖北，文理科投档分数线连续十年稳居全省第 3 位。[10]高教国培（北京）教育科技研究院发布的中国大学生源质量排行榜（2019）中，6 所高校全部进入前 50 名，上海财经大学是唯一进入 TOP10 的非传统 985 高校，中央财经大学排名第 14，对外经济贸易大学排名第 21。6 所高校的生源质量都不错。建设方案表明（见表 2）：上海财经大学、对外经济贸易大学、中南财经政法大学和中国政法大学都强调了生源的重要性，提出要提高生源质量；在招生名额分配时，中央财经大学、上海财经大学、西南财经大学、中南财经政法大学、中国政法大学 5 所高校都提出要向一流学科群建设倾斜。

**表 2　生源质量**

| 大学名称 | 优质生源 |
|---|---|
| 中央财经大学 | 围绕经济学学科群的品牌优势，增强招生、培养、就业优势，提高学校整体实力和社会声望；对于社会急需（其毕业生）的学科（专业），可扩大招生规模 |
| 上海财经大学 | 以育人为本，优化专业设置，加强招生计划等资源向拟建设的一流学科倾斜；高等教育对高层次人才、优质生源的争夺越发白热化 |
| 西南财经大学 | 实施大类招生和大类培养，完善跨学科跨学院培养管理机制；招生计划、创新平台等向学科群倾斜 |
| 对外经济贸易大学 | 先进的教育理念和良好的学术声誉有助于保持和提高学科群生源质量 |
| 中南财经政法大学 | 在招生计划、本科生推免研究生比例等方面向法学与经济学学科群倾斜；留学生国别结构和生源质量进一步改善 |
| 中国政法大学 | 在本科、研究生招生计划上，学校优先投放法学、政治学、社会学学科；扩大留学生尤其是学历生规模，提高生源及培养质量 |

资料来源：根据 6 所高校“一流学科建设高校建设方案”整理而成。

### （三）人才培养目标：行业性

人才培养目标主要是解决“高校要培养什么样的人”这一重大问题，其合理性、科学性会直接影响人才培养的质量，与高校的办学定位和办学理念息息相关。如何适应社会发展的新形势，培养顺应和引领时代发展需要的人才成为高校重点考虑的问题。建设方案反映出（见表3），6所高校从3个角度提出人才培养目标："一流""卓越""拔尖""精英"体现出高校要培养出类拔萃的高质量人才；"国际水平""全球视野""国际竞争""国际化"体现出高校要培养担当国际使命的国际人才；"创新力""创新型"体现出高校要培养具有前瞻性的创新人才。基于上述3个方面，6所高校人才培养的落脚点是："法治人才""财经人才""财经政法人才"。由此可见，6所高校培养卓越、国际性、创新型人才的最终目标是培养行业领军人才，即能引领行业发展的领军人才，具体为：上海财经大学提出培养"具有全球视野和民族精神，富有创造力、决断力及组织力的卓越财经人才"，西南财经大学提出培养"能担当民族复兴大任的时代新人"，对外经贸大学提出培养"具有国际竞争力的复合型、创新型人才"，中南财经政法大学提出培养"融通性、创新型、开放性人才"，中国政法大学提出培养复合型、应用型、创新型、国际型的一流法治人才。

**表3　人才培养目标**

| 大学名称 | 行业领军人才 |
|---|---|
| 中央财经大学 | 深化卓越人才培养模式；构建"全国领先、国际水平"的一流本科教育新模式，为国家培养一流国际化人才 |
| 上海财经大学 | 深化本科生"3*3"卓越财经人才培养模式；培养具有全球视野和民族精神，富有创造力、决断力及组织力的卓越财经人才；培养德智体美全面发展的社会主义建设者和接班人 |
| 西南财经大学 | 构建财经特色鲜明的"宽口径、厚基础、重创新、强能力"的拔尖创新人才培养体系；培养德智体美全面发展的能担当民族复兴大任的时代新人；着力培养复合型拔尖创新人才 |
| 对外经济贸易大学 | 实施国际化人才培养计划；以精英人才培养为目标，培养具有国际竞争力的复合型、创新型人才 |
| 中南财经政法大学 | 打造财经类和政法类人才培养高地，成为全国最大的财经政法人才培养基地，形成融通性、创新型和开放式的人才培养"中南模式" |
| 中国政法大学 | 持续升级"四跨"本科人才培养模式；培养"五位一体"的复合型、应用型、创新型、国际型的一流法治人才 |

资料来源：根据6所高校"一流大学建设高校建设方案"整理而成。

## （四）学科建设：复合性

学科是大学最基本的学术组织单位，现代大学形成了以学科为基础的组织结构。

“双一流”建设凸显学科维度，并将学科的成长提到学校发展的战略高度，学科的结构和水平直接关系高校人才培养的类型与质量。现代大学不仅重视学科建设，也重视学科的交叉发展，以培养复合型人才。建设方案表明（见表4）：财经政法类高校都注重学科交叉。从一流学科的建设口径可知，6所高校的一流学科建设并不是单一的某个学科，而是学科群建设，通过学科群的交叉融通发展，来提升学校的整体学科实力。中央财经大学探索建立跨学院、跨学科、跨专业的“三跨”培养机制，西南财经大学优化大类招生，完善跨学院的培养机制，并加强理论基础研究、应用研究、交叉研究。上海财经大学打通通识教育课程、学科平台课程、专业方向课程三大课程体系，对外经济贸易大学加强“外语+”“经济学+”和“互联网+”等相关领域交叉学科研究，中南财经政法大学以法学和经济学两大特色学科为基础扶持交叉学科建设，推动经济学、法学、管理学等学科的交叉融通发展。

**表4　学科建设**

| 大学名称 | 学科交叉 |
|---|---|
| 中央财经大学 | 探索建立跨学院、跨学科、跨专业交叉培养创新创业人才的新机制 |
| 上海财经大学 | 加快学科交叉融合，整体提升学科水平 |
| 西南财经大学 | 实施大类招生和大类培养，完善跨学科跨学院培养管理机制 |
| 对外经济贸易大学 | 持续支持低碳经济学、法与经济学、区域国别研究、商务外语研究和全球价值链等交叉学科建设，加强“外语+”“经济学+”和“互联网+”等相关领域交叉学科研究 |
| 中南财经政法大学 | 着力推进学科交叉融合，大力扶植新兴学科和交叉学科 |
| 中国政法大学 | 以特色交叉学科、新兴学科培育为目标；实施“交叉学科繁荣计划”，鼓励跨学科交叉研究 |

资料来源：根据6所高校“一流学科建设高校建设方案”整理而成。

### （五）课程建设：学术性

课程是人才培养最直接的载体，直接影响学生的知识结构。近年来，课程改革逐渐成为高校改革的重点，为促进学生全面发展，不少学校也在探索本科生通识教育，以便为学生后续的专业学习打下坚实的基础。财经政法类高校的本科教育注重“通专融合”，即注重通识教育和专业教育相结合（见表5）。中央财经大学构建“通识教育与专业教育深度融合”的创新人才培养体系，上海财经大学打造通识教育课程、学科平台课程、专业方向课程三大课程体系，西南财经大学完善“通识教育+专业教育”本科人才培养体系，对外经济贸易大学全面建设本科生通识教育平台，中南财经政法大学在全国高校中首创“经济学通论”“法学通论”和“管理学通论”三门必修通识课程，中国政法大学强调专业教育与通识教育并重，跨学科培养本科人才。财经政法类高校采取通专融合的人才培养体制，不仅顺应了新时代高等教育改革方向，同时也满足了现代社会对复合型创新人才的需要。通专融合为财经政法类高校培养一流创新人才提供了途径，通识教育有利于拓宽学生的学术视野，完善其知识结构，让学生在进行专业学习之前具备宽广的知识面；专业教育有利于引导学生深入钻研，掌握高深、系统的专业知识，为服务和引领行业发展打下坚实的专业基础。

**表 5　课程建设**

| 大学名称 | 通专融合 |
|---|---|
| 中央财经大学 | 构建“通识教育与专业教育深度融合”的创新人才培养体系 |
| 上海财经大学 | 打造通识教育课程、学科平台课程、专业方向课程三大课程体系 |
| 西南财经大学 | 完善“通识教育+专业教育”本科人才培养体系 |
| 对外经济贸易大学 | 全面建设本科生通识教育平台 |
| 中南财经政法大学 | 在全国高校中首创“经济学通论”“法学通论”和“管理学通论”三门必修通识课程；增设更多前沿性融通课程与讲座 |
| 中国政法大学 | 专业教育与通识教育并重，跨学科培养本科人才 |

资料来源：根据 6 所高校“一流学科建设高校建设方案”整理而成。

## （六）组织管理：创新性

1. 人才培养特区

培养拔尖创新人才需创新人才培养方式，近些年国内一些顶尖高校都在尝试建立人才培养特区，创新人才培养新模式。财经政法类高校为了培养行业领军人才，同样在积极探索新的人才培养模式。建设方案表明（见表 6）：6 所高校都推出了人才培养特区。中央财经大学创建“数理经济与数理金融实验班”，上海财经大学以伦敦政治经济学院为参照系设立“国际化示范学院”，西南财经大学打造“光华创新人才实验班”升级版，对外经济贸易大学开办了“三语培养实验班”“国际组织人才基地班”“涉外卓越经贸法律人才实验班”“国际化工商管理类人才培养模式实验区”等，中南财经政法大学探索完善“卓越法律人才实验班”与“文澜学院经济管理实验班”建设，中国政法大学持续升级“四跨”本科人才培养模式。这些高校建立人才培养特区适应了国家人才战略转变的需求，特别是“经济实验班”“金融实验班”“工商管理实验区”“法学精英培养实验班”的建立有利于财经、政法一流人才培养目标的实现。

**表6　人才培养形式**

| 大学名称 | 人才培养特区 |
|---|---|
| 中央财经大学 | 构建“通识教育与专业教育深度融合”的创新人才培养体系；创建“数理经济与数理金融实验班”等多种创新型人才培养试验区 |
| 上海财经大学 | 以“国际化示范学院”建设为抓手，全方位推进人才培养国际合作；整体以英国伦敦政治经济学院为国际参照系，建立多元化学科内部评价指标体系 |
| 西南财经大学 | 深化经济与管理人才培养模式改革；打造“光华创新人才实验班”升级版 |
| 对外经济贸易大学 | 开办了“三语培养实验班”“国际组织人才基地班”“涉外卓越经贸法律人才实验班”“国际化工商管理类人才培养模式实验区”等人才培养特区 |
| 中南财经政法大学 | 深入推进人才培养模式改革，探索完善“卓越法律人才实验班”与“文澜学院经济管理实验班”建设；依托法学与经济学学科群优势，成立文澜学院，构建跨学科的应用型、复合型和国际化人才培养平台 |
| 中国政法大学 | 持续升级“四跨”本科人才培养模式；总结“法学学术精英人才培养实验班”改革经验，探索“本硕博”贯通培养制度 |

资料来源：根据6所高校“一流学科建设高校建设方案”整理而成。

2. 本科生导师制

目前，我国大多数高校对本科生的教育和管理形式主要有两种：班级制和年级制，即按学生班级和年级分别设班主任和辅导员，由他们负责学生的日常管理和思想教育。[11]一般到大三或大四，本科生要写学年论文或者毕业论文的时候，学校才会统一安排导师，导师的作用主要是指导学生完成论文。我国高等教育大众化时期，只有少数高水平院校引入本科生导师制。[12]不同于班级制和年级制，导师制是以导师和学生为单位进行的，学生的课业以导师指导为主，以课堂教学为辅。建设方案表明（见表7），6所高校对本科生尝试采用导师制管理。西南财经大学提出导师是以学业指导为核心，兼顾学生思想品德教育和生活、心理等方面指导的法学院专任教师；中南财经政法大学提出导师应组织学生参加有关学习态度、学习目标、学习方法、专业思想等方面的教育活动，引导学生参加学术活动和社会实践活动等；中国政法大学提出导师的职责是帮助学生养成健全的世界观、人生观、价值观，帮助学生形成个性化培养方案，帮助学生养成良好的学习习惯和学习方法，为学生提供学业指导。可见，6所高校重视导师制，以对学生的专业认知、学习态度、身心健康等方面产生影响。

表7　组织管理形式

| 大学名称 | 本科生导师制 |
|---|---|
| 中央财经大学 | 自2007年正式实施本科生成长导师制；自2008级本科生起，每年发布本科生与成长导师互选、结对通知 |
| 上海财经大学 | 经济学院从2013年秋季学期新生入学开始，面向全院本科生正式启动导师制；在大一新生刚入学时就给予配备导师，每位导师同时带4个年级的学生，原则上每位本科生导师指导学生8~10名，每学期与被指导学生的交流原则上应保持3次或以上 |
| 西南财经大学 | 自2005年起在本科生中全面实施导师制；每届150人组成的“光华创新人才实验班”实行专业导师制；2013年10月发布《西南财经大学法学院全日制本科生导师工作管理办法》 |
| 对外经济贸易大学 | 法学院在2014级本科生中首次启动导师制 |
| 中南财经政法大学 | 2018年10月发布《中南财经政法大学本科生班级导师制工作管理办法》；2019年4月125名专业教师受聘为2018级本科生班级导师，学校全面推进本科生班级导师制 |
| 中国政法大学 | 2013年5月发布《中国政法大学法学人才培养模式改革实验班导师制实施办法（试行）》；2018年5月，商学院本科生“双导师制”启动大会圆满召开 |

资料来源：根据6所高校教务处、党委宣传部、新闻网等资料整理而成。

# 四　结论与建议

本文通过分析中央财经大学、上海财经大学、西南财经大学、对外经济贸易大学、中南财经政法大学和中国政法大学6所财经政法类高校一流学科建设方案和相关资料发现，这些高校本科教育的特点是：国际性、精英性、行业性、复合性、学术性、创新性。本科教育的建设路径为：聚集国际化师资和优质生源，以行业领军人才为人才培养目标，以学科交叉、通专融合提升知识厚度和宽度，以人才培养特区、导师制为基础创新人才培养方式。但是，通过文本分析也发现，6所高校在建设本科教育过程中还存在一些问题，比如学科结构较为单一、学科发展不均衡、学科交叉融合不足。

承上，本文提出以下建议，以促进行业特色高校更好地开展一流本科教育，培养行业领军人才，更好地服务高教强国的建设。

## （一）强化以特色创优势的办学理念，走特色发展之路

高教强国背景下的高等教育应百花齐放，满足不同行业、不同区域、不同层面的多样化要求。对此，行业特色高校须紧跟时代发展步伐，以国家和地方经济建设与社

会发展为导向，紧密结合本校的实际与学科特色，明晰国家在本行业的战略需求与布局，寻求比较优势，以特色创优势，用优势促特色，为行业发展和国家需求培养一流人才。

### （二）加强学科顶层设计，优化学科生态

行业特色高校要以“重点突破、强化优势、整体提高”为基本要求，以“完善布局、优先重点、抓好增长点”为发展思路，继续保持和强化传统特色学科的优势，并积极寻求新的学科生长点。由于高校是资源有限型组织，必须有所为，有所不为，已经处于领先地位的领军学科群是未来一段时间学校学科建设的优先主体，要集中资源、加大支持力度，推动领军学科群率先突破。通过领军学科群的带动与辐射，实现所有学科整体水平的全面提高，形成亮点凸出，多学科交叉融合、协调互动的学科发展态势，为一流人才培养提供良好的学科支持。

### （三）加强与行业的合作，培养行业领军人才

人才培养是高校的首要社会职能。在高教强国时代，行业特色高校在培养一线行业创新人才方面应更有作为，应树立新的人才观和质量观，注重学生知识、能力、素质的协调全面发展，培养振兴民族行业的领军人才。因此，行业特色高校要紧密关注行业的需求，以服务区域经济发展和国家战略为己任，科学设置人才培养目标，创新人才培养方式，为行业企业转型升级发展和区域经济发展提供人才与智力支持，推动行业和区域经济跨越式发展。

## 参考文献

[1] 郝芳：《“双一流”建设背景下行业特色型大学发展战略路径的探索与实践》，《中国高等教育》2020 年第 10 期，第 17~19 页。

[2] 张炜、汪劲松：《行业特色高校的发展历程与辩证分析》，《中国高教研究》2020 年第 8 期，第 1~5 页。

[3] 周光礼：《一流本科教育的中国逻辑——基于 C9 高校“双一流”建设方案的文本分析》，《湖南师范大学教育科学学报》2019 年第 2 期，第 15~22 页。

[4] 余秀兰、宗晓华：《一流大学的一流本科教育：特征与评价》，《江苏高教》2019 年第 2 期，第 4~11 页。

[5] 林冬华：《一流本科教育的理念与行动——以“985”高校为例》，《现代大学教育》2017 年第 3 期，第 99~105 页。

[6] 叶前林、翟亚超、岳中心：《重塑一流本科教育人才培养模式——基于美国常春藤大学案例剖析》，《中国高校科技》2020 年第 7 期，第 52~56 页。

[7] 杨秀芹、魏钶君：《生源竞争中的行为逻辑与应用策略——基于制度分析与发展框架》，《现代大学教育》2019年第2期，第1~9、110页。

[8]《2018~2019学年本科教学质量报告》，上海财经大学官网，http：//gongkai. sufe. edu. cn/226/list3. htm。

[9] 朱雨欣、朱濼睿：《2018年十大新闻事件》，对外经济贸易大学官网，http：//www. uibe. edu. cn/xxgk/dsjl/88541. htm，2020年4月17日。

[10] 马迪思：《学校召开2019年本科招生工作总结座谈会》，中南财经政法大学文澜新闻网，http：//wellan. zuel. edu. cn/2019/1119/c1668a228815/page. htm，2019年11月19日。

[11] 陈述：《基于人才培养的高职院校导师制模式创新的设计》，《中国商论》2015年第30期，第172~175页。

[12] 王东芳、赵晓军：《一流本科教育的导师制——基于美国文理学院案例分析》，《比较教育研究》2019年第9期，第67~73页。

# On the Construction Path of First-class Undergraduate Education in High-level Economics and Law Universities

*Huang Rongxia*, *Zhou Xiaojing*

**Abstract**: Under the background of "double first-class" construction, how do the industry-specific colleges and universities focus on and strengthen its characteristics, and achieve a higher level of development through the construction of first-class undergraduate education, is an urgent problem for China's higher education community. With the method of policy content analysis, this paper takes the first-round construction texts of "double first-class" in six universities of economics and laws as the research object, and analyzes the characteristics and construction paths of first-class undergraduate education in these universities. The study found that the characteristics of undergraduate education in these universities are: international, elites-oriented, occupational, complex, academic and innovative. Cultivating industry-leaders is the talent training goal of constructing first-class undergraduate education in economics and law universities. Internationalized faculty and high-quality students are the guarantee to achieve the goal and interdisciplinary, general-professional integration, talent training special zone, and tutor system are key elements during this process. However, these colleges also have problems such as unitary preponderant discipline, and uneven development of disciplines. In order to promote the development of talent training in universities with industry characteristics and serve the construction of a powerful country in higher education, this paper puts forward the following suggestions: strengthen the concept of running a school characteristics of universities, and take the road of characteristic development; strengthen the top-level design of disciplines and optimize the discipline ecology; strengthen cooperation with the industry to cultivate industry leading talents.

**Keywords**: Universities of Economics and Law; Undergraduate Education; "Double First Class" Construction

# “德育共同体”视域下高校辅导员专业化发展的策略研究*

刘力为　陈晓慧**

【摘　要】高校通过“三全育人”工作初步构建起“德育共同体”，这对共同体中的重要成员——辅导员的专业化发展具有重要的现实意义和巨大的指导价值。本文采用质性研究方法，归纳出目前辅导员专业化发展在理念层面、政策层面、业务层面和发展层面的困境。在此基础上，构建跨职级交互式、跨领域协同式、跨专业互融式、跨学校共享式的“德育共同体”，以期增强辅导员职业自信、制度自信、理论自信和价值自信，促进辅导员队伍专业化建设。

【关 键 词】德育共同体　辅导员　学生工作

我国高等学校坚持把“立德树人”作为根本任务，通过全员育人、全过程育人、全方位育人（以下简称“三全育人”）构建起多主体、跨时空、跨领域的“德育共同体”。高校学生辅导员（以下简称“辅导员”）是“三全育人”的主要力量，是“德育共同体”的关键主体，其专业化水平会影响“三全育人”大格局的效果，会影响“德育共同体”的发展。鉴于此，本文探索基于“德育共同体”构建辅导员专业化发展路径，激发辅导员精神动力，实现育人主体优势互补，促进育人主体集体协同，从而推动辅导员职业化成长和专业化发展。

## 一　“德育共同体”的价值探寻

### （一）高校“德育共同体”的内涵

1887 年，德国社会学家滕尼斯出版《共同体与社会》一书，他提出“共同体”是

*　本文系 2021 年度吉林省教育厅社会科学研究规划项目“协同育人视域下构建高校德育共同体的实践研究”（JJKH20211466SZ）的研究成果。

**　刘力为，女，吉林长春人，东北师范大学 2018 级博士研究生，长春医学高等专科学校思政部主任；陈晓慧，女，吉林长春人，东北师范大学教授，博士研究生导师。

建立在有关人员的本能的中意或者习惯制约的适应或者与思想有关的共同的记忆之上的[1]。这是“共同体”首次以社会学的概念出现。杜威在《民主主义与教育》一书中提出“学校是一种特殊的共同体”；“个人因为参与联合活动，而认同活动的目标、熟悉了方法和材料、学会了技能，也吸收了这种共同活动中渗透着的情感精神”。[2]

德育是教育的重要组成部分，学界关于“德育共同体”已经开展了很多理论研究和实践探索，但还没有形成统一的概念。有的学者提出“德育共同体”以“共同的利益需求和价值取向”为基础，是由“个体出于本质意志形成的一种关系体”，在维系和发展群体关系的同时，更为强调个体在实践中的交互主体性，主张多元主体在积极对话、启发引导、持续反馈中形成一种主体间的互动关系，通过集体实践达成教育目标和实现规范价值。[3]有的学者指出高校“德育共同体”就是统筹社会各领域、教育教学各环节、人才培养各方面的育人力量和育人资源，有效形成思想政治教育合力，使学校德育保持与时代同步，与新鲜的社会生活同步。[4]虽然表述不一，但可以看出学者一致认为“德育共同体”具有共同的特性，即目标一致性、主体交互性、集体实践性。

基于已有研究，笔者认为，“德育共同体”是基于共同的理念和目标，育人主体在思想政治教育的实践过程中交互对话、集体协同、相互促进而形成的合作共赢的有机整体。高校“德育共同体”的基本框架见图1。

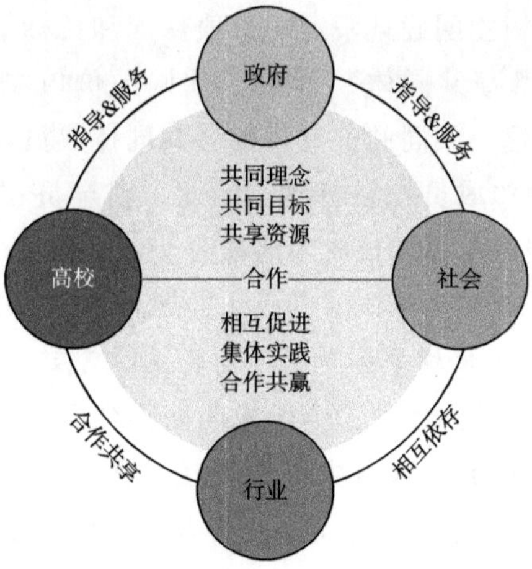


**图1　高校“德育共同体”的基本框架**

### （二）“德育共同体”对高校辅导员专业化发展的必要性

1.“德育共同体”落实“三全育人”工作理念，符合辅导员专业化发展的客观要求

“德育共同体”的构建，就是落实“三全育人”工作理念，整合育人力量、联通

育人过程、挖掘育人领域。辅导员是“全员育人”的参与者，是“全过程育人”的协同者，是“全方位育人”的联动者。由此可知，“德育共同体”是“三全育人”的有效载体，辅导员是“德育共同体”的关键主体，“德育共同体”作为辅导员和“三全育人”大格局的中介体，对“三全育人”工作中的每一个主体都必然会产生积极效应。

2.“德育共同体”遵循思想政治教育规律，契合辅导员专业化发展的现实需要

“思想政治教育的重点要与党的中心任务相一致的规律”决定了人的全面发展成为思想政治教育的价值目标。[5]“德育共同体”的使命是坚持“立德树人”根本任务，培养担当民族复兴大任的时代新人。辅导员的主责主业是思想政治教育，引领和培养学生全面发展成为时代新人。因此，构建“德育共同体”顺应辅导员专业化发展的趋势，契合辅导员专业化发展的现实需要，有助于强化辅导员专业化发展的保障机制。

### （三）“德育共同体”助推高校辅导员专业化发展的可行性

“德育共同体”的三个重要特性可为高校辅导员专业化发展提供动力源泉、交互平台和实践际遇。

1.“目标一致性”为高校辅导员专业化发展提供动力源泉

价值认同是高校辅导员专业化发展的“定盘星”，目标信念是高校辅导员专业化发展的“指南针”。只有树立明确且坚定的价值认同和目标信念，才能有效推动辅导员专业化发展。高校“德育共同体”形成了共同的价值立场和目标追求，即落实“立德树人”根本任务，这一共同的价值目标对共同体成员具有强烈的感召力、凝聚力和影响力，并促使共同体成员积极行动。因此，辅导员在“立德树人”的价值导向下，能够进一步坚定服务学生成长成才的初心使命，激发个人成长动力，明确个人奋斗方向，从而促进整个辅导员群体的专业化发展。

2.“主体交互性”为高校辅导员专业化发展提供交互平台

马克思指出：“只有在共同体中，个人才能获得全面发展其才能的手段，也就是说，只有在共同体中才可能有个人自由。”[6]高校“德育共同体”的多元主体交互性，可以实现育人主体的优势互补，提高辅导员个体业务水平；可以增进育人主体的交流沟通，凝聚辅导员专业话语权；可以整合育人主体的资源力量，提升辅导员育人效果。

3.“集体实践性”为高校辅导员专业化发展提供实践际遇

实践是辅导员专业化发展的必要载体和质量保障。面对新时代育人环境、育人主体、育人方式的变化，高校辅导员专业化发展要立足现实，立足实践。高校“德育共同体”的集体实践，不仅提供实践场域、实践路径和实践资源，而且提供集体智慧、集体方案和集体行动，可有效推动辅导员专业化发展。

## 二　高校辅导员专业化发展现状

21世纪初，随着我国思想政治教育工作的跨越式发展，学者开始从“专业化”视域研究高校辅导员队伍建设。2006年，教育部发布《2006~2010年普通高等学校辅导员培训计划》，首次提出了“高校辅导员专业化发展”；2014年，印发了《高等学校辅导员职业能力标准（暂行）》（以下简称《能力标准》）；2017年，修订了《普通高等学校辅导员队伍建设规定》（以下简称《规定》）。这一系列文件的出台，不仅使辅导员队伍专业化建设“有章可循”，也推动了辅导员队伍专业化、职业化建设。目前辅导员队伍“职业化”建设已经取得了较好的成效，但“专业化”尚处在起步阶段。

### （一）高校辅导员专业化的内涵

《辞海》中“专业化”包含两层含义。一是“动态层面”的，即某一个普通职业经过专门的培养和训练，逐渐成为某一群体从事的，具有较高深的、独特的专门知识和技术，按照一定的专业标准进行活动，并对促进社会发展有益的专门职业的过程。二是“静态层面”的，指一个职业群体在专业化发展进程中的专业性质和发展状况处于什么状态和水平。“专业化”的界定，需要根据以下几个标准来判断：（1）有专业的理论知识作依据，有专门的技能作保证，从业人员有在本领域进行研究的能力；（2）承担着重要的社会责任，从业人员有较高的职业道德要求；（3）在本行业内具有专业性的自主权；（4）自身已经发展到一定的程度，确立了一套较为完整的制度，被社会需要和认同，获得了相应的专业地位；（5）有法律、法规或政策对专业边界进行保护。[7]

高校辅导员队伍专业化是指由经过专门培训，具备相关知识和能力的人来从事辅导员工作，推动辅导员职业向相对独立的方向发展，并使辅导员成长为高素质、高效率的单位组织。[8]由此可知，高校辅导员具有专门业务、专职岗位、专业发展等基本特性。

### （二）基于叙事问卷的质性分析

1. 设计叙事问卷

本文从辅导员专业化发展的现状、困难和期待三个方向，设计叙事问卷，内含高校辅导员专业化发展的5个维度。针对5个维度分别设计4~7个叙事框架，各个框架包含引导语和一定的叙述空间。

2. 确定问卷对象

综合考虑学校层次、年龄结构、专业背景等内在因素，邀请8位不同院校的学工部部长、18位不同职业能力等级的辅导员，共计26人，各自完成一份叙事问卷。基本情况如表1所示。

表1　叙事问卷样本特征

| 属性 | 类型 | 人数（人） | 比例（%） |
| --- | --- | --- | --- |
| 性别 | 男 | 10 | 38.5 |
|  | 女 | 16 | 61.5 |
| 院校性质 | 普通高校 | 17 | 65.4 |
|  | 高职高专院校 | 6 | 23.1 |
|  | 民办院校 | 3 | 11.5 |
| 工作年限 | 2年 | 1 | 3.8 |
|  | 3~5年 | 6 | 23.1 |
|  | 6~10年 | 16 | 61.5 |
|  | 10年以上 | 3 | 11.5 |
| 编制 | 编制内 | 18 | 69.2 |
|  | 编外聘用制 | 8 | 30.8 |
| 学历层次 | 学士学位 | 2 | 7.7 |
|  | 硕士研究生 | 22 | 84.6 |
|  | 博士研究生 | 2 | 7.7 |
| 能力等级 | 初级 | 20 | 76.9 |
|  | 中级 | 6 | 23.1 |
|  | 高级 | 0 | 0.0 |

26份叙事问卷虽然数量不多，但具有一定代表性，学工部是高校内负责辅导员队伍建设的统筹部门，对辅导员专业化发展具有重要发言权。不同工作年限、不同职业能力等级的辅导员可以从个人工作经历、体验感悟的角度对辅导员专业化发展进行反思和探究。这样的叙事研究有助于辅导员深刻认识“专业化发展”的重要性，也有助于在辅导员群体中分享专业化发展经验，提升辅导员专业化素养。

3. 实施数据编码

采用Nvivo 11.0对叙事问卷进行逐行编码，找出与“辅导员专业化发展”有关的主题概念，进行初步命名，标记为自由节点。将开放式编码中获得的526个自由节点进行关联，经过反复比较、分析和整合，形成12个节点并将之标记为树节点（见表2）。

表 2　节点层次与材料信息

| 序号 | 树节点 | 节点材料来源数（个） | 参考点数（个） | 参考点举例 |
|---|---|---|---|---|
| 1 | 知识结构 | 24 | 85 | 我们很多辅导员在工作中最担忧学生心理健康问题，但自己又不是心理学专业出身，希望这方面培训多一些，实践指导性强一些。 |
| 2 | 业务能力 | 26 | 92 | 我校辅导员队伍整体科研能力不足。 |
| 3 | 职责清晰 | 20 | 24 | 我校辅导员工作没有边界，只要涉及学生就都找辅导员，造成辅导员工作效率和质量都不高。 |
| 4 | 队伍稳定 | 24 | 26 | 我身边辅导员最短干两个月，最长十年，但多数为聘用制，人员流动性特别大。 |
| 5 | 话语权 | 15 | 35 | 和专业教师相比，我们辅导员总感觉低人一等。学校任何部门任何人都可以指责我们辅导员的工作。 |
| 6 | 自治权 | 18 | 23 | 全国高校辅导员工作研究指导性期刊《高校辅导员》和《高校辅导员学刊》都不是核心期刊。 |
| 7 | 选拔聘任 | 26 | 33 | 我校辅导员招聘都是通过公招形式，但对专业不限制。 |
| 8 | 培养培训 | 26 | 57 | 我们每学期都要参加学校组织的辅导员培训。 |
| 9 | 考核评价 | 26 | 31 | 我校《辅导员考核办法》既有量化指标，也有定性评价。定性评价这方面，如何界定客观准确一直是个难题。 |
| 10 | 激励保障 | 26 | 45 | 我们的辅导员考核与绩效工资挂钩。 |
| 11 | 成长发展 | 25 | 30 | 近十年，我们辅导员队伍中有 3 人转岗到行政管理岗位，仅 1 人走职级系列，其他人还在职称系列里“挣扎”。 |
| 12 | 角色定位 | 22 | 45 | 虽说辅导员具有教师和管理者双重身份，但没有归属感。 |

注：节点材料来源数指含有该节点的文本材料数量；参考点数指所有文本材料中含有该节点的出处数量。

深入思考各树节点之间的关系，进行三级编码，得到辅导员专业化发展的 5 个维度（见图 2）。其一，业务专业化。按《能力标准》的要求，辅导员有九大工作职责，既要掌握马克思主义理论、思想政治教育学的知识，以及学生所学学科的专业知识，也要具备学业帮扶、学生资助、心理健康教育和职业规划等专业技能。其二，岗位专职化。《规定》强调辅导员“按照专兼结合、以专为主的原则，足额配备到位”，即要求辅导员队伍具备稳定和专门的特征。其三，话语自主性。辅导员可根据职责范围形成专业团体，在专业领域有一定的自主性和权威性，即在专业领域实现专业自治。其四，发展制度化。高校应根据《能力标准》，建立完善一整套辅导员的选拔聘任制度、培养培训机制、激励保障机制和考核评价体系，为辅导员提升专业水平提供制度支持。其五，成长体系化。辅导员在践行九大工作职责的基础上，要根据工作重心和个人特长而发展业务专长，最终完成“职业化—专业化—专家化”的发展。

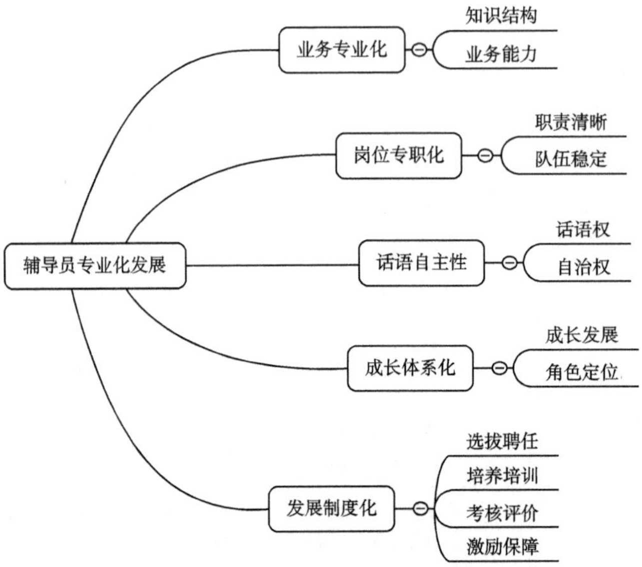


**图2　高校辅导员专业化发展的五个维度**

## （三）高校辅导员专业化发展的现实困境

基于Nvivo对上述26份叙事问卷进行质性研究分析，发现高校辅导员专业化发展存在以下几个方面的困境。

1. 理念层面：话语权的缺失和队伍的不稳定导致辅导员专业化自信心不足

“双重身份”提高了辅导员的职业声望和实际待遇，为辅导员发展提供了更宽广的空间。但在“双重身份”定位下的辅导员，既难以凸显自身的主体性地位，又难以与不同认同主体构建起稳定和确定的交流与沟通的身份结构[9]，他们与专业教师存在专业知识的不对等性，与职能部门管理干部存在职务层级的不对等性，导致辅导员缺乏专业话语权。

编制聘用不合理和专兼职配比不理想导致辅导员队伍缺乏梯队建设；高强度的工作和低获得的满足感导致辅导员队伍缺乏稳定性；育人工作的高标准和社会他人的低认同导致辅导员缺少职业认同感；双重身份的界定和双线晋升的曲折导致辅导员缺少归属感和职业自信。

2. 政策层面：政策制定的不完善与执行的不到位导致辅导员专业化发展不均衡

党和国家出台了一系列关于辅导员队伍专业化建设的政策文件，各地方和高校也都在队伍培训、平台搭建、机制保障等方面采取了一些措施，但是从根本上讲，并没有真正将辅导员队伍专业化建设上升到高校师资队伍专业化建设的高度。辅导员招聘强调学生干部经历和党员身份这些硬性规定，而没有深入挖掘应聘者的岗位胜任力；辅导员培训往往拘泥于业务培训；辅导员考核缺乏定性考核与定量考核的明确性和科学指导；辅导员激励机制也因学校体制不同而导致落实政策的尺度不一。

困扰辅导员专业化发展最大的矛盾体就是“双线晋升”。目前学校评聘专业技术职务（职称）人员要求论文发表和科研立项等，庞杂的日常工作导致辅导员群体学术产出较低，职称晋升竞争压力很大；职务系列不仅需个人努力，还需考虑学校职务指数多少、工作被认可程度高低等诸多不可控因素，职务晋升之路也很艰难。

3. *业务层面：知识结构单一化和社会阅历简单化导致辅导员专业化能力有欠缺*

《能力标准》指出：高校辅导员要具备思想政治教育工作相关学科的宽口径知识储备，涉及马克思主义理论、哲学、政治学、教育学、心理学、管理学、社会学等学科。但现实中，高校辅导员队伍的专业背景不明确，知识结构不合理。由于缺乏学生思想政治工作的理论知识，岗前培训和在职培训的经历较少，绝大多数辅导员只能应付日常学生事务，研究学生思想问题不够深入，在处理突发学生事件时往往力不从心，工作效果不理想。同时辅导员专业知识的单一性，与大学生日益增长的专业知识、能力需求形成鲜明的矛盾。作为思想政治教育的专业人员，辅导员应该具备思想政治教育的核心知识和能力，最好与所带学生专业一致或相近，还要具备一定的学习能力，广泛涉猎多学科知识。

绝大多数高校辅导员是从校门到校门，即大学毕业后进入另一所高校工作，有工作的热情和激情，但缺乏社会阅历；有自我学习能力，但缺乏行业工作经验；导致对学生的职业素养和职业精神的培养停留在“纸上谈兵”，缺少信服力。

4. *发展层面：工作边界的不清晰和成长路径的不明朗导致辅导员专业化发展无动力*

辅导员是大学生思想教育者、班级日常事务管理者、学生心理健康守护者、学生安全负责人和学生职业生涯规划的指导者，诸多角色使辅导员们在“5+2”和“白加黑”的工作模式下保持精神的高度紧张。[10]辅导员受学校各职能部门和所在院系的“双重管理”，事务性工作比较繁杂，辅导员总是习惯性地把自己放在“辅”的位置上，陷于琐碎事务难以促进“主”的提升，也没有充分考虑过个人职业生涯规划。另外，各地方、各高校对政策的落实情况不一，出现学校对辅导员队伍建设重视和支持不够、辅导员工资待遇偏低、辅导员职业上升空间缺失或晋级之路不畅的情况，辅导员不知“何去何从”，有的人一直等待机会但是已经超过招聘的年龄限制，有的人专业背景和学校主流专业不对口，未来也难以转岗[10]，造成辅导员个人角色定位不清晰，工作目标不明确，岗位职责无边界，成长路径无方向，专业化发展的主观能动性不强。

## 三　基于“德育共同体”的高校辅导员专业化发展策略

理念层面和政策层面为辅导员专业化发展提供了“可能性”，是外部保障；业务层面和发展层面为辅导员专业化发展提供了“现实性”，是内生动力。基于“德育共同体”构建辅导员专业化发展路径，可以有效促进氛围营造和制度保障的进一步完善，激励辅导员自身专业化水平的主动提升。

### （一）构建跨职级交互式“德育共同体”，促进理念转变，增强职业自信

跨职级交互式“德育共同体”的主要成员为“辅导员+各级领导干部”，主要目标是消除沟通壁垒，转变各方理念，使之认可辅导员工作，增强辅导员职业自信，形成个人成长与事业发展双促进。

各级领导干部作为学校政策的制定者，只有加入“德育共同体”，下沉到思想政治教育工作一线，倾听学生心声，深入了解辅导员的工作内容，才能充分认识到辅导员工作的重要性和特殊性。辅导员在“德育共同体”中，与各级领导干部享有平等话语权，从各级领导干部的职业发展之路中汲取能量，学习管理技能，尽早科学规划个人职业生涯，提高自身管理能力和管理水平。

跨职级交互式“德育共同体”的构建，把解决学生思想问题和解决学生实际问题相结合，既有利于提升辅导员胜任力，帮助辅导员成长进步，也有助于打破部门壁垒，为辅导员发声畅通渠道，促进高校内部“三全育人”的有序推进。

### （二）构建跨领域协同式“德育共同体”，推动政策完善，增强制度自信

跨领域“德育共同体”的主要成员为“辅导员专业团体+政府职能部门”，主要目标是为辅导员增权赋能，为政策制定者提供基础资料，上下联动，形成个人职业发展与政策落地落细双促进。

辅导员的专业化培养包括职前培养和职后的规范化培训。近些年，从国家到地方再到高校，辅导员职后培训都做得有声有色。但职前培养还有待加强，有关部门应尽快论证设立“高校辅导员专业”。在过渡期内，也可以采取“4+3”或“4+2”（和专业硕士培养并轨）模式，即先接受4年的思想政治教育（包括管理学、心理学等相关学科）的本科教育，再接受2~3年的辅导员“毕业后规范化培训”（对象主要为本科学历的辅导员）或“辅导员研究生教育”两种方式。[11]此外，有关部门应尽快结合实际情况，出台政策支持辅导员行业自治，修订完善高校辅导员“双线晋升”政策，从根本上解决辅导员职业倦怠、专业危机、伦理困境和分裂心态的困境。[12]

跨领域协同式“德育共同体”的构建，有利于有效倾听到基层辅导员的专业发展真实需求，有力促进辅导员制度完善与改革，增强辅导员制度自信。

### （三）构建跨专业互融式“德育共同体”，拓宽业务视野，增强理论自信

跨专业互融式“德育共同体”可以分为两种模式：一是校内“辅导员+思政课教师+专业教师”的模式，主要目标是合力做好日常思想政治教育、思想引领和职业生涯规划教育，促进辅导员的知识传授与价值引领双赢；二是校外“学校+家庭+社会组织”的模式，主要目的是帮助辅导员在实践体验中拓宽视野、完善知识体系、丰富人生阅历，促进辅导员理论丰富与实践提升双赢。

辅导员工作的主责主业是思想理论教育和价值引领，因此思想政治教育是辅导员多学科知识结构的核心，辅导员专业化发展的根源也在于其思想政治理论基础和思想政治素质水平。现实工作中，因囿于事务性工作以及自身理论知识不扎实等，辅导员惯用以情感人，而不是以理服人，思想引领工作效果不佳。思想政治理论课教师从理论角度帮助辅导员有理有据、有礼有节地开展思想政治教育工作。高校大学生的思想问题很多和专业学习有关，而且学生的思维方式也会明显带有专业烙印，辅导员要想把大学生思想政治教育工作做深、做实，就不能脱离学生的专业学习。专业教师培训辅导员相关学科的专业知识、学习方法、发展前景等，帮助辅导员对学生进行“有的放矢”的职业规划教育。

科尔曼认为：“学生的学习不仅受学校和家庭的影响，而且受学校和更大范围的共同体中的社会网络、规则和信任的影响。”[13]校外的跨专业互融式“德育共同体”则促进辅导员了解学生、了解社会，弥补辅导员阅历和经验不足的短板，促进辅导员“知”“行”融合、“知”“行”统一，推动学校教育与社会教育同向同行。

跨专业互融式“德育共同体”的构建，既有利于高校辅导员宽口径知识的储备，也有利于辅导员与学生的学科契合，助推思政工作的开展，更有利于促进第一课堂和第二课堂的融合，实现学生专业知识学习、职业技能培训和职业精神培养的无缝连接。

### （四）构建跨学校共享式“德育共同体”，激发发展动力，增强价值自信

跨学校共享式“德育共同体”的主要成员为各级各类高校的辅导员群体，主要目标是通过思想交流、学术研讨、工作沟通等，取长补短，互相激励，增强团队凝聚力，促进专业化发展。

从 2005 年 1 月复旦大学成立全国首个高校辅导员协会，到现今活跃于网络阵地的各高校的辅导员工作室，这些跨学校共享式“德育共同体”不仅搭建了辅导员交流平台，激发了融合创新，而且推动了辅导员在专业领域实现专业自治。在这个共同

体中，相似的工作内容让辅导员彼此间的沟通交流容易引发情感共鸣，达到“抱团取暖”的效果；不同的成长故事激励鼓舞辅导员不断提升自身胜任力。同时跨学校共享式“德育共同体”代表辅导员群体“发声”，对于共性问题共商解决办法，共寻解决途径。

跨学校共享式“德育共同体”的构建，增强了辅导员的职业认同感和职业幸福感，也让辅导员做到“育人先育己”，助推辅导员专业化发展与学生全面发展同向同行，增强了辅导员价值自信。

高校辅导员专业化发展是一个渐进式、阶段式、动态式的过程，其中理念氛围和政策保障需客观先行，业务提升和发展进步需主观努力。构建“德育共同体”促进外部保障和内生动力的有效融合，可以有效破解辅导员专业化发展在理念层面、政策层面、业务层面和发展层面的困境，促进辅导员个体的专业化发展和辅导员队伍的专业化建设。

## 参考文献


[1] 斐迪南·滕尼斯：《共同体与社会：纯粹社会学的基本概念》，林荣远译，北京大学出版社，2010，第 9 页。

[2] 约翰·杜威：《民主主义与教育》，魏莉译，长江文艺出版社，2018，第 56 页。

[3] 任少波、楼艳：《论高校德育共同体的三重意蕴》，《高等教育研究》2018 年第 8 期，第 86~90 页。

[4] 童志坚：《高校德育共同体构建的策略分析——基于社会资本理论视域的探讨》，《教育评论》2014 年第 10 期，第 84~86 页。

[5] 刘建军：《马克思主义基本原理与当代中国思想政治教育专题研究》，中国人民大学出版社，2015，第 924 页。

[6]《马克思恩格斯选集》（第一卷），人民出版社，2012，第 199 页。

[7] 唐德斌：《职业化背景下高校辅导员的专业化发展》，四川人民出版社，2013，第 114 页。

[8] 冯刚：《持续推进高校辅导员队伍专业化职业化建设》，《高校辅导员》2020 年第 6 期，第 3~7 页。

[9] 陈勇、朱平：《高校辅导员“双重身份”的现实与未来》，《思想理论教育导刊》2016 年第 10 期，第 144~148 页。

[10] 刘力为：《高等职业学校辅导员胜任力提升策略研究》，《吉林工程技术师范学院学报》2020 年第 3 期，第 7~10 页。

[11] 朱平、齐玉龙：《全科医生制度对高校辅导员专业化建设的启示》，《中国高等教育》2014 年第 20 期，第 40~43 页。

[12] 陈向明、王富伟：《高等学校辅导员双线晋升悖论——一项基于扎根理论的研究》，《教

育研究》2021 年第 2 期，第 80~96 页。
[13] Robert D. Putnam, *Bowling Alone: The Decline of Social Capital in America* (New York: Simon & Schuster, 2000), p. 305.

# On the Strategies of Counselors Professionalization in the Colleges and Universities from the Perspective of "Moral Education Community"

*Liu Liwei, Chen Xiaohui*

**Abstract**: With the work of "all-staff, all-process and all-dimension ideological education", China's colleges and universities have initially built the "moral education community", which is of great practical significance and guiding value to the professionalization of the counselor, an important member of the community. In this paper, the qualitative research method is used to summarize the difficulties of the present counselors professionalization at the concept level, policy level, practice level and development level. On this basis, the "moral education community" with the characteristics of cross-rank interaction, cross-field cooperation, cross-profession integration, inter-school share is built, in order to enhance the counselors' professional confidence, institutional confidence, theoretical confidence and value confidence, and promote the professionalization construction of the counselors' team.

**Keywords**: Moral Education Community; Counselor; Student Affairs

# “大思政”视角下研究型家访育人模式的构建*

王　娟**

【摘　　要】研究型家访育人模式是“大思政”工作的内在要求和重要途径。研究型家访是指专业家访队伍在精准思维的指导下，针对不同类型的高校学生，基于问题意识，依托目标管理开展的家庭教育指导活动。本文从研究型家访的前期准备、过程推进以及效果评价三个阶段出发，探索构建研究型家访育人模式。激发研究型家访育人实效，需全员参与、全过程管理、全方面落实。

【关 键 词】大思政　以人为本　研究型家访　精准思政

2016年12月，习近平总书记在全国高校思想政治工作会议上强调，要坚持把立德树人作为中心环节，把思想政治工作贯穿教育教学全过程，实现全程育人、全方位育人。[1]2018年9月，习近平总书记在全国教育大会上指出：“办好教育事业，家庭、学校、政府、社会都有责任……教育、妇联等部门要统筹协调社会资源支持服务家庭教育。”[2]为引导全社会注重家庭、家教、家风，2021年10月23日通过的《家庭教育促进法》将于2022年1月1日起正式施行。高校家访是实现学校与学生家庭良性沟通，形成家校合力，提升家庭教育功能，增强大学生思想政治教育工作针对性和实效性的重要载体，是“大思政”育人体系中的重要环节，也是贯彻落实《家庭教育促进法》、完成立德树人根本任务的有力支撑。大学时期是人的社会化或心理社会性发展的重要阶段，由于人际关系、学业压力、就业前景等因素，大学生往往成为各种心理行为问题的易感人群。[3]现有研究表明，近半数“00后”大学生存在不同程度的心理问题。[4]已有研究从高校精准家访、高校辅导员家访等角度探索高校家访方式[5~6]，基于已有高校家访的实践与研究，本文力图构建“以学生为主体、以问题为

*　本文系2020年湖北省高校实践育人特色项目“‘教育脱贫攻坚 聚焦学生成长’——以问题为导向的研究型家访育人模式建构”（2020SJJPB3011）、湖北省高校学生工作精品（辅导员工作精品）项目“基于‘五育融合’的新工科人才培养模式建构——以‘铁人班’为例（2020XGJPF3015）的研究成果。

**　王娟，女，武汉纺织大学讲师，国家二级心理咨询师。

导向、以精准思维为指导、以目标管理为保障”的家访育人模式。

## 一　研究型家访育人模式的概念解析

研究型家访育人模式的中心在于研究型家访，相较于其他的高校家访，研究型家访是指专业家访队伍在精准思维的指导下，针对不同类型的高校学生，基于问题意识，依托目标管理开展的家庭教育指导活动。研究型家访强调“以人为本”，通过调查研究等方式找准问题切入点，关注“大思政”育人格局中的每一个“小个体”，精准施策开展思政教育，同时通过目标管理的方式确保措施与目标相匹配，将家庭、学校、社会等教育主体共同纳入时代新人培养方案的宏观设计中，协同推进“大思政”育人体系建设。

### （一）研究型家访的主体：高校学生

育之道，人为先。早在2016年的全国高校思想政治工作会议上，习近平总书记就强调了“思想政治工作从根本上说是做人的工作，必须围绕学生、关照学生、服务学生”。[7]在2018年的全国教育大会上，习近平总书记又提出“把思想政治工作做在日常、做到个人”。[2]高校学生既是立德树人的对象，也是全部教育活动的“主体”。研究型家访工作需要把思政教育深入生活日常中去，深入每一个个体中去，需要注重个性化的差异，并因材施教。

研究型家访表面上是访家长，但核心是访学生。对于在校大学生而言，第一人生课堂是家庭，后续教育也需要家庭的参与。尤其是对于特殊的学生群体而言，亟须将教育延伸到其家庭，了解其生活环境和成长轨迹，如此才能真正解决其现存问题。

研究型家访以高校所有学生为主体，根据不同学生群体的个性化差异，进行精确梳理、分门别类，重点关注特殊的学生群体。一类是家庭经济困难学生，通过家访可对其家庭情况有切实了解，以便及时提供相应帮助；一类是少数民族学生，通过家访了解其生活习俗等，避免他们因生活习惯等产生不适；一类是在校期间学习困难或有心理问题、思想行为偏激的学生，通过家访与家长保持沟通，以期较好地解决学生问题；还有一类是优秀学生和普通学生代表，通过家访帮助他们进行生涯规划以促进良好发展，为高校教育工作提供实证支撑。

再者，家访方案的设计、具体推进和访后小结都要围绕学生进行，要明确学生在家访工作中的主体地位，全面深入地掌握学生的基本情况，围绕学生的生活习惯、学习状况、心理状态、家庭情况等进行调查并分类梳理，结合具体情况实施家访。

### （二）研究型家访的关键：问题意识

习近平总书记多次谈论“问题意识”，在党的十八届六中全会第二次全体会议上的重要讲话中强调“直面问题是勇气，解决问题是水平”[8]。以问题意识为导向开展高校家访工作，在家访前提出问题、在家访过程中解决问题，并在家访小结后及时建立机制预防相关问题发生，形成一套行之有效的学生工作流程。

在高校家访工作中，不同的学生有不同的具体情况。研究型家访专业人员需要于家访前有针对性地做好相应的调查工作，将拟解决的问题进行细化分类。针对不同类型的学生，可有不同的调查方式，在特殊的四类学生群体中还可根据调查进行更为详细的问题分类。不同类型的学生面临的教育问题大不一样，对应的解决方案也不一样，甚至同一类学生涉及的具体问题及其处境也各有不同。只有带着问题去思考和研究，推动解决共性问题和差异性问题，力求解决问题方式的多样性、目标范围的广泛性，才能真正起到家访育人育心的作用。

研究型家访的问题意识不只体现在家访前的具体工作中，而是贯穿家访全过程。家访前基于问题导向对学生进行分类梳理，家访过程中运用教育学、心理学和社会学等多学科的交叉理论，实地了解学生原生家庭环境，围绕家访育人的核心，引导家长了解学生在校情况，帮助学生积极面对成长过程中的各类问题，且可结合实际情况开展扶困扶志等教育工作，促进帮扶政策落地，实现思政教育实效提升。家访后需要对家访前梳理的问题进行小结，需对家访过程中发现的新问题进行追踪，避免家访的形式化。

### （三）研究型家访的理念：精准思维

精准思政是对培育时代新人的教育发展新要求的积极回应，是精准思维在思想政治教育领域的实际运用。[9]以精准思维为指导开展家访工作，必须提前甄别家访对象的客观条件和思想个性，既要看到学生目前面临的思想或行为问题，也要看到背后的家庭支撑和情感因素。在此基础上，研究型家访专业人员精准把握关键点和核心，精准供给思想政治教育内容，精准选择适合个人的教育方法和手段，精准做好家庭教育的指导，并精准评估家访效果。

建立研究型家访育人模式，抓住精准供给，有利于思政工作提质增效。“以精准思维为指导”的教育理念将“大水漫灌式”教育转向“精准滴灌式”教育，牵动和引领思想政治教育不但要实现“精准到人”的发展，而且要落实在“精准到事”的具体应对与把握上。

### （四）研究型家访的保障：目标管理

“目标管理是以目标为导向、以人为中心、以结果为标准，使组织和个人致力于取得最佳绩效的现代管理方法。”[10]将目标管理引入研究型家访可有效提升研究型家访实效，对家访活动的整个实施过程进行监督，确保家访沿着既定的路线推进，最大可能地实现设定的目标。

实施研究型家访的目标管理，首先需要确立研究型家访育人的整体目标。要将家访育人的顶层设计纳入学校长期发展的战略规划中，对其价值取向、目标、实践步骤和内容均要层层把关。其次需要在具体家访活动的实施中明确相关主体的权责利，制定规范的权责利规章制度，有效调动参与各方的积极性并对活动的整个实施过程进行监督。最后需要根据家访结果与目标的匹配度，进行相关的结果评价与考核，确保以科学的管理方法促进研究型家访的育人实效提升。

## 二　研究型家访育人模式的内在价值

### （一）建立良性发展通道的有力工具

家访是家校之间有效沟通、传递知识、增进情感的重要途径。育人是一个长期、综合的复杂过程，以数次家访的方式去解决学生成长过程中的各种障碍是不现实的，也不是家访所能肩负的。家访更像是一个敲门砖、点金石，能够帮助学生打开一扇通向未来成长之路的门，让家长和学生看到希望。助人自助，育人自育，以此为契机实现学生自我成长的良性循环。

研究型家访能有效帮助学生发现问题并有针对性地解决问题，建立起“解困—自助—成长”的良性发展通道。通过研究型家访引导学生客观地认识问题，运用科学方法，战胜自卑心理，走向自立自强。这是帮助学生形成自助能力的主要任务。此外，可根据不同问题，联系当地政府和有关部门，共同关心关怀特殊家庭学生，有针对性地开展指导和帮扶帮困。

### （二）凸显家庭教育力量的重要推力

学校教育具备权威性，大部分学生和家长都将学校当作教育的主阵地，而忽视了家庭教育的重要作用。其实，家庭教育对个体影响具有终身性，它是在学生成长过程中的主导教育力量。《思辨录辑要》中的“教子工夫，第一在齐家，第二在择师。若不能齐家，则其子自孩提以来，爱憎颦笑，必有不能一轨于正者矣，虽有良师，化诲亦难”，明确表达了对于子女教育而言，家庭教育是第一位的，其次才是学校教育。

因为时间和精力有限，传统家访多是针对问题学生的问题行为进行家访，其模式也多为教师“一言堂”式的归纳问题、布置要求，家长多为在旁边附和的角色。而学生很容易将家访与向家长告状对等起来，从心底是拒绝的，从而很难达到家访育人的目的。再者，这种单一的、封闭的、具有强制性特点的家访模式较易打击家长参与学校教育的积极性，难以与学校形成教育合力。研究型家访则要求家长积极参与家访的前期准备工作，和教师积极互动，以学生成长为中心，主动发现问题，积极寻求教师的专业帮助，一起找到解决问题的有效途径。通过研究型家访的形式，为孩子量身打造一个教育联盟，真正达到协同育人的目的。

此外，家长的教育思想、教育水平和方法直接影响学生的个性发展和成长，且这种影响往往伴随其一生。我国已经认识到家庭教育的重要性，《家庭教育促进法》已于 2022 年 1 月 1 日起正式施行。系统开展研究型家访工作，可以对家庭教育进行专业指导，帮助家长更好地理解学生行为，支持学生成长。而且，随着城乡经济发展，留守儿童问题与三孩政策并存，家庭教育方面的问题凸显。通过研究型家访帮助家长树立现代教育观念，指导家长正确实施家庭教育方法、规避教育误区，不仅有利于学生的个人发展、家庭关系的和睦，还有利于《家庭教育促进法》更好地实施。

### （三）提升教师育人水平的有效手段

思想政治教育是关于情感、态度和价值观的教育，家访是一件具有温情与温度的教育工作。研究型家访专业人员中的主力军是高校教师，通过研究型家访高校教师与学生及其家庭有了更深入的接触，有利于教师在教育过程中因材施教。而在家访中既要做到应有的温情与温度又要保持相应的专业性和科学性，则需要教师发挥研究精神，切实遵循研究型家访的相应要求。

教师的育人水平体现在细节之处，在研究型家访中体现在以下方面。第一，通过访谈准备和方案设计，明确以学生为主的指导思想，树立问题导向、精准思维的理念。第二，在具体的家访过程中，围绕学生的生活习惯、学习状况、心理状态和发展规划提出问题，积极调动家长的主观能动性，推动家访育人的实施和进展，从简单的情感交流转为深刻的理性思考，最终真正解决实际问题。通过研究型家访让学生获得理解和支持，让家长主动适应学生的成长，让教师提升育人实效，家校互动过程中可实现学生、家长和教师三方共赢局面。

### （四）反映“大思政”育人格局的重要途径

积极谋划和构建“大思政”育人格局，全面提高思想政治工作质量，是新时代高校思想政治教育工作的新任务和新要求，也是高校的使命担当。[11]研究型家访使思想政治教育从学校向家庭和社会有力地延伸，体现出“全员、全过程、全方位”的“大思政”育人格局。具体而言，一方面，研究型家访专业人员通过直接与家长交流，向他们解读国家的教育方针、学校的相关政策，这对于帮助家长深刻理解并全力支持党的教育方针具有重大意义；另一方面，研究型家访能加强家长与子女、学校的沟通，尤其有利于帮助家长掌握最基本的教育原则，理解学校的办学思想和教育教学改革以及学生在学校的学习与发展情况，能够较好地发挥协同育人的效果，促进家庭和谐、社会进步。

此外，高校作为专业教育机构，无论是在教育理念还是教育方法上都具有先进性，指导支持服务家庭教育已然成为育人工作的一个重要延伸方向。且高校对家庭教育的支持有利于《家庭教育促进法》的落地。

## 三　研究型家访育人模式的建构路径

高校家访是一项复杂的系统工程，是高校思想政治教育工作的延伸。[12]研究型家访作为高校家访的一种，是高校构建“大思政”育人模式的重要载体。构建研究型家访育人模式需要体系化的研究型家访。要将其作用与意义最大化发挥，就要坚持系统思维，优化顶层设计，培养专业家访队伍，提升家访的科学性与实效性，注重内涵建设，建立常态化、制度化的家访育人机制。

### （一）研究型家访的前期准备

1. 明确家访对象

对家访对象要提前进行筛选，根据不同类型的学生群体，选择不同的筛选方式。研究型家访以全体高校学生为对象，但由于全体性家访目前困难较大，所以根据轻重缓急的原则，结合本校学生的实际情况，精心梳理家访对象并对家访对象进行分类，实现样本化和多样性相结合。既要对四类特殊学生群体进行家访，也需对部分普通学生进行家访。既要做好“绝大多数”学生的普遍性工作，也要做好“关键少数”学生的个别工作。

2. 确定家访方式

家访方式要根据不同的学生情况进行合理选择。现有可行的家访方式包括实地走访、信访、电话访和网络访等。其中，实地走访是家长重视程度最高、交流最为直接和有效的方式。因此，面对亟须解决或重大的问题，面对面的家访，即实地走访（或家长来访）是较为合适的方式。一般性问题则可以采取效率较高的线上家访，如电话访、网络访。而面对需要长期探讨的普遍性问题或以传递情感为主，则比较温馨的手写信家访方式值得考虑，如学期末给家长的一封信、学生入伍的感谢信等。

此外，为确保家访的时效性和安全性，若选择实地走访的方式进行家访，则需要提前规划好走访路线，了解当地防疫政策，合理选择交通方式，最大化发挥实地家访的效用。

3. 明晰家访内容

为了避免传统家访以情感连接为主，且为了连接而没话找话进而陷入尴尬局面的问题，研究型家访注重家访前的规划与目标确定。针对家访内容，可以根据所掌握的学生具体情况和需要有针对性解决的问题，撰写一份访谈提纲，做到精准家访、精准施策。以问题为导向的家访可有效避免在实际访谈中涉及过多空话和客套话，体现研究型家访有效发现问题、解决问题的功能，能够切实增强家访的针对性和实效性。

## （二）研究型家访的过程推进

1. 发挥当地基层组织的作用

构建“大思政”育人格局，需要学校、家庭和社会三大教育力量协同合作。家访，尤其是对贫困生、大病重病家庭学生、少数民族和单亲学生的家访，关系着当地的组织管理和扶贫扶困生态。家访专业人员可在家访之前与当地基层政府组织取得联系，将社区和村委等基层组织一起纳入“大家访”体系中，将社会力量融入思政教育，共同营造育人大环境。

在家访中，当地基层党员干部和教师一起通过面对面走访调查的方式详细了解学生家庭的思想动态以及实际困难和需求等情况，认真倾听有关意见建议，并积极帮助他们解决困难，向有困难的学生家庭传达了党组织的关怀，搭起了政府部门与家庭之间良好的沟通桥梁，促进了相互理解。

研究型家访还可为社区教育做出贡献，构建学校教育与社区教育之间的纽带。学校作为终身教育体系的一环应该为社区教育做出应有的贡献。研究型家访鼓励教师走向学生家庭、走向社区，为更广大的学生家庭输送教育资源，进行专业指导，推动学校教育和社区教育的良性互动。

2. 注重与家长沟通的方法

研究型家访的专业人员要主动将家长纳入“大思政”育人体系中，发挥家长的主观能动性，使之积极参与大学生思想政治教育，协同育人。具体而言，一方面，建立家校联系机制。高校人员建设年级班级家长QQ群、微信群，及时反馈学生在校情况，及时推送丰富校园文化活动到家长群，以展示学生的学习生活；发挥学校在家庭教育工作方面的示范和引领作用，引导、鼓励家长来校访问，开展相关交流活动，在实践体验中提升家庭教育水平。另一方面，高校人员开展“线上+线下”家长课堂，做到育人全覆盖。如在微信公众号上开设“家庭教育微课堂”，传递家庭教育和教育心理学知识；开展线上线下互动的家庭教育文化活动。这些方式不仅为解决家长教育子女的现实问题搭建了学习平台，带动更多家庭的父母同时参与学习，共同成长改变，使得家教理念更加统一，而且促使家校教育随时“面对面”，利于形成家校联合共同体，实现“1+1>2”的教育联动效应，促进家校共育的良性循环。

3. 采取主题式家访提升教育性

开展家访可以选择主题式家访，结合特殊时间点、特定主题教育活动，把家访工作融入“大思政”工作体系，提升家访工作实效性。主题式家访把主题教育活动和家访结合起来，发掘第二课堂的教育资源，构建“大思政”育人格局。

具体而言，一是可结合假期“三下乡”等社会实践活动，组建大学生美丽乡村建设、教育关爱、法律援助等志愿服务团队，根据学院家访对象的户籍分布情况来确定实践活动地点、家访人数以及活动的具体形式；二是结合学生专业和当地经济特点，有针对性地开展创新创业等相关活动，活动的过程就是家访的过程；三是结合“家长课堂”开展专业的家庭教育指导，为《家庭教育促进法》的落地贡献专业力量。

## （三）研究型家访的效果评价

1. 形成家访总结报告

家访结束后要及时撰写家访总结报告。报告不仅包括被访学生姓名、家访时间及地点、家访目的、被访家庭情况、被访学生当前思想和行为表现及成因，还需包括进一步加强学生教育管理和服务的措施以及启示、建议和体会等。家访总结报告要总结、反思家访工作中出现的纰漏，完善研究型家访制度，为其发挥长效作用夯实根基。

2. 建立家访工作交流会

研究型家访后可组织开展不同形式的家访工作交流会。走访人员和被访学生分享家访的心得与收获，树立典型榜样，并结合家访具体工作提出整改意见与建议，及时在学生培养计划、困难学生帮扶政策、校园文化活动安排等方面做出相应的调整。此外，学校应为个别问题突出学生建立动态家访档案，连续跟踪学生及其家庭情况，对家访工作的实施效果进行长期评估，确保家访工作长期持续开展，持续优化，巩固家访成效。

3. 汇编家访成果材料

研究型家访后要善于总结好的家教案例、家访案例；把好的家教做法、成功的家访经验、家访中发现的优秀学生故事，汇编成家访成果材料并通过多种渠道多层次多方位地宣传，发挥育人的正向作用；也需归纳总结导致学生问题行为出现的环境氛围和错误对待方式，在未来育人工作中有意规避，并提示其他家长避免犯同样错误，为学生打造良好和谐的成长支持环境。

4. 构建家访反馈机制

家访完成以后，学校首先应对受访对象建立跟踪动态档案，根据其上课表现、学习成绩、校园文化活动参与、评优评先、心理健康及思想行为等方面的变化做出系统化评估，为家访效果建立量化指标；其次，要对参与研究型家访的人员（辅导员、教师及管理人员）做出考核评价，对于家访效果好、立德树人成绩突出的，推荐评优；最后，结合家访计划与家访总结报告，参考学生及家长反馈结果，进行量化打分，并将考核结果作为年度考核与评优的一项基础内容，形成研究型家访制度闭环。同时，对研究型家访工作的实施效果进行动态管理与评估，通过对受访学生建立动态跟踪管理机制，促使研究型家访工作常态化进行并持续优化。

## 四　研究型家访育人模式的实践展望

### （一）全员参与研究型家访育人模式

家访是大学生思想政治教育的重要一环，应将其纳入高校学生工作体系中去，建立长效机制。在“大思政”工作理念下，应牢固树立立德树人的根本任务，挖掘高校与社会全员育人的资源。全员参与研究型家访，先要建立一支研究型的家访队伍，促使家访制度落地走实。高校要统筹落实家访工作，着力打造以辅导员、班主任、心理教育老师和专业教师为主体，相关机关部处人员、社会导师、学生干部共同参与的多样化、多层次的家访团队，以走访调查、开示范课、专题讲座、咨询为途径，向家长宣传科学教育理念；后要结合当地基层组织及其他社会力量，关注大学生特殊群体，将社会力量与资源吸纳到研究型家访工作体系中去。如笔者 2019 年在阳新县开展家访工作时，当地村党支部书记全程参与家访，针对贫困生家庭的实际困难，当即表态拿出帮扶方案，一对一进行扶困扶志。

### （二）全过程管理研究型家访育人模式

研究型家访要求将家访全过程纳入管理考评机制，引进目标管理办法，提升家访具体工作开展的科学性与实效性。按照设定目标、指标分解、论证决策、沟通协商、定责授权、目标实施、绩效评价七个阶段工作，注重人力资源、物质资源和社会教育资源的合理创新运用，紧跟党中央治国理政新理念、新思想、新战略，不断回应时代发展的新诉求，实现以目标为导向、以人为中心、以成果为标准的全过程管理。

### （三）全方面落实研究型家访育人模式

研究型家访将家访工作纳入学校思政教育工作体系，有利于完善家访制度，为家访工作保驾护航。如家访公开制度、定期家访与临时家访制度、全员家访与重点家访制度、家访效果评估制度，家访后整改措施与因材施教、家访考核和奖励机制等相关制度。研究型家访将家访工作与学生的个性特点、教师的严谨治学态度和学校的办学精神联结起来，成为学风、家风、教风、校风的集中体现，肩负社会主义核心价值观与教育观的传递使命。通过全面落实研究型家访育人模式，促进全员、全方位、全过程的“大思政”育人格局的构建。

## 参考文献

[1]《习近平：把思想政治工作贯穿教育教学全过程》，新华网，http：//www. xinhuanet. com//politics/2016-12/08/c_1120082577. htm，2016 年 12 月 8 日。

[2]《习近平在全国教育大会上强调　坚持中国特色社会主义教育发展道路　培养德智体美劳全面发展的社会主义建设者和接班人》，教育部网站，http：//www. moe. gov. cn/jyb_xwfb/s6052/moe_838/201809/t20180910_348145. html，2018 年 9 月 10 日。

[3]罗晓路：《大学生心理健康教育的现状与对策》，《教育研究》2018 年第 1 期，第 112~118 页。

[4]马川：《"00 后"大学生心理健康水平的实证研究——基于近两万名 2018 级大一学生的数据分析》，《思想理论教育》2019 年第 3 期，第 95~99 页。

[5]熊冬梅：《"三全育人"视角下的高校精准家访：基本逻辑、内在价值和长效机制》，《思想教育研究》2021 年第 10 期，第 150~154 页。

[6]贾连芝：《高校辅导员家访机制优化研究》，《黑龙江高教研究》2015 年第 6 期，第 95~99 页。

[7]《学习进行时丨办好这门课，习近平非常关心》，新华网，http：//www. xinhuanet. com/politics/xxjxs/2022-03/18/c_1128482652. htm，2022 年 3 月 18 日。

[8]《习近平在党的十八届六中全会第二次全体会议上的讲话（节选）》，新华网，http：//www. xinhuanet. com/2017-01/01/c_1120228200. htm，2017 年 1 月 1 日。

[9]李辉：《精准思政：必要与可行》，《思想教育研究》2020 年第 6 期，第 3~8 页。

[10]顾笑然：《教育问题的管理逻辑——以目标管理方法为例》，《中国成人教育》2017 年第 19 期，第 53~55 页。

[11]叶安胜、赵倩、周晓清：《新世代背景下"大思政"育人格局的构建与探索》，《中国大学教学》2021 年第 7 期，第 16~20 页。

[12]杜文星：《高校家访体系建设的研究》，《湖北开放职业学院学报》2021 年第 14 期，第 51~52 页。

# Constructing the Education Model of Research-based Home Visits
## —From the Perspective of "Macro Ideological and Political Education"

*Wang Juan*

**Abstract**: The education model of research-based home visits is an inherent requirement and an important way of "Macro Ideological and Political Education"

. Research-based home visits refers to the family education guided activities conducted by professional teams under the guidance of precise thinking, which are targeted at various college, and based on problem consciousness, guaranteed by objective management. In this paper, we try to built the education model of research-based home visits, after going through three phases: preparation, advancement process and evaluation. It is shown that, in order to stimulate the effectiveness of research-based home visits, all staff must be involved, manage the whole process and implement the activity in all aspects.

**Keywords**: Macro Ideological and Political Education; People-centered; Research-based Home Visits; Precise Ideological and Political Education

# "课程思政"背景下价值观教育的逻辑审视*

韦洪发　王晓宇**

【摘　　要】社会主要矛盾的跃迁是中国特色社会主义进入新时代的最本质的内涵规定。"课程思政"立足社会主要矛盾，意在实现知识教育与价值观教育在育人实践中的协同发力，同频共振。本文以"课程思政"内涵阐释为切入点，围绕"革新逻辑—价值逻辑—实践逻辑—运行逻辑"这一思维路径，对"课程思政"背景下的价值观教育进行逻辑审视，旨在深入推进"课程思政"的有效实施，助力培育和践行社会主义核心价值观，凝聚奋进新时代、逐梦新征程的磅礴伟力。

【关 键 词】课程思政　知识教育　价值观教育

"一切划时代的体系的真正的内容都是由于产生这些体系的那个时期的需要而形成起来的。所有这些体系都是以本国过去的整个发展为基础的，是以阶级关系的历史形式及其政治的、道德的、哲学的以及其他的成果为基础的。"[1]中国特色社会主义进入新时代的科学研判是对时代诉求与时代需要的积极回应，是马克思主义中国化的重要表征，具有充分的历史依据、理论依据和现实依据。其中，社会主要矛盾的转化是做出这一重大政治判断的现实依据。新时代"人民日益增长的美好生活需要"指向人的全面发展的价值诉求，体现了人之存在的精神性和价值性维度。新时代社会主要矛盾反映在价值观教育领域，就是新时代美好生活所要求的价值观与现阶段人们实际思想道德水平之间的矛盾。"课程思政"回应时代的呼唤，全面贯彻落实立德树人的根本任务，实现知识教育与价值观教育的统一、推动人的全面发展，从根本上应对和解决上述矛盾。"课程思政"既是新时代价值观教育理念的重要创新，同时也是新

---

* 本文系2020年度教育部哲学社会科学研究重大课题攻关项目"新时代大中小学思想政治理论课课程教材一体化建设研究"（20JZD004）的研究成果。

** 韦洪发，男，法学博士，吉林大学马克思主义学院副教授、副院长，博士研究生导师；王晓宇，女，吉林大学马克思主义学院思想政治教育专业2019级博士研究生。

时代价值观教育的重要载体与路径，集中体现了党全心全意为人民服务的宗旨，彰显了党“以人民为中心”的价值追求。

## 一　“课程思政”概念的基本内涵

概念是思维活动最基本的要素，作为共相，概念是对表象的超越。因此，对一个问题的概念性把握能够摒除纷繁复杂的表象和现象的袭扰，真正把握事物的本质。质言之，“课程思政”是与思想政治教育概念相统一的现实存在，是思想政治教育自觉的自我实现过程，是思想政治教育在整个教育活动中的实现路径。

### （一）课程的双重功能：知识传授和价值观教育

社会性是人的本质属性，是自然性和精神性的统一。人的本质属性是课程承担知识传授和价值观教育双重功能的内在要求。知识教育使受教育者掌握某种技能和本领，继而进行生产活动以满足人的自然需要。而人的精神性主要体现为对“理念”和“思想”的追求，形成叩问生命意义的自觉。因此，知识教育和价值观教育是完整教育相互依存、不可分割的一体两面。“人就是人的世界，就是国家，社会。”[2]3人生活在共同体中，需要接受教育引导，需要推动其认知逻辑、情感逻辑和行为逻辑协力发挥作用，使之认知并认同能够代表共同体普遍利益的价值观，成为共同体价值观的坚定信仰者、积极传播者、模范践行者。知识教育侧重培养具有过硬技能和本领的社会主义建设者，价值观教育则侧重培养具有坚定政治信仰的社会主义接班人。培养全面发展的社会主义建设者和接班人的目标需要在知识教育与价值观教育之间存在的相互张力作用下，在知识教育与价值观教育的同向同行中实现。其中“全面”指向的是不仅要肯定人在自然生命意义上的价值，同时也要肯定人在精神生命意义上的价值。

与此同时，社会发展的现实诉求是课程承担知识传授和价值观教育双重功能的外部推动力。中国特色社会主义进入新时代，社会主要矛盾转化为：“人民日益增长的美好生活需要和不平衡不充分的发展之间的矛盾”[3]。“美好生活需要”同“不平衡不充分的发展”之间的矛盾说明在解决温饱、全面建成小康社会的基础上，社会主要矛盾还涉及公平、正义等精神维度的内容。以立德树人为根本任务的思想政治教育需要积极回应新时代中国特色社会主义建设的人才需求，以习近平新时代中国特色社会主义思想为行动指南，培养既具备扎实的专业知识和实践技能，又具备崇高理想信念的全面发展的社会主义建设者和接班人。

### （二）“课程思政”是思想政治教育在专业课程中的延伸

思想政治教育在专业课程中的延伸为课程育人明确了方向。传统价值观教育脱离育才的铸魂容易陷入抽象和神秘，轻视知识的立德往往流于空洞和疏离。“课程思政”旨在建构并完善育人主渠道，明确“培养什么人，怎么培养人，为谁培养人”这一教育的根本问题，贯彻落实立德树人根本任务，培养德智体美劳全面发展的社会主义建设者和接班人。值得注意的是，思想政治教育在专业课程中的延伸并非强行灌输、嫁接和移植，而是借助挖掘、提炼和利用课程自身蕴含的思政元素，实现知识教育与价值观教育的相互渗透、融合互动，“课程”与“思政”同向同行。

思想政治教育在专业课程中的延伸推动育人初心的反思和回归。教育首先应指向人的全面自由发展。这里的人指的是自然属性和精神属性都得到发展并实现统一的社会人。人与动物存在本质性的差异：“动物和自己的生命活动是直接同一的。动物不把自己同自己的生命活动区别开来。它就是自己的生命活动。人则使自己的生命活动本身变成自己意志的和自己意识的对象。他具有有意识的生命活动。”[2]162马克思这段表述意在说明，人的生命活动与动物的生命活动之间存在本质性差异，人的有意识的生命活动主要表现为“通过实践创造对象世界，改造无机界”[2]162，动物虽然也进行生产，但是“动物的生产是片面的，而人的生产是全面的”[2]162。因此，挖掘人的生命潜能，实现人的全面自由发展是教育的终极指向。

### （三）“课程思政”将马克思主义熔铸于课程教学的全过程

“课程思政”是新时代价值观教育观念革新的主要遵循，有利于促进课程精神生命的成长，有利于熔铸马克思主义灵魂和内核，为马克思主义科学性和真理性的阐释和传播拓宽场域。

“课程思政”推动实现课程精神生命的成长。如果说知识教育是课程的肉身，赋予课程以自然生命，那么价值观教育就是课程的灵魂，赋予课程以精神生命。“人是由思想和行动构成的。不见诸行动的思想，只不过是人的影子；不受思想指导和推崇的行动，只不过是行尸走肉——没有灵魂的躯体。”[4]马克思的这段经典论述中，将人的构成解读成“思想”和“行动”两部分，并提出二者之间的依存关系。“课程思政”赋予知识教育以明确的价值导向，有助于实现课程教学的完整性，推动课程精神生命的成长，有助于在思想和行动两个维度上育人。

“课程思政”助力社会主义核心价值观的树立和践行。树立和践行社会主义核心价值观是中国共产党带领全国各族人民抵御外来风暴、筑牢民族魂魄的重要保障，是中华民族实现伟大复兴的强大精神武器。“核心价值观，承载着一个民族、一个国家的精神追求，体现着一个社会评判是非曲直的价值标准。”[5]课程作为育人的主要载体，在进行知识教育的基础上，应充分发挥价值引领功能，引导受教育者树立高尚的价值观，与国家和民族同呼吸、共命运。“课程思政”培育和弘扬社会主义核心价值观，教育引导受教育者自觉成为中国特色社会主义共同理想和共产主义远大理想的坚定信仰者和忠实践行者。

## 二 “课程思政”背景下价值观教育的革新逻辑

人作为以自然性为基础的实体性存在，具有知、情、意三种精神机能，需要接受教育引导，实现认知逻辑、情感逻辑、行为逻辑的统一，成为完整的人。通过知识教育与价值观教育的协同发力，“课程思政”能够激发人追求和实现真、善、美的自觉，实现生命的意义和价值。单一地或者片面地关注知识教育或者价值观教育会导致人的发展失衡，破坏人应然的完整性。然而，传统教育中专业知识教育与价值观教育存在“两张皮”现象，知识教育“价值中立”原则导致价值迷失，破坏了教育体系应有的系统性、合理性，某种程度上偏离了教育的根本宗旨。

### （一）专业教育与思想政治教育的侧重点不同

专业教育通常是向受教育者进行专业知识和技能的传授，使受教育者掌握从事某项专门工作的本领。思想政治教育一方面引导受教育者树立科学的人生观、世界观和价值观，成为人；另一方面，教育引导受教育者实现个人价值观与共同体价值观的和解，成为公民。二者之间的关注点各有侧重。

专业教育侧重“某种人”的培养，通过知识和技能的传授，使人掌握专业知识和本领。由于“知识所服从的是形式逻辑的同一律”[6]，所以，专业教育着重强调事实本身的客观呈现和专业知识的传授。尤其是在数学、物理学等自然科学领域，教育旨在通过知识的客观传授，引导受教育者“观察、探究自然世界中永恒的、抽象的普遍性原理，即规律性与共性。研究方法是从特殊到一般的规范性方法，属于探究世界‘是什么’的‘实然的事实判断’”[7]。

思想政治教育关注“培养人本身”。从人生的意义层面来说，教育引导受教育者成为有理想、信念和高尚道德情操的人，使人作为个体的生命趋向于真善美；从政治生活的意义层面来说，使受教育者充分体认并能够正确处理个人与国家和社会之间的关系，认识到自己是生活在现实的社会中，处在特定的社会关系中，是政治世界中的人。从这个意义来讲，思想政治教育是国家意识形态教育，其要义在于使所有个体都因为持有国家核心价值观而成为“公共的人”，也就是公民。

### （二）知识教育的“价值中立”原则导致价值迷失

知识教育着重强调客观呈现和传授专业知识，呈现事实本身。其目的在于通过知识传授，引导受教育者探究普遍真理，做出“实然的事实判断”。而无论是自然科学还是社会科学，研究的终极指向都应是“人”，应以实现人的自由和解放为终极关切。然而，知识教育对价值观教育的回避导致知识对价值的僭越、人与自然的对立，改造自然的行为表现出某种“任性”，缺乏追问生命意义和价值的自觉。实践证明，缺乏明确价值立场和价值导向的知识教育难免沦落为个人追逐利益的工具，其结果就是人的自然性与精神性被割裂，工具理性膨胀，价值迷失、道德失范等社会问题日益凸显。

知识教育在培养目标上表现为重工具理性、轻价值理性。现代化进程中，人们对造就现代物质文明的科学技术顶礼膜拜，工具理性、技术理性膨胀，这在一定程度上遮蔽了价值理性的本真意义。教育教学的开展以“有用性”“实用性”为导向，以技术型、应用型人才培养为目标，这在某种意义上具有合理性。然而在专业设置、学科发展、课程教学中过度张扬工具理性，直接或间接导致对受教育者情感、意志以及人文精神关注不足。教学中缺乏对政治素养、理想信念和道德品行的培育与引导，一定程度上背离了人的培养规律，使人“成为与整体没有多大关系的、残缺不全的、孤零零的碎片”[8]。

知识教育在教学内容上重知识传授、轻价值观引领。受工具理性的驱使，知识教育坚持“价值无涉”，把教育定位于社会的“服务站”。第一，在知识价值观上，以“知识就是力量”为依据，学校课程体系以“科学科目”为主干科目，主要追求对知识和技能的掌握及应用。第二，在教育手段、方法多样化，教育环境、条件不断优化的大背景下，教育仍在不遗余力地追逐和表达“何以生存”的技术吁求。学校教育的批判和反思功能呈现弱化趋势，对一系列社会问题的解释能力式微，这种专注知识的教育一定程度上背离了教育的本质和核心关切。

### （三）新时代社会主要矛盾的解决需要培养全面发展的建设者和接班人

中国特色社会主义进入新时代这一重大政治判断的现实依据之一，是我国社会主要矛盾已经转化。“人民日益增长的美好生活需要”不仅体现在物质文化生活层面，而且在精神层面表现出对公平、正义、生态环境、教育、民主等方面的更高期待，对幸福感和获得感的期待也变得更加迫切。因此，在加强物质文明建设的同时，需要进一步完善和丰富社会主义精神文明层面的建设，满足“人民日益增长的美好生活需要”。全面发展的社会主义建设者和接班人的培养成为价值观教育和知识教育必须共同承担的责任和使命。然而，传统育人体系中知识教育与价值观教育的分离影响了人的自然性与精神性的统一，阻碍了人的全面发展，无法真正回应全面建设社会主义的现实诉求，也不利于社会主要矛盾的解决。只有贯彻“课程思政”教育理念，才能真正助力人的自由与全面发展，助力解决新时代社会主要矛盾。

## 三　“课程思政”背景下价值观教育的价值逻辑

“课程思政”是新时代价值观教育的内在要求，它主张所有课程均需承担育人职责，以实现思想政治教育向所有课程的延伸。“课程思政”旨在推动知识教育与价值观教育在育人过程中的相互渗透、形成育人合力，将社会主义核心价值观熔铸于人的意志和行为中，实现人的思想与行动的共同发展。

### （一）明确育人根本问题，实现知识教育与价值观教育的统一

“课程思政”将引导受教育者建构“精神世界”、寻求“安身立命之本”的铸魂育人工程融入知识教育的全过程，“使受自然支配的个体在教育中超拔出来，成为有理性的精神的普遍存在者，回归人的普遍性，使人在价值观及其践行上回归人的类本质”[9]。通过革新育人观念，实现知识教育与价值观教育的统一，满足新时代中国特色社会主义建设对全面发展的建设者和接班人的现实需求。“课程思政”深刻反思传统育人观念导致的人的发展失衡以及由此引发的一系列社会问题，追求实现思想政治教育对所有课程的全覆盖，激活课程育人基因，明确育人方向，达成育人共识，实现培育和践行社会主义核心价值观的价值诉求。习近平总书记在全国高校思想政治工作会议上指出：“要用好课堂教学这个主渠道，思想政治理论课要坚持在改进中加强，提升思想政治教育亲和力和针对性，满足学生成长发展需求和期待，其他各门课都要守好一段渠、种好责任田，使各类课程与思想政治理论课同向同行，形成协同效应。”[10]总书记的讲话为思政与课程“同向同行”、合力育人指明了方向。“课程思政”挖掘课程蕴含的人文和价值元素，并以此为纽带和桥梁，将社会主义核心价值观潜移默化地渗透于知识教育的全过程，产生“润物细无声”的效果，实现知识传授与价值引领的融合统一、协调同步。

### （二）立足新时代社会主要矛盾，实现人的全面发展

“问题就是时代的口号，是它表现自己精神状态的最实际的呼声。”[11]中国特色社会主义进入新时代，社会主要矛盾发生了由量变到质变的转化，由物质层面向精神层面的跃迁。社会主要矛盾的跃迁为社会主义建设提出了新任务和新要求，那就是实现物质文明建设与精神文明建设的和谐统一，全面实现全体人民共同富裕，更好促进人的全面发展。“课程思政”立足新时代社会主要矛盾，主张实现知识教育与价值观教育在育人中的相互渗透，将社会主义核心价值观融入人才培养方案、培养目标及不同的知识模块之中，完善教学方法，创新教学手段，寓价值观教育于知识传授过程中，培养既具有精湛专业技能，又具有远大理想目标和深厚家国情怀的高素质建设者和接班人。

### （三）应对新时代意识形态领域的新挑战，筑牢信仰根基

马克思强调：“如果从观念上来考察，那么一定的意识形式的解体足以使整个时代覆灭。”[12]这一论断表明了意识形态问题在整个人类社会发展中的极端重要性。当前我国的主流意识形态是以马克思主义为指导的中国特色社会主义意识形态。在党的领导下，不断增强中国特色社会主义意识形态的凝聚力和引领力，是夯实党的执政基础，实现国家长治久安、民族伟大复兴的根本保障。从国家意识形态安全角度来看，我国意识形态面临国内外诸多因素的挑战：国内多元价值观念及非主流社会思潮对主流意识形态构成一定的干扰；国际层面，面临着西方意识形态渗透、文化霸权侵蚀；社会生活层面，网络化传播对意识形态控制力形成挑战，西方网络强权对主流意识形态构成威胁，网络空间不文明现象对中国特色社会主义核心价值观形成冲击。习近平总书记强调：“必须把意识形态工作的领导权、管理权、话语权牢牢掌握在手中，任何时候都不能旁落，否则就要犯无可挽回的历史性错误。”[13]因此，充分发挥价值观教育的铸魂育人功能是夯实意识形态建设基础的重中之重。

## 四　“课程思政”背景下价值观教育的实践逻辑

“课程思政”唤醒课程自身的育人基因，助力课程发挥育人功能，实现课程精神生命的成长。通过挖掘课程蕴含的人文和价值元素并将其有机融入知识传授过程，“课程思政”为知识教育与价值观教育的融合统一创造条件，架设桥梁，有助于增强受教育者的社会责任感和使命感，提升中华民族向心力和凝聚力。

### （一）唤醒课程育人基因，发挥课程育人功能

毛泽东指出：“不论是知识分子，还是青年学生，都应该努力学习。除了学习专业外，在思想上要有所进步，政治上也要有所进步，这就需要学习马克思主义，学习时事政治。没有正确的政治观点，就等于没有灵魂。”[14]这一论断表明专业知识技能的学习固然重要，但是必须在学习过程中始终具有明确的政治立场。激活课程育人基因，首先需要充分发挥思政课程的主渠道作用，将马克思主义理论清楚明白地阐释出来，教育和引导受教育者学懂悟透马克思主义的基本原理，用这道“思想的闪电”来照亮受教育者这块“素朴的园地”，助力受教育者树立富有真理性的远大理想，建构理想的“精神家园”。

与此同时，“课程思政”挖掘专业课程自身蕴含的育人元素并实现与专业知识的精准对接，明确课程建设的价值导向，凝聚课程育人共识，将思想政治教育贯穿于课程体系、教学体系和育人体系之中，将培养人与培养某种人的人才培养理念融会贯通

于育人过程之中，引导受教育者坚定中国特色社会主义道路自信、理论自信、制度自信和文化自信。“课程思政”还有助于激发受教育者爱党、爱国、爱社会主义的巨大热情，自觉将个人的发展同国家发展和民族命运紧密联系在一起，自觉在党和国家工作大局下想问题、做工作，做到一切服从大局，一切服务大局。

### （二）实现课程精神生命维度的成长，为课程铸魂

课程教育的终极关怀就是实现人的全面发展、自由和解放。“课程思政”赋予知识教育以明确的价值导向，实现课程教育的完整性，推动课程实现精神生命的成长。科学性和真理性是马克思主义理论的核心特征，反映在价值立场和使命追求上，就是以人民为中心，实现人的全面自由发展和全人类的解放。这种真理性确立了它在意识形态领域的指导地位，使它成为社会主义核心价值体系的灵魂。所以，“课程思政”就是要为课程树马克思主义之魂、树社会主义核心价值观之魂，推动实现课程精神生命与自然生命的融合统一，回归教育的本真，实现“人的完成”。

### （三）倡导和践行社会主义核心价值观，增强民族向心力和凝聚力

社会主义核心价值观作为价值观的“最大公约数”，凝结着全体人民的共同价值追求，是社会主义核心价值体系的凝练和发展。社会主义核心价值观是以马克思主义为指导的中国特色社会主义意识形态的集中表达。“课程思政”助推课程充分发挥育人功能，引导受教育者牢固树立与国家和民族同呼吸、共命运，为实现中华民族伟大复兴而奋斗终生的坚定意志；引导受教育者深刻认知、理解、认同社会主义核心价值观，将之升华为精神生命的灵魂，牢固树立中国特色社会主义共同理想和共产主义远大理想，锚定目标，砥砺奋进。

## 五　“课程思政”背景下价值观教育的运行逻辑

“课程思政”旨在实现所有课程承担育人职责，实现人的全面发展。通过“课程有机体”的建构，完善课程育人体系，优化育人结构，突破“课程壁垒”，实现思想政治教育在课程体系中的融会贯通。

### （一）构筑“课程有机体”

“课程有机体”理念倡导整合育人资源，形成育人合力。“课程有机体”理念指导下的育人实践通过对不同课程所蕴含的人文精神、价值元素、道德元素进行挖掘，使之与“原有课程体系发生化学反应，转化为教学体系的有益组成部分，彰显课程育人价值，满足学生多方面发展的需求，促使学生德智体美劳全面发展，成长为可以

担当民族复兴大任的时代新人”[15]。这里提及的“化学反应”正是源于“课程有机体”所具有的内在目的的统一性，源于知识教育与价值观教育在育人过程中的相互渗透，即以人自身为目的，通过教育实现人与人的概念相符合。课程自身思政元素的挖掘和融入为知识教育注入精神动力，为社会主义核心价值观融入知识教育的全过程提供内生动力，明确课程育人的价值立场，推进人文精神与科学精神在育人中的融合统一。

此外，“课程有机体”还是形成育人合力的核心推动力。“课程有机体”观念旨在构建以实现人的全面发展为共同目标的互动交流平台，凝聚育人合力，以培养德智体美劳全面发展的合格的社会主义建设者和接班人为宗旨。我们应该具体分析“课程思政”建设过程中存在的“知识选择”“课程编制”“因材施教”等问题，构建科学的、可持续发展的课程体系，实现育人工程的系统化。我们要注重：“提炼专业课程中蕴含的文化基因和价值范式，将其转化为社会主义核心价值观具体化、生动化的有效教学载体，在‘润物细无声’的知识学习中融入理想信念层面的精神指引。”[16]

### （二）突破育人结构中的“课程壁垒”困境

由于价值取向、发展历史、研究方法、话语体系等的不同，各个学科形成了鲜明的特色，学科划分是现代研究和教育的显著特征，但其内在缺陷就是容易造成“学科壁垒”和“课程壁垒”。育人结构中存在的“学科壁垒”和“课程壁垒”又成为课程与思政协同育人的主要障碍。伯顿·克拉克认为：“专业化不断发展，每一个领域，无论是新的还是老的，都确定有关现实的某些方面的思想信条，采取独特的看待世界的方式。”[17]学科之间的价值观差异往往导致矛盾的产生。因此，“学科壁垒”在育人层面以“课程壁垒”的形式存在，阻碍育人共识的达成，阻断了系统统筹知识学习与价值观塑造的路径。“课程思政”旨在以普遍的思想政治教育实践打破“学科壁垒”和“课程壁垒”的阻隔，实现二者的内在统一。

### （三）实现思想政治教育在课程体系中的融会贯通

以思政课程作为思想政治教育的“主渠道”，完整准确地讲授理论体系的学理基础、概念内涵、文本系统、实践要求等核心要素。同时，运用“课程思政”实践，挖掘课程自身蕴含的思想政治教育元素并进行价值观渗透，突破“课程壁垒”，推动课程育人共识的达成。如此一来，就能在所有课程中明确价值导向，将社会主义核心价值观的基本内容内化为爱国情怀、法治意识、社会责任、人文关怀等价值情感和价值认知，外化为为社会主义建设贡献力量的具体实践。将学科专业培养方案中“高素质”“健全人格”等抽象概念细化为具体的教学内容，从而在教育理念层面实现科学精神与人文精神相统一，在教育方法层面实现知识讲授与价值引领相统一，在个人发展层面实现个人发展与祖国命运相统一。这种结合有利于结束两类课程“各自为战”的局面，实现“合力育人”。

综上所述，“课程思政”教育理念立足新时代社会主要矛盾，充分尊重教育教学规律、教书育人规律、学生成长规律，回归教育本真，践行教育使命。“课程思政”旨在实现所有课程承担育人职责，突破“学科壁垒”和“课程壁垒”，挖掘和提炼课程蕴含的思想政治教育资源，实现思想政治教育向专业课程的延伸，关注蕴含于知识背后的情感启发和意义体悟，凝聚育人共识，汇聚育人合力。通过建构“课程有机体”，充分发挥思想政治教育在育人体系中的融会贯通作用，有助于实现课程与思政在育人过程中的同频共振，为社会主义建设培养全面发展的建设者和接班人。

## 参考文献


[1]《马克思恩格斯全集》(第 3 卷)，人民出版社，1960，第 544 页。

[2]《马克思恩格斯文集》(第 1 卷)，人民出版社，2009。

[3] 习近平：《决胜全面建成小康社会　夺取新时代中国特色社会主义伟大胜利——在中国共产党第十九次全国代表大会上的报告》，人民出版社，2017 年，第 11 页。

[4]《马克思恩格斯全集》(第 12 卷)，人民出版社，1962，第 618 页。

[5]《习近平总书记系列重要讲话读本》，学习出版社、人民出版社，2014，第 107 页。

[6] 吴宏政、黄蕾：《思想政治教育与知识教育的区别及其教育原理》，《思想政治教育研究》2018 年第 4 期，第 34~38 页。

[7] 杨玉宏：《社会科学研究中的“价值中立”选择》，《学术界》2017 年第 7 期，第 141~151、325 页。

[8] 罗素：《西方哲学史》，马元德译，商务印书馆，2018，第 358~359 页。

[9] 吴宏政：《中国智慧》，辽宁人民出版社，2019，第 24 页。

[10] 习近平：《习近平谈治国理政》(第 2 卷)，外文出版社，2017，第 378 页。

[11]《马克思恩格斯全集》(第 40 卷)，人民出版社，1982，第 289~290 页。

[12]《马克思恩格斯全集》(第 46 卷・下册)，人民出版社，1980，第 35 页。

[13]《习近平关于总体国家安全观论述摘编》，中央文献出版社，2018，第 100 页。

[14]《毛泽东文集》(第 7 卷)，人民出版社，1999，第 226 页。

[15] 卢黎歌、吴凯丽：《课程思政中思想政治教育资源挖掘的三重逻辑》，《思想教育研究》2020 年第 5 期，第 74~78 页。

[16] 吴晓庆、兰天：《高校学生党建运行机制的优化与创新研究》，《思想政治教育研究》2016 年第 2 期，第 104~106 页。

[17] 欧小军：《论跨学科视域下学科文化屏障》，《黑龙江高教研究》2011 年第 4 期，第 16~19 页。

# An Examination of the Logic about the Values Education Against the Backdrop of the Integration of Political and Ideological Education into Curriculum

*Wei Hongfa*, *Wang Xiaoyu*

**Abstract**: The transformation of the principal conflict facing Chinese society is the essential background for socialism with Chinese characteristics in the new era. Based on the principal social conflict, the "integration of political and ideological education into curriculum" aims to achieve collaboration between knowledge education and values education in the practice of cultivating talents. This paper takes the interpretation of the connotation of "integration of political and ideological education into curriculum" as the starting point, and focuses on the thinking path of "innovation logic—value logic—practice logic—operation logic". It aims to promote the effective implementation of "integration of political and ideological education into curriculum", help cultivate and practise socialist core values, and gather the majestic force for the new journey of dreaming in the new era.

**Keywords**: Integration of Political and Ideological Education into Curriculum; Knowledge Education; Values Education

# 近 20 年中国情怀教育研究的知识图谱*

## ——基于 CiteSpace 的文献计量分析

郭宁宁　吴小英　张绪忠**

**【摘　　要】** 情怀教育是破解工具理性下受教育者道德情感缺失问题、完善中国特色社会主义思想政治教育相关体系的重要内容。以中国知网收录的 432 篇情怀教育相关文献为研究对象，本文通过文献计量和科学知识图谱分析，借助 CiteSpace 软件，揭示该领域的知识网络、知识演进和热点趋势等。研究发现，我国情怀教育研究已经完成研究体系的架构，形成了家国情怀、教育情怀、人文情怀、课程思政、思政课等主要知识群组；家国情怀、培育路径、青年学生、教育情怀等是研究热点，人文情怀研究一定程度上代表了研究前沿；情怀教育研究的主题与思想政治教育的背景联系紧密。提出未来的研究方向，有助于学者创新情怀教育研究，系统构建衔接小学、中学和大学的中国特色情怀教育体系，为培育德智体美劳全面发展的社会主义建设者和接班人提供指导和借鉴。

**【关 键 词】** 情怀教育　知识图谱　CiteSpace　中国知网

马克思指出，道德的基础是人类精神的自律。思想政治教育要落实立德树人的根本任务，唯有唤醒人性、触及人的灵魂、与人的情感相交融才能达到预期的效果。[1] 情怀教育以培养受教育者的个体自觉和道德自律为旨归，引导受教育者发自内心地接受社会道德的约束，在破解工具理性下道德情感缺失问题、增强受教育者对中国特色社会主义的价值认同、促进道德信念形成中发挥着本源性基础作用，是培养德智体美

---

* 本文系 2021 年度浙江省哲学社会科学规划“高校思想政治工作研究”专项课题“服务性学习视角下高校思政课实践育人的协同机制研究”（21GXSZ062YBM）、浙江省委宣传部部校共建课题“习近平总书记实践育人重要论述研究”（BXGJ21015）、浙江水利水电学院党建与思政教育研究项目“工程应用型人才‘情怀教育’模式的探索和实践”（xsz-202002）的研究成果。

** 郭宁宁，女，山东临沭人，浙江工商大学管理学院企业管理专业 2017 级博士研究生，浙江水利水电学院经济师；吴小英，女，浙江龙游人，浙江水利水电学院教授、党委副书记；张绪忠（通讯作者），男，山东肥城人，教育学博士，浙江工商大学马克思主义学院副教授。

劳全面发展的社会主义建设者和接班人的现实需求和重要路径，是完善中国特色社会主义思想政治教育体系的重要内容。

近年来，习近平总书记多次发表与情怀教育有关的重要论述。2018年，习近平总书记在全国教育大会上指出，培养什么人是教育的首要问题，要在厚植爱国主义情怀上下功夫，让爱国主义精神在学生心中牢牢扎根。2019年，习近平总书记在学校思想政治理论课教师座谈会上，强调要引导学生厚植爱国主义情怀，为进一步明晰新时代情怀教育的价值逻辑和实践逻辑指明了方向。但是，目前对青年学生和教师群体的情怀教育研究还未受到足够重视，系统阐述和呈现中国情怀教育研究最新进展和知识演化的文献还较为鲜见，一定程度上阻碍了学者在审视、检验和发展中，构建具有较强针对性和实践性的中国特色的情怀教育体系。

为此，我们做了两项重要的工作：一是收集整理CNKI（中国知网）数据库中关于情怀教育研究的论文，内容涵盖国内情怀教育研究的大部分相关文献；二是运用文献计量和科学知识图谱方法，通过CiteSpace知识图谱分析工具，探究中国情怀教育研究呈现的发展态势，统合情怀教育研究框架和热点前沿，勾画出近20年情怀教育总体图示，以期为丰富情怀教育研究和提升思政教育实效提供参考和借鉴。

## 一　研究方法与数据来源

本文采用文献计量和科学知识图谱方法：文献计量方法是揭示学科发展规律的重要方法；科学知识图谱能够把海量的电子文献数据变换为易识别的图像，利于更好地透视某个知识领域的结构、复杂网络和前沿发展态势。[2] 本文采用美国Drexel大学信息可视化领域专家陈超美博士开发的CiteSpace 5.8.R3，对情怀教育研究的演化进程和发展动态进行识别与可视化，并结合质性研究方法，基于重要文献，进行点面结合的系统分析。

本文所采用的数据源自CNKI数据库，采集于2021年12月24日。检索主题为"情怀教育"，文献来源类别限定为全部，检索年度为1998~2021年，共检索到期刊论文592篇，去除传记、报告、评论及相关无效发文，在逐一筛选篇名和文献内容后，最终得到432篇文献作为分析对象，保存在以download_X命名的文本文档中，通过CiteSpace转换为可识别的数据格式，用于后续研究。

## 二　数据分析

运用CiteSpace软件，分析情怀教育研究的文献数量分布、来源期刊、核心作者，探究情怀教育研究的概貌，揭示情怀教育研究的知识网络和发展趋势。

## （一）情怀教育研究文献的时间分布

文献的发表数量分布反映某一学科或研究领域随时间变化的发展和成长过程。根据普赖斯与弗拉杜茨、纳里莫夫等提出的“逻辑斯蒂曲线”，在研究初期，文献数量增长缓慢且不稳定，进入大发展期，文献数量呈指数增长态势，随着研究由成熟走向完善，文献数量增长减缓。[3]根据情怀教育研究的发文数量分布（见图1），情怀教育研究的文献最早出现在2002年，2010～2016年文献数量增长相对稳定，2017年文献数量骤增，从121篇增至2021年的432篇。这说明我国情怀教育的研究日益引起学者的关注。

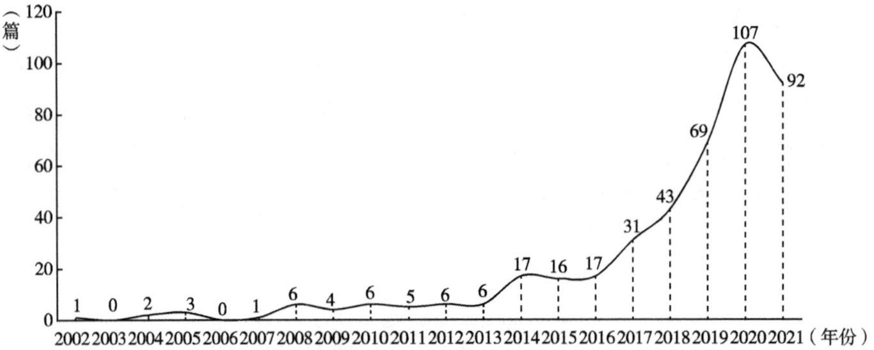


**图1　我国情怀教育研究发文数量的时间分布（2002～2021年）**

## （二）情怀教育研究文献的期刊分布

根据布拉德福定律，文献不仅集中出现在该专业为数不多的核心期刊中，还出现在与该专业相关的其他期刊上。在CiteSpace中，将节点类型（node types）设为“source”（来源期刊）；时间分区（years per slice）设为“5”，即每5年一个时间分区；数据筛选标准（selection criteria）设为“100”，即选择每个时间片段中出现频次最高的100个数据，运行可得情怀教育研究的期刊分布情况。情怀教育研究的论文主要分布在《人民教育》《思想教育研究》《中国高等教育》《中国德育》等期刊上，同时在《高等工程教育研究》《教学与管理》和各类学报等报刊上亦有散布。

## （三）情怀教育研究文献的核心作者

发文数量是反映核心作者的重要指标。在CiteSpace中，将节点类型设为“author”（作者），时间分区设为“5”，数据筛选标准设为“100”，运行可得情怀教育研究的高频发文作者（见表1）。从统计的总体情况来看，情怀教育研究核心作者较少，多数作者发文仅1～2篇，且主要为独立研究，尚未形成良好的合作网络，这也反映了该领域的核心作者群尚在形成中，有较大挖掘潜力。

表1 我国情怀教育研究高频发文作者统计（2002~2021年）

单位：篇

| 作者 | 发文数量 | 作者 | 发文数量 | 作者 | 发文数量 |
| --- | --- | --- | --- | --- | --- |
| 周刘波 | 5 | 严秀英 | 2 | 许庆如 | 2 |
| 赵志勇 | 4 | 武燕 | 2 | 刘炎欣 | 2 |
| 王娟 | 4 | 郑钰雯 | 2 | 张军 | 2 |
| 吴皖赣 | 3 | 王芳仪 | 2 | 杨文娟 | 2 |
| 陈根红 | 3 | 陈家磊 | 2 | 唐锋 | 2 |
| 张文彬 | 2 | 王燕 | 2 | 李秋丽 | 2 |

## 三 中国情怀教育研究的热点和知识演进

托马斯·库恩认为，科学发展史并不是所收集事实、理论和方法的总汇，而是应尽力“展示出那门学科在它盛行时代的历史整体性”。[4]因此，在利用知识图谱对情怀教育研究的时间分布、期刊分布、核心作者等进行宏观勾勒的基础上，有必要全面客观地呈现情怀教育研究的热点和主题演进，并将其重要节点置于特定时期的历史现场，分析研究理路。

### （一）情怀教育研究的热点和知识群

关键词是对文章主题的高度概括和提炼，也是文章的核心和精髓。[5]关键词的频次、中心度及其联系可以直观地反映某一时期研究者所关注的热点。在 CiteSpace 中设置节点类型为“keyword”，数据筛选标准设为“100”，选择“pathfinder”，以简化网络并突出重要的结构特征，运行后进行同义词、异义词手工合并、消歧，可生成关键词共现知识图谱，得到该领域的高频关键词，以探测研究热点。该领域出现频次最高的关键词是家国情怀，频次高达178次。高频关键词反映出的研究热点还有培育路径（60次）、青年学生（48次）、教育情怀（38次）、人文情怀（32次）、新时代（18次）、历史教学（13次）、传统文化（13次）、高中历史（12次）、爱国主义（12次）、核心素养（11次）、爱国情怀（10次）等。这些高频词的中心度相对较高，说明在情怀教育研究的知识网络中，与这些主题直接相连的节点数较多，它们居于较中心的位置，可以确定这些关键词在一定程度上是当前我国情怀教育研究的热点。

在此基础上，选择“find clusters”，按照模块值和轮廓值最大的原则调整时间分区，可以生成关键词共现的聚类知识图谱（见图2）。图谱中的每个节点代表一个关键词，节点越大说明共现频次越高。图2的模块值是0.82，平均轮廓值是0.95，表明该聚类的效果是显著的。我国情怀教育研究形成的较大聚类有4个，每个聚类代表一个知识群。其中，“#0 家国情怀”知识群最大，涉及的关键词包括红色家书、核心素养、高中历史、教学实践、职业规划、意识形态等，注重通过情感渗透、历史教育等途径培育学生的家国意识。

**图2　我国情怀教育研究的关键词聚类知识图谱（2002~2021年）**

## （二）情怀教育研究的知识演进

从研究主题的演进来看，2010年以前是情怀教育研究的起步阶段。这一时期研究主题较少，以人文情怀为主。考察这一时期的教育发展，可以发现这一节点的出现，具有鲜明的历史背景。1995年，国家教委就开始加强大学生文化素质教育工作，并在全国部分高校试点。2002年，党的十六大做出“全面推进素质教育”的重大部署，掀起了20世纪末以来，我国高校开展的涉及面最广、力度最大的教育教学改革之一。如杨叔子从哲学与科学、文化与思潮等多个视角探讨文化素质教育[6]，对后续研究产生了重要影响。2004年出台的《关于进一步加强和改进大学生思想政治教育的意见》，指出了部分大学生存在政治信仰迷茫、理想信念模糊、价值取向扭曲等问题，提出要以爱国主义教育为重点，弘扬和培育民族精神教育等，为情怀教育开辟新领域做了重要铺垫。

2010~2017年是情怀教育研究的重要发展期。这一时期情怀教育研究的主题快速增加，可分为两个阶段。2010~2013年是第一阶段。一方面，人文情怀研究渐入佳境，尤其是在高校工程实践教育中受到广泛关注。如李培根提出推进人文情怀融入工程实践教育[7]，对情怀教育产生了深远影响。另一方面，美国次贷危机充分暴露了资本主义制度的深刻矛盾，有效增强了国人的“道路自信”，“爱国主义”成为重要节点。这一时期开展的红色经典、民族精神、民族文化等研究开后续国家认同、传统家国文化等研究之端。

2014~2017年是第二阶段。家国情怀、传统文化、历史教学、爱国情怀、价值引领等大量关键词涌现，体现了与时代背景的契合。2014年，教育部印发了《完善中华优秀传统文化教育指导纲要》，提出要“开展以天下兴亡、匹夫有责为重点的家国情怀教育”。2016年发布的《中国学生发展核心素养》以培养“全面发展的人”为核心，有效推动了情怀教育向纵深发展。易连云和毋改霞的《中小学家国情怀教育初论》一文，详细阐述了家国情怀教育。[8]

2018年至今，情怀教育研究迈入百花齐放的繁荣期。党的十九大以来，中国特色社会主义的道路自信、理论自信、制度自信、文化自信进一步彰显，情怀教育研究的内容更加丰富。这一时期，一方面，关于核心素养的研究方兴未艾；另一方面，中国梦、新时代、乡土情怀、三农情怀、生态情怀、思政课程、课程思政，以及习近平新时代中国特色教育重要论述的相关主题研究大量出现。研究路径更加聚焦，注重受教育者的心理感受和文化认同。如刘炎欣和王向东强调“受教育者不是被动纳入，而是主动自觉地进行文化选择”[9]；李玲提出要力争化新冠肺炎疫情危机为培育家国情怀契机，培育新时代大学生的家国情怀[10]。这些研究都体现了新时期情怀教育研究的新特征。

### （三）情怀教育研究的前沿分析

研究前沿对某一领域具有引领、指导、开拓思维、解放思想等重要作用，可通过突现检测算法确定研究前沿。[11]由于中国知网数据没有提供引文信息，无法发现突现文献，但可以利用突现词检测来确定突现研究主题，具体做法是在CiteSpace的Control Panel中选择“burstness”来查找突现词。析出了1个突现词，“人文情怀”的突现值高达8.4（大于3.09的指标值），反映了该主题虽然出现时间较早，但在2002~2021年一直受到学者的格外关注，是情怀教育研究的重要领域，它来自图2“#9人文情怀”知识群，可见这个聚类可以用于表达相应时间段的研究前沿。

# 四　结论与展望

一是我国情怀教育研究已完成了研究体系的架构，进入蓬勃繁荣期。其知识网络不断拓展，形成了家国情怀、教育情怀、人文情怀、课程思政、思政课程、教育思想等主要知识群组。新兴研究主题多而分散，但在某种程度上体现了一定的集中。未来研究更趋向于系统构建以家国情怀为核心，人文情怀、生态情怀等多元融合的情怀教育体系。

二是我国情怀教育研究的主题变迁与所处的历史情境密切相关。形成了“人文情怀—教育情怀—家国情怀—三农情怀”等的知识演进脉络，研究从提高思想道德素养、传承中华民族优秀传统文化出发，全方位渗透课堂教学、社会实践、主体情感等，体现了中国由站起来、富起来走向强起来的过程中，中华传统文化、革命文化、先进文化从文化自卑到文化自信的发展历程。

三是新时代推进“五育并举”是情怀教育的重要命题。新时代，实现中华民族伟大复兴的中国梦赋予了情怀教育新的内涵，以习近平新时代中国特色社会主义思想为指导，落实“三全育人”理念，培养德智体美劳全面发展的时代新人是情怀教育的重要使命。对照这一使命，涌现了乡土情怀、三农情怀、生态情怀、法治情怀、英雄情怀、劳动情怀等丰富主题，情怀教育在大、中、小学思想政治教育实践中的作用日益凸显。但也呈现一些需要改善的方面，主要体现在情怀教育的体系与推进“五育并举”、建设高质量教育体系的总目标还不完全匹配；小初高和大学等情怀教育的衔接体系尚未形成，理论研究和实证支撑较为缺乏，大量优秀实践成果的示范性还未彰显，研究者的合作体系较为薄弱，部分德育工作者对情怀教育的重视程度不够，致使空洞说教、教育方式滞后、知识传授和情感认同两张皮的现象依然存在。这些也是未来情怀教育中有待研究的问题。

## 参考文献


[1] 赵志勇、王娟：《人文情怀教育——大学生思想政治教育的新视角》，《山西经济管理干部学院学报》2016 年第 1 期，第 98~101 页。

[2] 刘则渊、陈悦、侯海燕：《科学知识图谱：方法与应用》，人民出版社，2008，第 2 页。

[3] 丁学东：《文献计量学基础》，北京大学出版社，1993，第 54 页。

[4] 托马斯·库恩：《科学革命的结构》，金吾伦、胡新和译，北京大学出版社，2012，第 1~2 页。

[5] 赵蓉英、余波：《国际数据挖掘研究热点与前沿可视化分析》，《现代情报》2018 年第 6 期，第 128~137 页。

[6] 杨叔子：《中国大学人文启思录》（第1卷），华中理工大学出版社，1996，第10页。

[7] 李培根：《人文情怀与工程实践教育》，《高等工程教育研究》2010年第4期，第10~13页。

[8] 易连云、毋改霞：《中小学家国情怀教育初论》，《中国德育》2014年第13期，第21~24页。

[9] 刘炎欣、王向东：《论教育情怀的生成机制和升华路径——基于文化存在论教育学的视角分析》，《中国人民大学教育学刊》2018年第2期，第130~142页。

[10] 李玲：《化危机为契机：新冠疫情背景下大学生家国情怀的培育》，《重庆第二师范学院学报》2021年第2期，第101~106页。

[11] 陈超美：《CiteSpace Ⅱ：科学文献中新趋势与新动态的识别与可视化》，陈悦、侯剑华、梁永霞译，《情报学报》2009年第3期，第401~402页。


# The Knowledge Graph of Sentimental Education Researches of China in the Past 20 Years —Bibliometric Analysis Based on CiteSpace

*Guo Ningning*, *Wu Xiaoying*, *Zhang Xuzhong*

**Abstract**: Sentimental education is an important element to make up for morality and emotion loss of the educatees under instrumental rationality and perfect the socialist ideological and political education system with Chinese characteristics. Based on 432 pieces of literature on sentimental education collected by China National Knowledge Infrastructure (CNKI), this paper reveals the knowledge network and evolution, hot topics and trends in this field through bibliometrics and scientific knowledge graph analysis by CiteSpace software. It is found that the research system of sentimental education in China has been completed through the formation of major knowledge groups such as family and country sentiment, education sentiment, humanistic sentiment, ideological and political education, and ideological and political course. Family and country sentiment, cultivation path, young students and education feelings are research hotspots; to some extent, humanistic sentiment represents the research frontier. The research theme of sentimental education is closely related to the background of ideological and political education. The proposed research direction is helpful to innovate the researches on sentimental education by scholars and build an education system of sentiment with Chinese characteristics bridging primary school, secondary school and university. Besides, guidance and reference can be provided for cultivating socialist builders and successors with all-round development.

**Keywords**: Sentimental Education; Knowledge Graph; CiteSpace; CNKI

· 比较研究 ·

# 国际高校招生制度研究的热点与前沿动态*

## ——基于 SSCI（2001～2020 年）的文献计量分析

朱沛沛　刘海峰**

【摘　　要】通过对 SSCI 数据库中 2001～2020 年刊载的 2174 篇高校招生制度研究论文进行计量分析，发现国际高校招生制度研究的热点聚焦经济因素对高校招生公平的影响、学生动机与高校招生多元评价、高等教育规模扩张与高校招生平等、高校招生录取匹配机制的改进、资本因素与高等教育入学机会竞争五个主题。入学申请影响因素、录取匹配、高校招生中平权运动的价值转向三个主题处于国际高校招生制度研究前沿，高校招生中的信息干预则是国际高校招生制度研究的最新前沿。虽然国内的高校招生制度研究也围绕公平与科学两个核心理念展开，但是，国际高校招生制度研究更偏重宏观视野观照下的具体问题、多学科领域学者深度介入的相应研究主题、重视兼容公平与科学的实践检视。

【关 键 词】高校招生制度　文献计量分析　SSCI

高校招生制度既有鲜明的国别特征，又有一定程度的国际相通性。增强高校招生制度的科学性与公平性是保证高等教育质量、促进社会流动、维护社会稳定的内在要求。因此，高校招生制度改革历来受到各国政府、高校和社会的高度关注。学术研究扮演着引领与推动高校招生制度改革、发展与完善的重要角色，进入 21 世纪以来，随着文献数量的稳步增长，国际上高校招生制度研究已逐渐发展成为一个比较成熟的领域。对 21 世纪前 20 年国际高校招生制度研究论文进行阶段性总结，不仅有助于国际同行的交流互鉴，亦可促进中国的高校招生制度研究，为进一步深化中国的高考综合改革提供决策参考。本文选择运用可视化分析软件 CiteSpace 对社会科学引文索引（SSCI）数据库 2001～2020 年刊载的高校招生制度研究论文进行分析，梳理并阐发国际高校招生制度研究的热点与前沿动态。

---

* 本文系浙江省哲学社会科学领军人才培育专项课题“中国高考发展史研究”（21YJRC03-2YB）的研究成果。

** 朱沛沛，女，江西彭泽人，教育学博士，浙江大学教育学院博士后；刘海峰（通讯作者），男，福建泉州人，浙江大学科举学与考试研究中心主任，文科资深教授。

# 一　数据来源与研究方法

基于数据库权威性、全面性和影响力的综合考量，研究选择社会科学引文索引（SSCI）数据库作为检索源。研究设定在 Web of Science 核心合集检索平台，主题为"college admission OR university admission OR college enrollment OR university enrollment OR college entrance examination OR Gaokao"，语种为"English"，文献类型为"Article"，时间跨度为"2001～2020"，引文索引为"SSCI"，检索日期为 2021 年 3 月 11 日，由此收集到 6223 条初始文献。鉴于"admission"和"enrollment"等词语在英文中还有"住院""选课"等多种释义，笔者逐条阅读初始数据记录，剔除数据记录不全、与主题不相关的文献及重复文献，最终得到 2174 篇有效样本文献。

研究运用文献计量法对国际高校招生制度领域相关文献进行分析，主要研究工具选择陈超美教授研发的科学文献可视化分析软件 CiteSpace 5.7.R5。通过对关键词进行聚类分析，得到关键词共现图谱，探测国际高校招生制度研究的热点，通过对引文文献进行突现处理，结合施引文献分析，探究国际高校招生制度研究的前沿动态。

# 二　国际高校招生制度研究的热点

对样本文献关键词进行聚类，所有聚类的平均模块值（$Q=0.3056$）大于 0.3、平均轮廓值（$S=0.7193$）大于 0.7，表明聚类的结构是显著且令人信服的。如表 1 所示，文献节点数量最多的 5 个聚类的标识词分别为经济资助、动机、不平等、稳定、人力资本。综合标识词、聚类内部高频术语与相应的核心文献进行分析发现，2001～2020 年国际高校招生制度研究的热点聚焦于经济因素对高校招生公平的影响、学生动机与高校招生多元评价、高等教育扩张与高校招生平等、高校招生录取匹配机制的改进、资本因素与高等教育入学机会竞争五个主题。

**表 1　2001～2020 年国际高校招生制度研究热点相关信息一览**

| 聚类标识词 | 大小 | 活跃时间 | 高频术语（对数似然率） |
|---|---|---|---|
| 经济资助（financial aid） | 64 | 2001～2018 年 | 影响（41.11）、稳定（40.93）、质量（34.75）、收入（31.75）、高等教育（29.64） |
| 动机（motivation） | 57 | 2001～2020 年 | 有效性（30.46）、SAT（30.2）、学业表现（28.4）、性别（25.23）、成就（24.4） |
| 不平等（inequality） | 54 | 2001～2020 年 | 稳定（22.45）、多样性（18.5）、学校（17.52）、平等（15.18）、种族（15.15） |

续表

| 聚类标识词 | 大小 | 活跃时间 | 高频术语（对数似然率） |
|---|---|---|---|
| 稳定（stability） | 41 | 2002～2020年 | 匹配（121.42）、学校选择（76.31）、高等教育（59.56）、抗策略性操纵（45.19）、高校招生（44.7） |
| 人力资本（human capital） | 33 | 2001～2018年 | 中学后教育（19.04）、扩张（13.05）、成就（9.77）、返校率（8.93）、转向（8.93） |

## （一）经济因素对高校招生公平的影响

20世纪末，许多国家减少对公立高校的经费支持导致学费增加。为了应对这一局面，越来越多的高校采用高资助策略促进入学，经济因素在学生获得高等教育接受机会的过程中作用越发重要。该热点主题主要关注家庭收入、经济资助在入学机会维度对高校招生公平的影响。

学术界充分注意到家庭收入与高等教育入学机会质量之间存在明显的对应关系。与高收入家庭的学生相比，低收入家庭的学生更不可能进入私立大学、四年制大学和全日制大学。[1]20世纪70年代以来，低收入家庭学生在学业成绩上取得了实质性进步，但同一时期高收入家庭学生取得了更大的进步，从而确保了在选拔性大学招生市场上的竞争优势。[2]值得注意的是，高收入家庭对学生认知能力与非认知能力的长期影响才是家庭收入与大学教育关系的主要决定因素[3]。

已有研究充分肯定了经济资助在促进学生进入大学方面的作用，尤其是州政府的学费补助政策显著提高了拉美裔非公民学生上大学的可能性[4]。然而，不同群体学生对经济资助的利用率存在显著差别。白人和亚裔学生能够充分利用各种类型的经济资助以选择自己心仪的大学，相比之下，拉美裔和非裔学生则很少利用经济资助做出理想的大学选择。[5]群体之间利用率的差别制约了经济资助的有效性和公平性。

## （二）学生动机与高校招生多元评价

年轻人越来越不愿意学习理工专业促使人们关注专业选择背后的动机。同时，伴随着美国的SAT等大学入学考试成绩有效性讨论的深入，关于动机、认知的相关理论被引入，并在预测大学学业表现方面发挥了重要作用。该热点主题主要关注理工专业选择的影响因素和大学学业表现的预测因素。

影响学生选择理工专业的因素受到了学界的持续关注。Osborne等学者认为问题的关键是学生对科学的态度，充分利用动机研究相关成果指导科学教学、增强学生学习科学的兴趣是未来研究的重点。[6]有所不同的是，希腊大学物理系里挤满了年轻学生。Meli等学者调查发现，高中教育的经验和影响以及职业前景是学生追求物理学位的主要原因。[7]正反两个方面的研究表明，通过高中教学培养学生对物理等自然科学的热爱可能是避免青年人疏远科学的根本之策。

鉴于SAT在预测大学学业表现有效性方面备受争议，同时，高中GPA缺乏可比性，推荐信、个人陈述则较为主观，一些学者尝试引入标准化、非认知性指标补充常用的预测指标。例如，Snyder等的研究显示，更高的希望量表分数能够可靠地预测更高的大学GPA、更高的大学毕业可能性以及更低的因成绩不佳而退学的可能性。[8] Conard发现责任心在预测各项学业标准方面超过了SAT。[9]这些探索为高校招生多元评价提供了新的思路。

## （三）高等教育规模扩张与高校招生平等

二战以后高等教育规模的快速扩张提供了更多的入学机会，但没有缓解教育机会的不平等分配问题。在高等教育入学机会量的增加过程中可能出现的质的差异，受到了学界的高度重视。该热点主题主要关注对高等教育规模扩张中的高校招生平等及平权运动的价值反思。

大众化阶段入学机会质量不平等的问题广泛存在。关于美国等国家的研究清晰表明，来自低社会阶层的学生在接受高等教育方面呈现明显的劣势，且这种劣势随着大学选拔性的增强而增强。[10]高等教育扩张中的不平等也表现在进入普通高校优势专业的差距上。Ayalon和Yogev对以色列大学新生的调查发现，新建本科院校增加了优势群体中学习能力较弱的成员进入有声望、有回报的专业的机会。[11]换言之，优势群体更明白如何充分利用自己的资源选择有望带来巨额回报的高等教育入学机会。

高等教育扩张中的不平等问题促使学界反思平权运动的实施是促进了高校招生平等还是加剧了不平等。Grodsky的研究认为，基于种族的平权运动不是针对最需要援助的少数族裔人口，高社会经济地位的少数族裔学生享受的政策优惠远高于低社会经济地位的少数族裔学生。[12] Bertrand等人对印度理工院校实施“低种姓”群体平权运动的研究也得出了类似结论。[13]忽视社会经济地位因素的平权运动在一定程度上代表的不是对弱势群体的照顾，更可能是对高社会经济地位的强势群体的鼓励，因此平权运动可能加剧了高校招生的不平等。

## （四）高校招生录取匹配机制的改进

高校与学生信息不对称致使高校做出录取决策和学生填报志愿的过程充斥着复杂的猜测，这种不确定性的后果是可能出现不良匹配。20世纪60年代，Gale和Shapley最早提出高校招生稳定匹配问题。他们证明了延迟接受机制不仅稳定，而且是最优的申请人配置方案。[14]最优稳定匹配机制的提出引起了学界研究高校招生录取机制的兴趣。囿于技术条件的限制，这些探索更多是理论层面的推演。21世纪计算机技术的快速发展与普及大大拓展了实践、比较各种录取机制算法的空间，高校招生录取稳定匹配问题再次成为研究热点。

双边匹配理论需要双方均有严格偏好，但高校招生实践中可能面临策略性操纵的情形。比如，学生故意隐瞒自己的真实偏好以保证自己的选择优势，从而避免被更差的学校录取。防止策略性操纵是设计高校招生匹配机制必须解决的关键问题。Kojima和Pathak对学生最优稳定匹配机制在多对一匹配市场可操纵范围的考察发现，该机制在一个足够大的招生市场中将实现稳定且高效的匹配，并且采用该机制的大市场将比其他保持不变的小市场更不容易受到操纵。[15]目前，既有研究对该问题的探讨尚在最优稳定匹配机制框架内进行，区别主要是抗策略性操纵方案的具体设计。

### （五）资本因素与高等教育入学机会竞争

经济资本、文化资本如何影响高等教育的入学机会，不同群体在高等教育入学机会质量上的差异是否意味着不同的预期收益，也引起了学界的兴趣。该热点主题主要关注家庭资本、预期收益对高等教育入学机会的影响。

高等教育体系的高度分层与多样化并存强化了家庭出身的影响。高社会经济地位的学生比低社会经济地位的学生更倾向于采用大学入学考试备考等校外教育活动来增加进入强选拔性院校的机会。[16]同时，家庭文化资本、文化等级以及父母在大学申请过程中的帮助方式对四年制大学入学都有显著影响[17]。但是，父母参与对四年制大学入学的益处仅在升学文化浓厚的高中表现出来，且家庭背景不太优越的学生受益更大[18]。这说明提升父母对子女教育活动的参与度、促进高中教育均衡发展，有利于弱化家庭经济资本、文化资本在大学入学中的不公平影响。

大学入学过程受到高度关注的一个重要原因是高等教育带来的预期收益。日本高等教育体系内部存在严格的等级制度。日本高等教育的内部收益率从0.1%到14%，随着大学质量的变化而有很大变化。[19]美国高等教育体系内部也存在明显的分层，但高等教育的收益主要存在于强选拔性精英院校和优势专业。[20]在瑞典上大学的价值更多是出于非金钱利益的考量，是否就读精英院校对个体收入的影响无足轻重。[21]这表明高等教育个体收益率随社会分配公平程度的提升而下降，入学竞争程度也相应下降。因此，可以说大学入学竞争是社会竞争的集中体现。

## 三　国际高校招生制度研究的前沿动态

研究前沿是一组突现的动态概念和潜在的研究问题，由40~50篇最近发表的论文构成。[22]换言之，研究前沿可以看作某一时段内以突现文献（burst article）为知识基础的一组文献所探讨的科学问题或专题，根据突现文献被引突现时间和趋势可划分为渐强型研究前沿、渐弱型研究前沿和最新研究前沿。[23]入学申请影响因素、录取匹配两个主题为渐强型研究前沿，高校招生中平权运动的价值转向为渐弱型研究前沿。考虑到20年时间跨度较长，对最近5年样本文献进行突现处理并结合施引文献分析筛选出1个最新研究前沿主题：高校招生中的信息干预。

### （一）入学申请影响因素

不公平是逐步累积的结果。许多弱势群体学生在申请阶段就已失去了平等竞争在选拔性大学就学的机会。如何帮助弱势群体顺利完成大学入学申请，已成为国际高校招生制度研究中受到越来越多关注的前沿主题。

经济资助体系的复杂性与不确定性给弱势群体学生的大学入学造成了许多障碍。研究表明，简化资助申请流程对低收入、少数族裔学生产生了更为显著的影响，有助于他们做出明智的借贷决定。[24]为帮助更多学生解决大学入学申请障碍，Oreopoulos和Ford提出将入学申请辅导纳入高中课程，结果显示，该项目将大学申请率提高了15个百分点，大学入学率提高了5个百分点，但增长主要来自两年制大学。[25]

绝大多数不申请任何选拔性大学的低收入高成就学生一般来自偏僻地区，没有就读选拔性高中。[26]反之，就读选拔性高中将使少数族裔、农村地区等不利背景的高成就学生申请和进入强选拔性大学的概率大为增加[27]。高中的升学顾问可以弥补家庭社会资本、文化资本的缺乏，促进来自不利背景的学生接受高等教育。[28]并且，升学顾问提供的成功建议对于那些难以在原有人际网络中获得指导的学生而言是至关重要的[29]。

### （二）录取匹配

大学录取中的低匹配主要体现在学生没有进入他们的学术资格水平允许进入的选拔性院校。学界对该问题产生更大的兴趣主要起因于大学毕业生的短缺，通过提高录取匹配率而提高高等教育完成率是弥补大学毕业生缺口的有效方法。该主题聚焦于大学录取匹配现状与高校招生录取机制创新两个方面。

大学录取中的低匹配现象普遍存在，弱势群体学生则更为严重。一项全国性研究发现，40%的学生存在低匹配，这在那些来自低社会经济地位家庭、生活在农村地区、父母没有大学学历的学生中更为常见。[30]关于中国高校招生制度的研究也表明，在不匹配和首选院校行为方面存在显著的性别差异、城乡差异和民族差异。[31]目前，国际学界已形成共识：录取不匹配在很大程度上是由于学生及其家庭做出的申请和入学决定，而不是大学做出的录取决策，经济约束、信息和学生面临的大学质量选择都会影响匹配的效果[32]。

志愿投档机制在促进录取匹配上发挥着重要作用。21世纪初，中国开始探索顺序志愿投档机制（波士顿机制的变体）向平行志愿投档机制（延迟接受机制的变体）的转变。2015 年，几乎所有省份都采用了平行志愿投档机制，这为比较两种志愿投档机制的优劣提供了丰富的经验数据。有研究发现，从顺序志愿投档机制切换到平行志愿投档机制使错配率降低了 6 个百分点，允许学生考后知分填报而不是考前填报志愿将错配率降低了 18 个百分点。[33]然而，另有研究也表明当平行志愿投档机制仅允许选择有限数量的院校时，改善录取不匹配问题的效果有限。[34]

## （三）高校招生中平权运动的价值转向

20 世纪 90 年代以来，平权运动受到了新的冲击。加利福尼亚州和华盛顿州通过公民投票禁止在州立教育机构招生决策中考虑种族因素，这引发了美国全国范围内关于高校招生中平权运动的激烈辩论，但辩论双方都没有提供太多的经验证据支持自己的立场。1998 年，《河流的形状：高校招生中考虑种族的长期后果》一书以全面、可靠的数据改变了美国高校招生中平权运动的辩论方向，焦点从社会正义转移到多样性价值。

目前，学界对平权运动的多样性价值尚存在不同观点。Gurin 等学者研究了非裔、亚裔、拉丁裔和白人学生课堂多样性和非正式互动对促进学习、民主的影响，强调高校采取平权运动和多样化努力的持续重要性，认为这不仅是促使更多学生接受高等教育的一种途径，也是促进学生学业和社会发展的一种手段。[35] Rothman 等学者的研究结果则未能支持入学多样化改善美国高校教育和种族社会环境的观点，并指出关于平权运动多样性价值的研究结论会受到调查工具和研究设计的影响。[36]

Perna 和 Titus 创造性地从加强父母参与的角度探索优化少数族裔大学入学表现的途径，为解决非裔和拉美裔学生在高等教育中持续代表性不足的问题提供了一个有希望的方法。[37]与之相比，亚裔和太平洋岛民通常被视为取得普遍学术和职业成就的模范少数族裔。相关研究发现，父母期望、父母参与、教师素质和同龄人的学术取向与亚裔、太平洋岛民学生更积极地升入大学有关，但这些关系的性质是复杂的且在不同社会经济地位的亚裔与太平洋岛民群体的大学入学中也各不相同。[38]

## （四）高校招生中的信息干预

缺乏信息来源或拥有不正确的信息制约着弱势学生从高中向大学的过渡。如何采取积极的信息干预缩小弱势学生与优势学生之间的信息差距，已成为国际高校招生制度研究领域高度关注的最新研究前沿。既有研究表明，信息干预的目标、时间、方式、强度等因素都影响着信息干预的效果，如何增强信息干预的有效性则有待进一步深入研究。

Bonilla-Mejia 等学者对政府通过建立网站和增加在线信息系统访问为学生及其家庭提供信息的干预结果进行研究，发现这种大规模披露信息的干预方式对学生入学考试成绩和大学入学率没有显著影响。[39] Hyman 的研究也发现，群发信件鼓励学生考虑上大学，并向他们提供大学信息网站的网址等轻触式信息干预对大学入学率几乎没有影响。[40] 与此不同，针对性的长期信息支持则产生了显著的干预效果。Cunha 等学者的研究表明，向高中生提供有关大学选择、申请过程、资助和标准化考试等大学入学过程中各个方面的信息使大学申请率大幅上升、入学率小幅上升。[41]

此外，咨询服务也能影响学生的选择。密集的大学咨询帮助低收入学生选择成本更低、毕业率更高的四年制大学，不仅提高了低收入学生的入学率，还提高了他们继续接受教育的可能性。[42] Gurantz 等学者则进一步探索了使用远程通信技术进行咨询对选拔性大学入学率的影响，发现提供虚拟咨询对大学整体招生没有影响，但高毕业率大学的入学人数增加了 2.7%。[43] 随着校园建设不断的信息化、智能化、现代化[44]，人工智能等新兴技术逐渐成为增强信息干预有效性的重要力量。

## 四　国际高校招生制度研究的取向

国际高校招生制度研究热点与研究前沿围绕公平与科学两个核心理念展开，国内的高校招生制度研究同样如此。不同的是，国际高校招生制度研究更偏重宏观视野观照下的具体问题、多学科领域学者深度介入的相应研究主题、重视兼容公平与科学的实践检视。

### （一）宏观视野观照下的具体问题取向

一个研究领域的形成与成熟建基于学者共同体对一系列真实问题的深入把握，并循着问题自身的逻辑不断延展、深化，随着客观知识的逐步积累勾勒出研究的问题域。同样是围绕公平、科学展开高校招生制度研究，国际学术界更多地聚焦具体的问题，依托规范的研究设计与科学的研究方法获得证据，并经过研究者严谨的逻辑论证获得稳定可靠的结论，国内学术界则较多聚焦相对抽象的理念、价值、政策，站在不同价值立场上寻找证据进行阐释、论证，较少关注研究方案的精心设计与科学研究方法的规范运用。这与西方国家比较重视考试技术与测量手段的研究，而中国高考改革往往遇到的是社会学方面的问题因而特别重视招生考试政策相关研究。

高考综合改革过程中出现的“弃考物理”现象，既是一个科学性问题，也是一个公平性问题，类似的问题在美英早已出现。国内的研究倾向于做出“学生功利性选科”的价值判断进而推动政策出台予以规范。Osborne 选择了对近 20 年有关态度、动机的文献进行实证研究，Meli 等学者选择了对希腊大学物理系进行调查研究，他们从不同途经得出了“教育经验会影响学生对待科学的态度”的结论。因此，如何影响学生对待科学的态度、激发学生对科学的热爱才是需要关注的重点。需要说明的是，这种差异并非本质上的对立，主要是所处的学术研究阶段不同使然。实际上，近年来国内高校招生制度研究领域已经涌现诸如“关于高校招生省际公平”等一系列聚焦具体问题的研究成果。值得注意的是，研究具体问题不能脱离宏观视野的观照，否则，其成果也难以推动学术的发展与实际问题的解决。

## （二）多学科领域学者的综合研究取向

学者在研究的过程中逐渐认识到高校招生制度的多学科属性，从不同学科切入进行综合研究已经成为全面深入认识高校招生制度、推动高校招生问题解决的必然选择。教育学科依然是国际高校招生制度研究的首要阵地，但经济学科的影响力已呈后来居上之势，围绕经济因素对高校招生公平的影响、资本因素与高等教育入学机会竞争两大热点主题的研究具有明显的经济学底色。学生动机与高校招生多元评价、高等教育扩张与高校招生平等、高校招生录取匹配机制的改进三大热点主题则已经深深打上了心理学、社会学、数学等学科的印记。值得注意的是，不同学科的学者并非单纯地从各自的学科视角开展高校招生制度研究，而是有意识地围绕共同问题进行合作、开展多学科的综合研究。

教育学科在国内高校招生制度研究领域的中心地位更为明显，即使经济学、法学、社会学等学科视野中的研究成果也大多出自教育学者，多学科的综合研究更是少见。当然，中国法学界、经济学界也有一些学者深度介入了高校招生制度研究，如张千帆等人的高校招生中的平等受教育权研究，聂海峰、李凤等人的投档录取机制研究。但是，与中国高校招生制度的复杂性、重要性相比，目前还明显缺乏不同学科领域学者的综合研究。

## （三）兼容公平与科学的实践检视取向

国际高校招生制度研究兼顾公平与科学两个方面，中国学界对高校招生制度的关注也体现了这个特点。“公平与科学是高校招生制度的两翼，二者缺一不可”[45]已基本成为高校招生制度研究领域的共识。如何实现高校招生制度公平与科学的统一，国内的研究尚处于起步阶段，既有研究成果主要强调两者统一的必要性、应然性。国际高校招生制度研究相关成果已呈现两者统一的实然性并经受了实践的检视。

面对 SAT 等标准化认知指标的局限性，国际学界对增加多元评价指标依然持谨慎态度。为了避免在增强科学性的同时付出牺牲公平性的代价，学者着重寻求可比性强、主观性弱的标准化、非认知性指标作为标准化认知指标的补充。面对明显的起点不公，保障弱势群体中的优秀学生脱颖而出，对高校招生制度的公平性与科学性提出了双重挑战。相应的，国际学界高度关注如何正视、评估、解决来自不同种族、社会经济地位、高中环境等背景的学生个体大学入学过程中的差异问题。这两个问题对中国高校招生制度的挑战越来越大，如何从改革招生计划分配方式、高考的形式和内容、招生录取体制机制等方面处理科学选才与促进公平的关系[46]，已经成为中国高校招生制度研究亟须解决的重大现实问题。

## 参考文献


[1] M. B. Paulsen, E. P. St. John, "Social class and college costs: Examining the financial nexus between college choice and persistence," *The Journal of Higher Education*, 2002, 73 (2): 189-236.

[2] M. N. Bastedo, O. Jaquette, "Running in place: Low-income students and the dynamics of higher education stratification," *Educational Evaluation and Policy Analysis*, 2011, 33 (3): 318-339.

[3] P. Carneiro, J. J. Heckman, "The evidence on credit constraints in post-secondary schooling," *Economic Journal*, 2002, 112: 705-734.

[4] S. M. Flores, "State dream acts: The effect of in-state resident tuition policies and undocumented Latino students," *Review of Higher Education*, 2010, 33 (2): 239-283.

[5] D. Kim, "The effect of financial aid on students' college choice: Differences by racial groups," *Research in Higher Education*, 2004, 45 (1): 43-70.

[6] J. Osborne, S. Simon, S. Collins, "Attitudes towards science: A review of the literature and its implications," *International Journal of Science Education*, 2003, 25 (9): 1049-1079.

[7] K. Meli, K. Lavidas, D. Koliopoulos, "Factors that influence students in choosing physics programmes at university level: The case of Greece," *Research in Science Education*, 2020, 50 (3): 1075-1091.

[8] C. R. Snyder, H. S. Shorey, J. Cheavens, et al., "Hope and academic success in college," *Journal of Educational Psychology*, 2002, 94 (4): 820-826.

[9] M. A. Conard, "Aptitude is not enough: How personality and behavior predict academic performance," *Journal of Research in Personality*, 2006, 40 (3): 339-346.

[10] S. Alon, "The evolution of class inequality in higher education: Competition, exclusion, and adaptation," *American Sociological Review*, 2009, 74 (5): 731-755.

[11] H. Ayalon, A. Yogev, "Field of study and students' stratification in an expanded system of higher education: The Case of Israel," *European Sociological Review*, 2005, 21 (3): 227-241.

[12] E. Grodsky, "Compensatory sponsorship in higher education," *American Journal of Sociology*, 2007, 112 (6): 1662-1712.

[13] M. Bertrand, R. Hanna, S. Mullainathan, "Affirmative action in education: Evidence from engineering college admissions in India," *Journal of Public Economics*, 2010, 94 (1-2): 16-29.

[14] D. Gale, L. S. Shapley, "College admissions and the stability of marriage," *American Mathematical Monthly*, 1962, 69 (1): 9-15.

[15] F. Kojima, P. A. Pathak, "Incentives and stability in large two-sided matching markets," *The American Economic Review*, 2009, 99 (3): 608-627.

[16] C. Buchmann, D. J. Condron, V. J. Roscigno, "Shadow education, American style: Test preparation, the SAT and college enrollment," *Social Forces*, 2010, 89 (2): 435-461.

[17] S. A. Dumais, A. Ward, "Cultural capital and first-generation college success," *Poetics*, 2010, 38 (3): 245-265.

[18] J. Roksa, K. J. Robinson, "Cultural capital and habitus in context: The importance of high school college-going culture," *British Journal of Sociology of Education*, 2017, 38 (8): 1230-1244.

[19] H. Ono, "Does examination hell pay off? A cost-benefit analysis of 'ronin' and college education in Japan," *Economics of Education Review*, 2007, 26 (3): 271-284.

[20] P. Arcidiacono, "Affirmative action in higher education: How do admission and financial aid rules affect future earnings?" *Econometrica*, 2005, 73 (5): 1477-1524.

[21] B. Ockert, "What's the value of an acceptance letter? Using admissions data to estimate the return to college," *Economics of Education Review*, 2010, 29 (4): 504-516.

[22] C. M. Chen, "CiteSpace Ⅱ: Detecting and visualizing emerging trends and transient patterns in scientific literature," *Journal of the American Society for Information Science and Technology*, 2006, 57 (3): 359-377.

[23] 潘黎、侯剑华：《国际高等教育研究的热点主题和研究前沿——基于 8 种 SSCI 高等教育学期刊 2000~2011 年文献共被引网络图谱的分析》，《教育研究》2012 年第 6 期，第 136~143 页。

[24] K. O. Rosinger, "Can simplifying financial aid offers impact college enrollment and borrowing? Experimental and quasi-experimental evidence," *Education Finance and Policy*, 2019, 14 (4): 601-626.

[25] P. Oreopoulos, R. Ford, "Keeping college options open: A field experiment to help all high school seniors through the college application process," *Journal of Policy Analysis and Management*, 2019, 38 (2): 426-454.

[26] C. Hoxby, C. Avery, "The missing 'one-offs': The hidden supply of high-achieving, low-income students," *Brookings Papers on Economic Activity*, 2013: 1-65.

[27] Y. Shi, "Who benefits from selective education? Evidence from elite boarding school admissions," *Economics of Education Review*, 2020, 74 (1): 1-26.

[28] K. J. Robinson, J. Roksa, "Counselors, information, and high school college-going culture: Inequalities in the college application process," *Research in Higher Education*, 2016, 57 (7): 845-868.

[29] D. Fitzpatrick, "Challenges mitigating a Darwinian application of social capital: How specific advising activities by high school counselors shift measures of college readiness but not college-going," *Research in Higher Education*, 2020, 61 (5): 652-678.

[30] J. Smith, M. Pender, J. Howell, "The full extent of student-college academic undermatch," *Economics of Education Review*, 2013, 32 (1): 247-261.

[31] B. Z. Wu, X. H. Zhong, "Matching inequality and strategic behavior under the Boston

mechanism: Evidence from China's college admissions," *Games and Economic Behavior*, 2020, 123: 1-21.

[32] E. W. Dillon, J. A. Smith, "Determinants of the match between students ability and college quality," *Journal of Labor Economics*, 2017, 35 (1): 45-66.

[33] S. Y. Bo, J. Liu, J. L. Shiu, et al., "Admission mechanisms and the mismatch between colleges and students: Evidence from a large administrative dataset from China," *Economics of Education Review*, 2019, 68 (1): 27-37.

[34] Y. Cao, "Centralized assignment mechanisms and assortative matching: Evidence from Chinese universities," *Journal of Economic Behavior & Organization*, 2020, 177: 255-276.

[35] P. Gurin, E. L. Dey, S. Hurtado, et al., "Diversity and higher education: Theory and impact on educational outcomes," *Harvard Educational Review*, 2002, 72 (3): 330-366.

[36] S. Rothman, S. M. Lipset, N. Nevitte, "Does enrollment diversity improve university education?" *International Journal of Public Opinion Research*, 2003, 15 (1): 8-26.

[37] L. M. Perna, M. A. Titus, "The relationship between parental involvement as social capital and college enrollment: An examination of racial/ethnic group differences," *Journal of Higher Education*, 2005, 76 (5): 485-518.

[38] S. D. Museus, R. Vue, "Socioeconomic status and Asian American and Pacific islander students' transition to college: A structural equation modeling analysis," *Review of Higher Education*, 2013, 37 (1): 45-76.

[39] L. Bonilla-Mejia, N. L. Bottan, A. Ham, "Information policies and higher education choices experimental evidence from Colombia," *Journal of Behavioral and Experimental Economics*, 2019, 83 (5): 1-13.

[40] J. Hyman, "Can light-touch college-going interventions make a difference? Evidence from a statewide experiment in Michigan," *Journal of Policy Analysis and Management*, 2020, 39 (1): 159-190.

[41] J. M. Cunha, T. Miller, E. Weiburst, "Information and college decisions: Evidence from the Texas GO Center project," *Educational Evaluation and Policy Analysis*, 2018, 40 (1): 151-170.

[42] B. Castleman, J. Goodman, "Intensive college counseling and the enrollment and persistence of low-income students," *Education Finance and Policy*, 2018, 13 (1): 19-41.

[43] O. Gurantz, M. Pender, Z. Mabel, et al., "Virtual advising for high-achieving high school students," *Economics of Education Review*, 2020, 75 (2): 1-9.

[44] 张务农、黑雪慧：《高等教育信息化建设：现状、前沿与趋势》，《高等教育评论》2020年第2期，第155~167页。

[45] 刘海峰、李木洲：《兼顾公平与科学的高考改革》，《中国考试》2015年第9期，第3~9页。

[46] 瞿振元：《坚持科学选才与促进公平的有机统一——对深化高考改革的几点认识》，《中国高教研究》2014年第10期，第1~4页。

# Hot Spots and Frontiers of Researches on the International College Admission System
## —Bibliometric Analysis Based on SSCI（2001-2020）

*Zhu Peipei*, *Liu Haifeng*

**Abstract**: Through the bibliometric analysis of 2174 research papers on college admission system published in SSCI database from 2001 to 2020, it is found that the hot spots of researches on international college admission system focuses on five themes: the influence of economic factors on the fairness of college admission, students' motivation and pluralistic evaluation standards of college admission, the expansion of higher education and the equality of college admission, the improvement of college admission matching mechanism, and capital and the competition of higher education enrollment opportunities. The three themes of the influences of admission application, enrollment matching and the value turn of affirmative action in college admission are in the forefront of international college admission system researches, and the information intervention in college admission is the latest frontier of international college admission system researches. Although the domestic researches on college admission system also focuses on the two core concepts, that is fairness and scientificity, the international researches on college admission system pay more attention to the specific problems from the macro perspective, the corresponding research topics which scholars from different disciplines are deeply involved in, and the practical inspection which paid more attention to the compatibility between fairness and scientificity.

**Keywords**: College Admission System; Bibliometric Analysis; SSCI

# 高等教育治理模式的国际比较和借鉴*

左崇良**

【摘　　要】全球范围内高等教育治理在发展中推陈出新，形成了“学术共同体”模式、“受托人”模式、“利益相关者”模式和“合作网络”模式。高等教育治理模式与一个国家的政治、经济、文化相关联，微观的高等教育治理模式深受宏观模式的影响，通过对英、法、俄、美等国高等教育治理模式的比较，能够展现各国高等教育的权力结构和资源体系。全球化背景下，各种高等教育治理模式呈现一体化发展的趋势。在借鉴国外经验的同时，我国高等教育的治理变革还需立足中国国情，做本土化的改造，走一条不同于西方国家的道路。

【关 键 词】高等教育治理　学术共同体　本土化

高等教育治理是一个关键的政策问题，受到世界各国的重视。高等教育治理变革，发起于20世纪80~90年代的欧美国家，后来逐渐扩展到亚非拉地区的国家，如今，高等教育治理已成为全球性的主题。在全球化背景下，高等教育在不同国家依然存有不同的治理模式，值得进行多层面的比较分析，以期为我国高等教育治理改革走出困境提供借鉴与参考。

## 一　高等教育治理模式的比较

高等教育治理模式与政治、经济、文化相关联，每一个模式的目标指向不同，在不同的国家，在不同的层面，在不同的环境和不同的时代，会出现不同的治理模式。对于高等教育治理模式的分类系统，逻辑基础是高等教育系统的资源和权力配置，可从微观层面和宏观层面对之进行比较。

---

* 本文系湖南省自然科学基金项目“普及化阶段高等教育的政策选择与治理机制研究”（2021JJ30065）、教育部人文社会科学基金项目“高校教师参与大学治理的现状及应对策略研究”（21YJA880003）的研究成果。

** 左崇良，男，湖南衡阳人，教育学博士，衡阳师范学院教育科学学院副院长、副教授，厦门大学教育研究院博士后。

## （一）高等教育治理模式微观层面的比较

高等教育的微观治理模式，主要是指院校层面的治理模式。根据世界各国高等教育的发展脉络、运行规则和资源体系及内外部权力构成，可以梳理出四种类型的大学治理模式。

1.“学术共同体”模式

“学术共同体”模式是一种古老而现代的大学治理模式，在这种治理模式中，大学的运行及主要权力掌握在教师手中，大学教师怀着学术民主的观念，通过自身的“学术权威”在学术委员会对学校各项事务施加影响。“学术共同体”模式的特点是“非正式决策、建立共识、同行共同体和高度互动”[1]，其中最显著的特征是，大学的决策基于独立学者所做的合议，大学就像一个独立的“学术共和国”。

“学术共同体”模式是大学的专业人员治理模式。这种模式的核心观点是：大学教师等学术工作人员是大学最好的配备，教师了解大学、学术目标以及知道如何实现这些。但这种模式有其不足之处，学术工作人员往往对治理实践缺乏技能或兴趣，面对越来越复杂的高等学校系统，单一的学术治理目前几乎难以应对管理和财务上的挑战。[2]“学术共同体”模式中，学科和专业发挥着强大作用，决定了大学的性质和操作。但是，“学术共同体”模式是高等教育的“纯”状态，不太可能在世界任何国家找到，英国剑桥大学、美国加州大学伯克利分校被认为是学术民主的先端，大学教师拥有较大的权力并积极地参与大学治理，这类大学最为接近“学术共同体”模式。

“学术共同体”模式具有强烈的理想色彩，在欧美国家一些学术传统深厚的大学仍具有一定的影响力，而在多数国家未能成为主流模式。

2.“受托人”模式

“受托人”模式是第二种大学治理模式，拓宽了大学自我治理的范畴。此处的“受托人”，指的是外部的主体，董事会的行为代表着信托受益人的利益；信托受益人是一些群体，包括教师和学生。在这种模式中，各主体基于“信任”建立联系，在董事会和信托受益人之间建有独立负责的机构，在实践操作上实行决策的分离。为确保教师和学生的权益，“受托人”模式要求大学及时调整目标和任务，并努力满足公众的期望。“受托人”模式在欧美国家有两个典型代表——英国的沃里克大学和美国的麻省理工学院，知识的市场化和研究成果的商业化是这种模式的主要特点。

“受托人”模式是一种“法人治理”模式，其主要吸引力在于：看重道德行为，能较为清晰地阐明基于信托关系的治理，在高等教育的提供者和社会之间建立联系。“受托人”模式的关键是，受托人有较强的自主性，可自由地进行审议，这有利于共同利益的维护。当今世界，有 1/4 以上的高校采用了“受托人”模式，这种模式又被称为“企业”模式或“公司治理”模式。“受托人”模式的主要特征是，通过行使

"领导力"促成管理目标的实现。为寻求更多的收入来源，高校与私营部门建立合作伙伴关系，共同进行商业性研发，在全球的市场中出售服务，这种模式在英美等国取得了一定的成功。

但是，"受托人"模式一直受到众多批评。有学者指出，高等教育机构不同于企业等经济组织，具有较强的文化特性和自组织性；大学与企业的不同在于"大学通常是一个非营利机构"。非营利涵盖一种"禁止分配剩余"原则[3]，"禁止分配剩余"会对大学治理产生重大影响：大学不能像企业那样通过股权分享来实现对代理人的激励相容，而必须通过构建一定的监督机制来对校长乃至管理层进行约束，因而往往需要付出更高的治理成本[4]。此外，大学的社会价值无法完全以货币形式呈现。因此，大学的"受托人"模式具有某种程度的模糊性，而且有可能偏离大学核心目标。

3. "利益相关者"模式

如今，"利益相关者"模式，已在欧洲高等教育领域占主导地位，欧盟在各成员国的大学积极推广此类"参与式"模式。"利益相关者"模式是一种"代表性"的治理模式，这种模式比"受托人"模式更有利于实现大学的核心目标。

"利益相关者"模式假定"大学是一个为公众服务的机构"，社会各界人士可广泛参与大学治理。大学的"所有者"，是众多的利益相关者，包括校内的教师、学生和校外的企业、私人捐赠者、政府等。在这种模式中，机构自主权很重要，被认为是战略决策的基础，大学的首要任务是满足各类利益相关者的利益。"利益相关者"模式的关键是，设计一种协商合作的机制，通过多主体的沟通与讨论维护公共利益，公众参与方式是"平等协商"。

"利益相关者"模式，具有明显的优缺点。"利益相关者"模式有时被称为"后官僚制的治理方式"，在这种模式中，不同的群体在大学的运行中具有不同的利益，享有与之相应的发言权。这种方式对公众有着足够的吸引力，但 Amaral 和 Magalhães 尖锐地指出，承认一群外在的个体很可能会出现一种转变，即大学从"象牙塔"到"通天塔"的转变[5]。这种治理模式具有较弱的教师参与机制，而建立了强有力的管理机构，作为公共利益代表协调部门的管理机构，对大学的运行发挥着重要作用。一些批评家指出，"利益相关者"模式中，一些群体比另外一些群体对大学产生更大影响，治理委员会掌控大学，组织的领导人在议程设置方面发挥着决定性的作用，而学术人员的声音有时听不到。

4. "合作网络"模式

"合作网络"模式是更大范围的一种大学治理模式，指多元利益主体对大学事务有更高程度的参与，并在高等教育领域形成一个互动的合作网络。"合作和共治"是"合作网络"模式的主要特征。在大学之外，高等教育委员会可作为政府和高校之间的桥梁，制造一个"缓冲区"。例如，加拿大安大略省的高等教育系统中存在诸多缓冲组织，其中最有名的是安大略大学委员会和大学事务委员会。高等教育质量保证局（QAA），为英国高等教育的发展确立了明确的标准，并形成一个“缓冲地带”。

“合作网络”模式的主要观点是，大学的身份、使命和文化意义都是独特的，“合作网络”模式，适用于需要不同治理的人群的机构系统，如大学和高等教育系统。几十年来，美国高等教育领域的权力朝着加强院校行政领导的方向发展，往上层结构的方向发展，这个结构包括联合大学的行政管理，各州最高委员会、各州政府的计划和控制，地区协作和联邦政府更为经常更为系统地干预高等教育。[6]通过合理的权力配置和责任分担，美国高校达成了各类利益主体的广泛合作，实现了多元共治的目标，多主体共同保障了高等教育质量。

高等教育治理的四类模式，“学术共同体”“受托人”“利益相关者”“合作网络”，连续的范围从最高程度的大学自治到最高程度的外部参与。四种模式中，“学术共同体”模式是大学治理的原型，反映了大学治理的内在逻辑。但是，大学的高度自治也存在弊端，大学的学者置身于“学术共和国”之中，对外部世界漠不关心，有脱离社会之嫌。“受托人”模式具有中介型的特征，能有效增强大学的社会服务功能，但这类大学存有偏离核心目标的危险。“利益相关者”模式和“合作网络”模式的区别在于社会参与的程度和方式有所不同，共同点在于两者都强调社会对大学事务的参与。各种治理模式都能在一定程度上保障大学成功履行其核心职能，即人才培养、科学研究和社会服务。每一种大学治理模式都有其哲学基础，每种治理模式都有其无所适从的一面，也有其大有所为的一面。世界上没有哪一种大学治理制度对各类情况都是普遍适用的，具体的环境和校情都可能影响大学目标的实现。

## （二）高等教育治理模式宏观层面的比较

宏观层面的高等教育治理模式，主要体现为国家层面的教育治理模式。高等教育的重要性，使得各国政府一直在推动教育政策法规落实，不断加强大学的外部质量保证。现时期，高等教育以民族国家的形式发展，西方国家的高等教育在变动的环境中发展，形成四种较具影响的宏观治理模式。

### 1. 英国：高等教育的国家监督模式

在世界范围内，各国政府领导高等教育的方式有所不同，根据大学与国家的关系可将高等教育治理分为两大类型：国家控制模式和国家监督模式。在国家监督模式中，政府对高等教育所施加的影响较小，很多决策都留给大学。政府在高等教育治理方面拥有众多政策手段，最重要的手段是提供资金、规划、评估和调整；国家会提出较为宽泛的高等教育运作参数，关于大学使命和目标的基本决策仍旧保留在高等教育系统及各院校手中。[7]英国是高等教育国家监督模式的典型代表。

英国是率先开展高等教育治理的国家。20世纪80年代，英国在高等教育领域引入治理，在高校与政府间增添了新的元素——市场和社会，高校的学术权力开始向外部转移，政府及社会中介组织、消费者参与进来，高校与政府、社会之间的关系有了新的变化。通过权力关系的调整和资源流动机制的重建，英国建立了政府掌舵、市场运行、社会参与的高等教育治理框架：政府决定着高等教育治理的目标，设定高等教育的发展路径；市场机制能够改变大学运行规则，激发高等教育活力；社会中介组织体系作为政府代理及政府与大学之间的“缓冲”，非政府力量作为政策行动者参与政策网络的协调，推动着社会参与高等教育治理。[8]

英国高等教育治理体系经历了从“精英逻辑”到“专家逻辑”再到“市场逻辑”的变迁。其中，治理的思想逻辑由19世纪的“牛桥理念”转向20世纪的“新牛桥理念”，再转为20世纪末以来的功利性高等教育观念；结构逻辑的趋势表现为：治理机构的职能从临时兼职到专业法定，治理结构的中心从议会转到大学拨款委员会再到主管行政部门，大学的治理地位从主导走向边缘。[9]考察英国高等教育的权力结构，可以发现英国高等教育治理模式的主要特征为：（1）政府重视高等教育并发挥主导作用；（2）重视市场和社会对大学治理的参与，形成高校—政府—市场—社会治理结构；（3）尊重大学自治和学术自由，在大学与国家之间构建缓冲机制，政府和大学之间保持适当的距离。经过30余年的发展，英国在高等教育治理变革方面取得了公认的成功。博洛尼亚进程试图按照英国模式来组织一个欧洲高等教育区，塑造一个统一的欧洲高等教育治理模式。

2. 法国：高等教育的法治模式

法国是一个传统与现代并重的国家，既强调大学自治，又强调教育法治，擅长以法律为手段来建构高等教育治理结构，通过大学章程来维护大学自治。法国的《2013年高等教育与研究法》以法律的形式确认了大学自治运动的相关改革举措，包括：以定期授权大学颁发文凭的制度取代文凭颁发委托制度，完善大学的内部治理结构，赋予“大学与教育科研机构共同体”以公务法人的地位。根据修改后的《教育法典》，法国用法律制度保障大学的办学自主权，大学学术委员会的决议拘束力、组织规范性和议事民主性大为加强，行政委员会作为大学发展战略决定机构的定位更明确。[10]

法国高等教育系统存在维护教授治校和提升大学治理效率的两股力量。大学章程是大学在法律框架下实施治理的自我规范。大学章程在法国十分平常，原因在于法国高等教育法已规定了大学治理的基本模式，大学章程只是某大学治理结构与机制的具体化。[11]纵观法国公立大学改革的发展趋势，传统的大学自治因外部力量的介入而有所弱化，但这并不意味着学者自主模式的颠覆，学术自治转化为共治体系中一个仍具影响力的一维。作为一种传统力量，大学自治仍然以各种方式抵制着外部力量的干预。法国大学有着教育传统，有政治、经济、文化等方面的基础，法国政府主要依据高等教育法来调整大学的内部治理结构。大学法人治理结构决定了校内权力的分配与运行方式，其合理程度影响着大学的整体竞争力。为了避免法律对大学自治的不当干预，一方面，法国通过高等教育法来明确大学的法人地位，划定大学与政府的权力边界；另一方面，高等教育法必须接受审查，以确保法律的相关规定能促进高校正确地行使权利。法国在维持大学自治的基础上寻找理想的高等教育治理结构来满足高校的民主参与需求，在加强法律对高等教育施加影响的同时，提高高等教育的国家化程度，法国的高等教育政策和制度正处在矛盾的抉择中，治理变革还在延续。

3. 俄罗斯：高等教育的国家控制模式

在现代社会，大学是国家的知识之翼，高等教育成为民族国家最重要的公共事业。几乎所有国家都在强化政府对高等教育的兴趣，并以更多的方式掌控高等教育。俄罗斯是欧洲国家中集权倾向最为明显的，俄罗斯政府试图控制高等教育系统的诸多方面：高等教育入学机会、考试制度、教学人员的聘任和报酬、课程学位要求。因此，俄罗斯可作为高等教育国家控制模式的典型代表。

俄罗斯高等教育深受“国家主义”的影响。纵观俄罗斯高等教育的发展史，政府始终处于强势的一方，虽然在某个时期，俄罗斯高校也曾获得一些自治权力。随着社会的发展，俄罗斯高等教育领域发生了一些变革。大学外部治理主体如社会和市场逐渐参与进来，打破了政府全面控制的局面，政府将工作的重心转向对高等教育的政策制定和宏观调控。社会中介组织，对高等教育治理发挥着监督和协调的作用。大学是高等教育治理的内部载体，大学的行政权力、学术权力及民主权力等各类权力的分配和运行机制，也是俄罗斯高等教育治理体系的重要部分；新时期俄罗斯高等教育领域各利益相关者之间的相互协调和监督，共同构建了俄罗斯高等教育治理的模式，也体现出了其独有的特色。[12]但时至今日，俄罗斯高等教育治理仍具有国家控制的强烈色彩，这种高等教育治理模式既有优点，也有不足，需以辩证的眼光去看待。俄罗斯高教系统中存在强有力的行政控制和相对较弱的学术力量，但近年来俄罗斯的一些高校实施了基于学术治理的控制和分配机制的新变革，着力摆脱传统的低效率治理模式。[13]俄罗斯高等教育国家控制模式的形成是高等教育与国情相融合的结果，同时，俄罗斯高等教育治理也处在动态变化之中。

4. 美国：高等教育的协同共治模式

美国的高等教育事业十分发达，高校数量众多，种类繁杂，共计 4000 余所。美国高教系统中既有全世界最好的大学，也有众多毫不起眼的社区学院，众多高校在一个合理有序的竞争环境中自由发展，美国高等教育因此呈现多样化特征。

美国高等教育治理模式具有典型分权和共同治理的特征。宏观上，高等教育系统的权力分散在不同的权力主体身上，如高校、政府、社会和市场。微观上，大学的共同治理是指让更多的大学利益相关者参与大学的治理，最主要是教师，也包括学生、家长、校友、社区。美国高等教育分权具有四种呈现方式，即梯次分权、水平分权、形式分权和类型分权；高等教育共治按照权力交织的特点可分为宏观共治、微观共治、交叉共治和弹性共治；通过科学合理的权力分配和责任分担，美国高等教育达成了多元利益主体的平衡，增强了高校的灵活性和适切性，实现了多元共治的目标。[14]

共同治理是美国高等教育治理的主要方式。美国针对高等教育制衡化约束治理决策、共享化影响治理决策、松散化制约治理协调、政治化弱化治理效力、公司化限制教师治理权力等问题，采取了建立高等教育治理法律机制、问责机制、协调机制、大学校长负责制、教师参与机制等解决对策，以提升大学治理效率和效力。[15] 美国高等教育的特点是开放性强，相对于英法等欧洲国家的大学，美国高校的外部权力较强，学术权力较弱，但美国高等教育具有整体上的优势。美国高等教育的分权和共治，通过定位高等教育各关系主体、系统要素之间的联动关系，跟踪不断变化的发展形势，制定规则以优化运行程序，形成由主体、结构和程序及其之间相互作用构成的运行机制，确保高校遵循一定的运行规则，有助于形成全国性的学术秩序。

世界各国高等教育的内外部关系和权力结构有所不同。由于每个国家的传统文化和思想观念的差异，政治经济体制和水平的不同，再加上人口压力和资源条件以及高等教育演变路径与环境的差异，世界上许多国家都以中世纪大学为参照，通过国家政策，建构起与本国政治、经济和法律制度等相适应的高等教育治理模式。世界各国高等教育的发展始终伴随着追求良性治理的探索和努力，这种探索和努力的目的不仅是让高校生产高质量的教育产品，同时也是平衡各个行为主体的利益，并最终保全大学精神。

## 二　高等教育治理模式的借鉴与创新

当今世界，高等教育的国际化和民族化交融在一起，世界各国的高等教育相互影响、互为借鉴，高等教育治理模式在相互借鉴中推陈出新。

### （一）国外高等教育治理的经验

世界范围内高等教育治理模式多种多样，各种模式具有自身特色，但也存在一些共性特征，西方国家的经验为我国高等教育治理改革提供了有益的启示，体现为四个方面。

1. 强调大学自治，尊重学术自由

欧美发达国家的现代大学，具有大学自治和学术自由的传统。英国的牛津大学和剑桥大学是典型的自治型大学，在世界上享有很高声誉。英国大学和政府之间的缓冲机制，为大学的学术自主留下了发展的空间。

2. 注重社会参与，引入市场元素

社会和市场是高等教育治理的外部主体，社会和市场力量对大学治理一定程度的参与，可增强高校的社会适应能力。英国、澳大利亚等国高等教育治理改革体现为一种范式上的转型，以管理体制改革为重点，引入市场竞争机制与绩效管理。

3. *政府适度分权，走向共同治理*

分权与共治是各国高等教育治理的发展方向。美国高等教育治理中，政府通过适度分权，使大学得以独立发展；市场和社会的广泛参与，增强了大学的适应性。美国高等教育共治模式的成功，引起世界各国的学习和模仿。

4. *运用法治手段，形塑大学治理结构*

在西方国家，法治是高等教育治理的一种重要手段。法国、德国等欧洲大陆国家依据高等教育法来调整大学的内部治理结构，规定大学运行的基本模式。

### （二）中国高等教育治理模式的选择

高等教育治理模式的选择是多种利益权衡的结果，体现了高等教育自身历史与外部控制的张力。我国高等教育治理模式的选择，需要考虑内外部多种影响因素。

高等教育治理模式的选择离不开中国独特的历史背景和社会环境。当今社会，高等教育的民主化、普及化和现代化发展趋势使得政府与高校的关系日趋复杂，迫使政府进行多方面的管理变革。中共十八届三中全会提出了“推进国家治理体系和治理能力现代化”，并强调要推进教育治理现代化和“完善学校内部治理结构”。

政府与大学的关系是我们需要考虑的首要问题。现时期我国高等教育外部治理依然面临诸多困境，如何在各方博弈中寻求管理和自治的平衡，形成大学、政府、市场的有效联结，仍是高等教育外部治理领域的重要议题。[16] 大学治理需具有边界意识，大学既要在自主的基础上接受政府必要的约束，也要与政治保持必要的距离。我国高校办学自主权与西方国家的大学自治、学术自治等概念的意蕴相近；大学办学自主权并不存在一种理想模型，不能简单照搬国外的做法，而需结合具体的国情政体、高等教育的发展目标及现状等因素做出理性的选择。[17]

高等教育治理的模式选择涉及高等教育系统的权力配置，集中体现了高等教育的立法、控制、驾驭和调节等安排。院校、政府和市场是高等教育治理的三个要素，高等教育治理变革需要通过国家立法的方式，明确各要素的组成，明确各主体的权责关系，明确院校管理和经费筹措的方式，明确有关教学和科研计划的自主权和控制等问题。政府应在尊重学术自由的基础上，借助法律监督、信息指导等相对宽松的方式对高等教育系统进行宏观调控。大学在坚持学术自治的基础上，通过大学章程明确各主体的责权利。在我国推进现代大学制度建设的过程中，增强大学治理的社会参与是遏制大学行政化趋势蔓延的一种选择。

### （三）中国高等教育治理模式的构建与完善

中国高等教育治理有着政治、经济、文化和教育传统等方面的基础，也受国际环境的影响。高等教育治理模式的完善，既要借鉴和吸取欧美发达国家的经验和教训，也要立足我国国情，以建设中国特色的高等教育治理模式。

1. 方向与目标

我国高等教育的发展方向和治理目标，是高等教育的现代化和“良法善治”。

高等教育治理体系和治理能力现代化是教育现代化的必然要求。我国高等教育治理体系构建需符合高等教育强国建设的根本利益，治理体系主要包括治理理念、治理组织、治理制度和治理能力等方面；高等教育治理现代化是政府、高校和社会组织实现治理理念现代化、组织现代化、制度现代化和能力现代化的动态过程。[18]

现时期我国高等教育治理改革已进入治理现代化阶段，相关部门在政策选择时须具备全球化的视野，遵循人类文明的共同轨迹，这就意味着我国高校在制度形态上必须向现代大学制度的普遍形态靠拢。在借鉴国外经验的同时，我国高等教育的治理变革还必须立足中国国情，做本土化的改造，走一条不同于西方国家的道路。

2. 关键问题和推进路径

高等教育发展水平是一个国家发展水平和发展潜力的重要标志。随着社会的发展和高等教育管理方式的转变，决策权力如何在政府、高校、市场和其他主体之间合理分配，以构建有序运行的高等教育治理体系，成为我国高等教育治理改革的关键问题。

相对于欧美发达国家，我国高等教育治理改革起步较晚，改革推进的过程也不顺利。我国高等教育治理现代化进程中陷入多重困境，主要体现为：(1) 高校的行政化色彩浓厚，学术力量较为薄弱；(2) 政府管理手段单一，“管办评分离”改革推进困难；(3) 教育治理过于倚重政策，法治理念欠缺；(4) 高等教育的社会参与不足，治理体系不完善。我们要借鉴和参考他国高等教育治理改革经验，取长补短，依据本国国情，办出自己的特色。

推进高等教育治理现代化，需立足依法治理，发挥多元主体智慧，提升多元共治的高等教育治理能力。具体路径策略有以下几个方面。(1) 着力推进高等教育改革创新，落实高校办学自主权。改革创新是高等教育发展的动力所在，是必由之路。我国高校办学自主权需进一步落实，高校内部治理体系需进一步完善。(2) 推进高等教育法治化，推进现代大学制度建设。树立法治思维，以法律制度为重点，让高等教育治理更有水平。中国特色的社会主义教育制度，是我国高等教育发展的总制度。现时期高等教育的任务，是在这个框架下，建设现代大学制度，用制度激发活力。(3) 推进高校“管办评分离”改革，保障高等教育质量。推进高等教育“管办评分离”改革，可为高校外部质量保障提供全新的制度环境。在“管办评分离”中推进高等教育协同治理，需要激励治理主体、创新治理工具和健全治理机制。(4) 调整高等教育体系结构，构建具有中国特色的治理模式。我国高等教育治理体系结构的完善，可通过国家层面高等教育政策的重新调整和学校改革来达到。高等教育体制改革的核心就是理顺各种关系，使政令畅通，确保治理的有效性。

## 结　语

世界各国高等教育治理模式的形成都是"遗传"与"环境"相互影响的产物，同时，高等教育治理也是一个动态变化的过程，需要不断完善。只有真正把握好高等教育治理模式演变的历史与现实，才能超越简单的模式化的模仿，实现高等教育的内在逻辑与国际发展趋势的有机结合。为了我国高等教育健康有序的发展，我们对各类高等教育治理模式做了全面深入的分析。英美法俄等国的高等教育治理模式各有特色和优点，也存在不足，需要以辩证的眼光去看待，在借鉴中融合发展。

**参考文献**

[1] A. Kezar, P. D. Eckel, "Meeting today's governance challenges," *The Journal of Higher Education*, 2004, 75 (4): 371-398.

[2] Leon Trakman, "Modeliling university governance," *Higher Education Quarterly*, 2008, 62 (1/2): 63-83.

[3] 亨利·汉斯曼：《企业所有权论》，于静译，中国政法大学出版社，2001，第332页。

[4] Armen A. Alchian, Harold Demsetz, "Production, information costs, and economic organization," *The American Economic Review*, 1972 (5): 777-795.

[5] A. Amaral, A. Magalhães, "The emergent role of external stakeholders in European higher education governance," in *Governing Higher Education: National Perspectives on Institutional Governance* (Netherlands: Springer, 2002), pp. 1-21

[6] 弗兰斯·F. 范富格特：《国际高等教育政策比较研究》，王承绪译，浙江教育出版社，2001，第204~205页。

[7] 约翰·范德格拉夫：《学术权力——七国高等教育管理体制比较》，王承绪译，浙江教育出版社，2001，第422页。

[8] 崔艳丽：《20世纪80年代以来英国高等教育治理研究》，博士学位论文，南京师范大学，2014，第1页。

[9] 冯磊：《从"精英逻辑"到"市场逻辑"：英国政府高等教育治理体系的变迁》，《现代大学教育》2021年第2期，第49~58页。

[10] 黄硕：《法国高等教育立法的新近发展及其对中国高校治理的启示》，《复旦教育论坛》2019年第3期，第24~30页。

[11] 王晓辉：《法国大学治理与大学章程》，《现代大学教育》2015年第4期，第19~25、112页。

[12] 李盼宁：《俄罗斯高等教育治理模式研究》，硕士学位论文，陕西师范大学，2017，第1页。

[13] Yaroslav Kuzminov、Maria Yudkevich:《横向学术治理与纵向行政约束的博弈——俄罗斯大学治理模式变革案例分析》，韩梦洁译，《中国高教研究》2016 年第 5 期，第 73~76、80 页。

[14] 左崇良、胡劲松:《美国高等教育的分权与共治》,《国家教育行政学院学报》2013 年第 8 期，第 90~95 页。

[15] 张艳臣:《美国高等教育治理的问题、对策及其启示》,《教育评论》2020 年第 11 期，第 157~161 页。

[16] 高树仁、宋丹:《高等教育外部治理：历史源流、基本范畴与问题意识》,《高等教育研究》2021 年第 1 期，第 39~45 页。

[17] 卢晓中:《国家基础权力视域下的我国大学办学自主权》,《大学教育科学》2020 年第 4 期，第 41~47 页。

[18] 黄炳超:《高等教育治理现代化的实质表征、现实困境与目标指向》,《黑龙江高教研究》2020 年第 2 期，第 7~11 页。

# International Comparison and Reference of Higher Education Governance Models

*Zuo Chongliang*

**Abstract**: The governance of higher education across the globe is innovating during the process of development, and has formed models of "academic community", the "trustee", the "stakeholder" and the "cooperative network". The governance model of higher education is related to the politics, economy, and culture of a country. And the micro-governance model is deeply influenced by the macro-governance model. By comparison of the higher education governance models in Britain, France, Russia and the United States, the power structure and resource system of higher education in various countries can be seen. In the context of globalization, the multiple governance models of higher education present a trend towards integration. While drawing on foreign experience, the reform of China's governance model of higher education also needs to be localized based on national conditions, so as to explore a path different from that of western countries.

**Keywords**: Higher Education Governance; Academic Community; Localization

·高等教育治理·

# 中国高校学科交叉制度的历史进程、现实困境及破解路径*

杨朔镔　任增元**

【摘　　要】高校学科交叉作为学科建设的制度化路径与表征，镶嵌于高校组织制度的历史演进、政策过滤以及个体利益相关者的多方博弈之中。新中国成立以来，我国学科交叉制度经历了萌生、探索与确立阶段，以及与高校建设并行、融入高校建设和与高校变革发展深度结合的演进历程，形成了现行形态与格局。然而，面对高校学科建设的现状与现实需求，我国高校学科交叉制度建构还存在本体逻辑弱化、组织模式僵化、文化生态失衡等问题。需要从体制改进、组织创新以及环境重塑三个方面着手，彰显高校学科交叉制度建构的主体逻辑、完善高校学科交叉制度建构的治理体系、营造高校学科交叉制度建构的文化生态。

【关 键 词】学科交叉制度　高等教育　学科建设

交叉学科是知识体系人为划分的结果。现代意义上的交叉学科（interdisciplinary）概念最早由美国心理学家伍德沃斯（R. S. Woodworth）在1926年提出，他倡导在两个或多个学科之间开展科学研究。[1]到20世纪中期，这一概念开始得到广泛使用。“尽管关于交叉学科的概念见仁见智，我们认为交叉学科仍具有一些普遍性特征，包括研究对象的交叉性、研究方法的互补性、研究内容的整体性和研究能力的组合性。”[2]随着现代科学知识的出现和全球化时代的到来，学科知识的总量不断膨胀，而边界日益固化，为打破学科之间的藩篱，建立不同学科之间的关联，促进学科知识的交叉融合，产生新的学科思想和知识生产范式，学科交叉的重要性日益凸显，已成为现代科学发展成熟的重要标志。而在促进学科交叉的诸多决定性因素中，制度无疑

* 本文系2021年度教育部人文社会科学研究规划基金项目“‘破五唯’：高校学术评价改革的实践与制度优化研究”（21YJA880053）、吉林省社会科学基金项目“以质量为导向的学术评价制度供给与优化研究”（2019B100）的研究成果。

** 杨朔镔，男，四川苍溪人，管理学博士，东北师范大学教育学部讲师；任增元，男，辽宁朝阳人，管理学博士，吉林大学高等教育研究所教授。

是根本性、全局性、稳定性和长期性的因素，全面、系统与具体的制度供给是学科交叉的内在要求和根本保证。

高校是国家创新体系的重要组成部分，也是学科建设的主体。无论是现实需求还是长远谋划，都迫切要求高校创新学科交叉的制度设定，为建设好交叉学科提供稳定可靠的制度保障。站在新的历史节点上，无论是完善我国教育治理制度和治理体系、加快世界一流学科建设，还是超常规培养紧缺人才，助力解决我国面临的科技“卡脖子”问题，都凸显出高校交叉学科建设及学科交叉制度创新的重要意义。

## 一　萌生、探索与确立：新中国成立以来高校学科交叉的制度演进

制度在本质上是一个历史范畴。“尽管一经确立的制度会表现出一定的稳定性和凝固化的特征，但从发展的观点来看，它是在不断的变化中存在的”[3]。我国高校学科交叉的制度是在经济社会发展的背景下随着科技教育制度的确立而生成发展的。特别是新中国成立后，随着我国学科分类体系的逐步建立完善以及学科建设意识的不断增强，学科交叉由一种学科建设的理念逐步走向制度化的实践。

### （一）制度萌生阶段：学科交叉与高校建设并行

我国现代大学的学科制度承袭于古代“四部之学”（经、史、子、集），滥觞于清末民国时期融合中西形成的“八科之学”（经、法、文、商、理、工、农、医）。新中国成立后，经过1952年的院系调整，我国逐步确立了独立的科学研究体系。20世纪80年代初，随着《中华人民共和国学位条例》《中华人民共和国学位条例暂行实施办法》等文件的颁布，我国逐步形成了以学科制度为基础的研究生教育制度。1983年3月，国务院学位委员会第四次会议正式颁布实行《高等院校和科研机构授予博士和硕士学位的学科专业目录（试行草案）》，正式确立了以学科门类、一级学科及二级学科为框架的学科制度体系，这标志着我国高等教育从此有了规范的学科分类体系。[4]其后，虽然这一分类体系先后经过1990年、1997年、2011年、2018年、2020年五次调整，但科研和教学融合发展、寓研于教、教研互促的学科制度模式自此保持基本稳定。以此为依托，高校的学科建设逐渐步入正轨，学科的组织功能也日益扩展到项目评审、成果评价、职称晋升、人才培养以及资源配置。在此背景下，交叉学科建设逐渐“浮出水面”，成为我国学科制度建设走向深入的发展方向。1985年5月，中共中央颁布《关于教育体制改革的决定》，提出要“改革高等教育科类比例不合理的状况，加快财经、政法、管理等类薄弱系科和专业的发展，扶持新兴、边缘学科的成长”。[5]这是国家层面文件中首次提出通过学科交叉促进学科建设，是学科

交叉制度建设的开端。但之后一段时期，学科交叉基本脱离了政策文本。直至 1994 年 7 月，国务院发布的《关于〈中国教育改革和发展纲要〉的实施意见》，专门提出高等教育要重点发展应用性学科和专业，适度发展新兴学科、边缘交叉学科，稳定和提高基础学科。其中将“边缘学科”和“交叉学科”两个概念进行整合，提出“边缘交叉学科”的概念。在教育领域有意识地促进交叉学科建设的同时，科研领域也开启了促进交叉学科建设的进程。1995 年 5 月，中共中央、国务院颁布《关于加速科学技术进步的决定》，提出在注重发展新兴带头学科、边缘交叉学科和应用基础学科的基础上，支持自然科学与社会科学的合理结合，重视软科学研究及应用。与此同时，日益细分的学科分类方式以及由此建立的学科制度，也在一定程度上推动了学科交叉制度的建构。总体来看，这一时期学科交叉与高校建设处于并行的阶段。学科交叉还主要局限于对科学研究的认识，学科交叉的发展与高校的人才培养、科学研究、社会服务等职能尚未有效结合。

### （二）制度探索阶段：学科交叉融入高校建设

随着我国经济社会的发展，新兴学科和交叉学科的重要性日益凸显。学科交叉的制度建设开始进入国家视野，与重点大学建设一道被纳入国家重要政策，学科交叉与高校建设进入互相促进时期。

以“211 工程”和“985 工程”开启重点学科建设模式为契机，学科交叉的制度建设进一步加快。1995 年，国家启动实施“211 工程”，强调将重点学科建设作为核心以带动学校整体水平的提高。为进一步推进“211 工程”建设，2002 年 9 月，国家计委、教育部和财政部联合印发《关于“十五”期间加强“211 工程”项目建设的若干意见》，在其指导思想中明确提出以重点学科建设为核心，大力发展对国民经济具有重大推动作用的新兴、交叉学科，努力使一些学科或领域跨入世界先进行列。该文件实际上明确了要将新兴学科与交叉学科并置作为推动重点学科建设的一个重要抓手。2004 年 6 月，教育部、财政部联合发布《关于继续实施“985 工程”建设项目的意见》，强调要突破以传统学科界限为基础的科研管理与学科组织模式，建立有利于创新、交叉、开放和共享的运行机制，以适应现代科学综合化发展的趋势。该文件还具体地指出要加强平台建设，加大学科结构调整力度、拓展学科发展空间以推进学科交叉。在科学研究中推动人文社会科学与自然科学、工程技术等的交叉、互渗与融合。这实际上从机制建设、平台建设以及学科研究三个方面提出了学科交叉的具体路径。此外，中共中央于 2004 年颁布的《关于进一步繁荣发展哲学社会科学的意见》和国务院于 2006 年下发的《国家中长期科学和技术发展规划纲要（2006 ~ 2020 年）》等文件，都进一步强调了要突出学科交叉、融合与渗透，培育新的学科生长点，强化基础学科之间、基础学科与应用学科、科学与技术、自然科学与人文社会科学的交叉融合。

2006年10月，教育部印发《关于加强国家重点学科建设的意见》，提出在按二级学科设置国家重点学科的基础上，增设一级学科国家重点学科；并指出一级学科国家重点学科的建设要突出综合优势和整体水平，促进学科交叉、融合和新兴学科的生长。这实际上进一步强化了一级学科在学科交叉融合中的统合作用。2007年，《国家教育事业发展“十一五”规划纲要》提出要重视发展前沿新兴学科和交叉学科。此后，国家教育事业的“十二五”和“十三五”规划，都持续强调了这一政策目标。2009年2月，国务院学位委员会、教育部联合印发《学位授予和人才培养学科目录设置与管理办法》，提出学科门类和一级学科是国家进行学位授权审核与学科管理、学位授予单位开展学位授予与人才培养工作的基本依据。这实际上是继1983年公布学科建设的基本体系，进一步强化了学科专业目录在学位授予、人才培养和学科建设中的作用。这一政策对高校学科交叉的直接影响是需要在更高、更广的层面促进学科交叉融合，否则将难以突破现有学科目录设置与管理办法。而翌年的6月，教育部、财政部联合印发了《关于加快推进世界一流大学和高水平大学建设的意见》，其中便强调了这一路径，更加全面地赋予了学科交叉以建设功能和着力点。2010年7月，中共中央、国务院联合印发的《国家中长期教育改革和发展规划纲要（2010~2020年）》再次强调了促进多学科交叉和融合，这是我国首次将之写入国家中长期教育发展战略。2012年，教育部、财政部在《关于实施高等学校创新能力提升计划的意见》中提出“加快以学科交叉融合为基础的知识、技术集成与转化”，进一步拓展了学科交叉融合的外延，将学科交叉融合纳入了科技成果的实践转化范畴，而不再局限于原来的人才培养和科学研究。在随后颁布的《“高等学校创新能力提升计划”实施方案》中，学科交叉的协同创新功能得到强调，明确提出要培育体现多学科交叉融合的协同创新方向。

### （三）制度确立阶段：学科交叉与高校变革发展深度结合

党的十八大以来，我国从教育大国向教育强国迈进，加快一流大学建设、培养高层次人才的需求更加紧迫。“双一流”建设充分吸取了“211工程”和“985工程”以学科建设为抓手的经验，进一步突出学科建设在一流大学建设中的作用。在此背景下，交叉学科建设成为“双一流”建设的重要载体和依托，学科交叉与高校变革发展实现了深度结合。

2017年1月，教育部、财政部和国家发展改革委联合印发《统筹推进世界一流大学和一流学科建设实施办法（暂行）》，强调在打造高峰学科的同时，鼓励新兴学科、交叉学科建设。2018年8月，三部委联合印发《关于高等学校加快“双一流”建设的指导意见》，对学科交叉融合的路径做出更为细致的规定。提出要打破学科壁垒，探索跨院系、跨学科、跨专业交叉培养创新创业人才机制，着重围绕以大物理科学、大社会科学为代表的基础学科，以生命科学为代表的前沿学科，以信息科学为代表的应用学科，组建交叉学科，促进哲学社会科学、自然科学、工程技术之间的交叉融合。

2020年以来，在加快推进科研创新、着力解决科技“卡脖子”问题的背景下，国家密集出台了一批加快交叉学科建设、促进学科交叉融合的政策文件，学科交叉制度得到不断完善。2020年5月12日，教育部印发《未来技术学院建设指南（试行）》，提出利用四年左右的时间在专业学科综合、整体实力强的部分高校建设一批未来技术学院，探索专业学科实质性复合交叉合作规律以及未来科技创新领军人才培养新模式。7月29日，国家召开新中国成立以来的第一次全国研究生教育会议，会上决定将新增交叉学科作为新的学科门类，以超常规方式加快培养一批紧缺人才，为国家解决科技“卡脖子”问题和科技创新做出贡献。9月4日，为深入落实全国研究生教育会议精神，教育部、国家发展改革委和财政部联合印发《关于加快新时代研究生教育改革发展的意见》，提出“建立基础学科、应用学科、交叉学科分类发展和动态调整新机制”“设立新兴交叉学科门类”。9月11日，习近平总书记在科学家座谈会上强调：“鼓励具备条件的高校积极设置基础研究、交叉学科相关学科专业”。12月15日，教育部、财政部、国家发展改革委联合印发《“双一流”建设成效评价办法（试行）》，强调将依据学科特色与交叉融合趋势进行分类评价。12月30日，国务院学位委员会、教育部联合印发《关于设置“交叉学科”门类、“集成电路科学与工程”和“国家安全学”一级学科的通知》，将新增交叉学科作为我国第14个学科门类，下设“集成电路科学与工程”和“国家安全学”两个独立的一级学科。虽然下设一级学科数量不多，但这一举措是我国学科与学位制度建设史上的一次里程碑式的变革，从根本上解决了我国学科交叉的制度“合法性”问题，是我国学科交叉制度性变革的开端。随着我国科研评价体制机制的颠覆式变革，学科交叉的评价制度建设也被提上日程。2021年4月19日，正值清华大学建校110周年之际，习近平总书记在视察清华大学时指出：“要用好学科交叉融合的‘催化剂’，加强基础学科培养能力，打破学科专业壁垒，对现有学科专业体系进行调整升级，瞄准科技前沿和关键领域，推进新工科、新医科、新农科、新文科建设，加快培养紧缺人才。”[6]

伴随着国家层面的政策制定，学校内部的学科交叉制度建设得到迅速推进。在首轮“双一流”建设信息公开的41所高校“双一流”建设方案中，几乎无一例外都提出要推进交叉学科建设，以交叉学科为抓手建设一流学科。具体包括打造学科集群，建立交叉学科研究院，搭建跨学科、跨院系合作平台等方式。[7]比如，北京大学在全国率先成立了前沿交叉学科研究院，下设纳米科学与技术、生物医学、大数据科学、环境与健康、科学史与科学哲学、脑科学和类脑科学等十多个研究机构，涵盖数学、物理学、化学、生物学、医学、工学等学科的众多交叉研究领域；清华大学成立跨学科交叉研究工作领导小组和科研机构管理办公室，出台教师跨院系兼职和交叉学科学位授予制度；浙江大学以人工智能省部共建协同创新中心为依托，推动学科交叉、激发技术创新、赋能场景应用，为加快培养人工智能领域高层次人才创造条件；吉林大学新办人工智能学院、国家安全与发展研究院，并设立了相应的人工智能、国家安全学科；西北大学通过建立实体性跨学科研究机构、创新学科建设资金分配模式、优化教师职称评审办法等措施，推进学科交叉融合。2021 年 5 月 26 日，根据教育部上一年印发的《未来技术学院建设指南（试行）》等文件要求，北京大学、清华大学等 12 所高校入选未来技术学院建设试点高校。

纵观上述演进历程不难发现，我国学科交叉制度的演进伴随着政治经济文化体制特别是科教体制的变迁，镶嵌于高校组织结构的不断调整与变革之中，学科交叉制度经历了从与高校建设并行到融入高校建设再到与高校变革发展深度结合的历史进程。在这一进程中，高校对国家政策的不断理解与利益权衡，形成了政策过滤，更为重要的是，身处高校且与学科交叉有关的教学科研人员做出了利益抉择。以此为基础，在多方利益相关主体的博弈下，最终形成了我国现有的学科交叉制度形态与格局。

## 二　多元主体主导下的路径依赖：中国高校学科交叉制度建构的现实困境

新制度主义理论认为，制度的变革不能忽视既往制度的影响，因为人们会对旧有制度产生路径依赖。[8]在不同的历史阶段，我国学科交叉既负载了学科建设理念的理性价值，又负载了学科建设路径的工具价值，价值取向也由促进科学研究的单一维度向促进人才培养、科学研究和社会服务的多元维度转变。但面对我国高校学科建设的现状与现实需求，在国家行动、科层管理与学术利益主导的路径依赖之下，我国高校学科交叉制度建构面临本体逻辑弱化、组织模式僵化、文化生态失衡等亟待破解的现实困境。

### （一）国家行动主导下高校学科交叉制度的本体逻辑弱化

在我国独特的政治经济体制下，学科建设由科技教育行政管理部门代表国家统一谋划实施，高校学科交叉制度的构建由国家行动主导，并取得了世所共知的成效。但任何事物都具有两面性，强大的国家行动逻辑固然有利于集中力量、最大限度地发挥后发优势，在短期内赶超竞争目标，却也极易滋生“政治论传统”。由此产生的非制度化、非常规化、非专业化表征的“运动式治理机制”往往导致学术问题行政化，进而造成高校为追求政绩而奉行形式主义。[9]

近年来，虽然国家大力推进“管办评分离”，高校在经费使用、人才评价及科研成果转化等方面的自主权不断增大，积极程度大为提高，“政治逻辑”的作用在不断弱化，但建立高校与政府的平等互动关系格局依然任重道远。“大学之作为社会组织的独立性还没有得到完全的承认，它的政治性色彩甚至比它作为知识传授场所的色彩还要浓厚”。[10]大学仍然是作为政府直接管辖下的行政机构，奉行政治化的管理方式，学科建设的短期绩效指标而不是长远发展导向成为“指挥棒”。加之在不断更新的高校学科制度体系的加持之下，国家行动的政治逻辑在高校学科交叉制度建构中占据着绝对地位。通过学科目录的颁行和定期修订，在以学科门类及一级学科、二级学科为“梁柱”的学科体系固定之后，围绕学科形成的高校院系、科研机构等基层学术组织形式、学科评价机制以及高校职能的实现均围绕这一体系展开。建基于此的交叉学科建设如若放弃对既有格局的坚守，就有面临丧失既得利益的巨大风险。而如果遵从自上而下的学科建设绩效任务安排，就能够更加便捷、更加安全地获得资源。更为重要的是，这一影响日益嵌入高校内部。国家行动引发的政治力量强势支配着高校内部的运行秩序，进而致使高校无论是对外还是对内办学活动的开展，都一致性地形成以国家学科目录体系为中心的评价思维和行动路径，“大学正是在这种短期的、量化的评价中变得焦虑，而这种焦虑又会作用于高校的管理”[11]，从而产生制度变迁的路径依赖。由此造成的后果是，学科建设及学科交叉的步伐与成效难以适应国家经济社会发展的紧迫需要，跟不上国家经济社会发展的强烈需求，甚至在国家创新体系中滋生出“卡脖子”问题。学科交叉的制度建设异化为竞相建立各种促进学科交叉的平台和组织，而学科交叉制度建设本身却并未得到实质性推进。

### （二）科层管理主导下高校学科交叉制度的组织模式僵化

学科组织是学科的组织存在形式和运行基础，是大学的基本单元，也是学科建设的载体。学科交叉的关键在于学科组织制度边界的“跨越”。时至今日，学科的组织模式创新已成为学科建设的重要路径。然而，虽然国内很多高校在去行政化方面做出了尝试，但是高校交叉学科的组织模式和制度逻辑依然受到行政逻辑的宰制。高校内部学术组织行政级别的存在往往“去而复存”，基层学术组织的行政管理方式和运行逻辑依然大行其道。现有学科交叉制度组织模式在纵横维度存在的系列问题，不仅没有使高校组织结构的“基石”作用得到强化，反而使学科组织成为高校开展跨学科研究的基本障碍。[12]

从纵向上看，一方面，我国高校的规划权、人事权和资源配置权主要由校级层面的行政组织机构系统掌控，而院系、研究所、实验室等高校基层学术组织则承载着各个不同学科知识领域的权力与责任。如果高校基层学术组织与校级层面组织机构之间出现权责不对等的现象，则会造成高校基层学术组织与学校层面之间冲突的加剧。资源或决策权向上集中的程度越高，治理的负荷就会越大，有效治理的难度也会相应增加。另一方面，如果高校基层学术组织掌握的权力过大甚至超过学校层面的权力，即权大于责，又会造成基层学术组织偏离学术本位，不利于整个学校组织目标的实现。

从横向上看，学科是以知识分类为基础建立的组织体系，不同学科专业具有不同的知识生产范式。“现代高深知识所具有的专门化强、自主程度高、自由程度高、世代积累等显著特征，导致作为组织的大学处于相对割裂的状态。”[13]一定程度上看，这种割裂状态为知识的交叉融合和交叉学科的生成提供了条件。然而，高校现有的学科建设多以平台、基地或实验室等实体化组织形式运行，具有固定的人员、组织机构、办公场所及项目资金来源，这种固化的组织关系与资源配置方式容易导致多个实体性的组织并存并立、边界固化，相互之间缺少关联、各自为战；学科考核评价制度专注于单一学科或机构的工作量统计，不利于人才的跨学科流动；学科资源配置制度过于依赖不同学科的分门划界，导致资源配置分散、重复、共享乏力；等等。传统的科层建制和管理模式在一定程度上加剧了不同学科间的身份固化、条块分割，人为设置了更多的学科壁垒，严重阻碍了学科间的交叉融合。[14]加之日益强化的各自学科条件比较和排名以及事实上的功利主义追求，学科之间的壁垒加深、围墙高筑，学科交叉融合、汇聚解决问题、协调创新变得困难起来。[15]

### （三）学术利益主导下高校学科交叉制度的文化生态失衡

“生态”原本是指生物在一定自然环境中生存发展的状态。所谓文化生态其实就是文化类型的生存状态，具体来说主要是指各种类型的文化因素相互影响、相互冲突、相互融合而有序的文化生存发展环境。[16]越来越多的学者认为，制度不仅是一些规则和条文，而且有着身后的文化支撑。一种制度的建立及其变迁都在各种文化因素支持的基础上，有赖于文化有机整体的协调配合。[17]事实上，不仅在高校基层学术组织群落生态系统中的不同组织之间，而且在组织内部的人际关系生态中，学术文化都扮演着至为重要的角色。无论是高校的外部组织形态还是内部组织模式，都受到了文化因素的强有力塑造。

就外部组织形态而言，高校为获得“合法性”认同而选择了千篇一律的组织趋同方式。新制度主义理论认为，技术环境要求组织有效率，而制度环境要求组织服从“合法性”。由此，在国家行动逻辑主导的组织大环境下，“由‘国家行动’的整体主义和政治主义导向所带来的制度趋同和组织同构性使得大学组织文化日益僵化，组织行为取向不断偏离知识生产的‘认识论模式’”[18]。特别是我国高校的事业单位性质，直接决定了它们在与外部组织的交流中，采用一种行政关系的方式。高校行政级别的存在，虽然有利于高校与政府机构的合作交流，但在与企业的产学研合作中，却往往因鲜明的行政化色彩而形成组织壁垒，使高校创新要素与外部环境之间难以自由流通。

就内部组织模式而言，高校组织之间制度的统一性，削弱了功能的发挥及缩小了内涵特质的差异，导致形成不同的组织文化，进而造成组织之间的隔阂。新制度主义理论还认为，“文化—认知”要素是制度中被人们广泛遵守的、“理所当然”的共同信念和认知框架，有助于整合制度并推动制度发挥作用。随着知识生产模式现代转型步伐的加快，不同学者群体研究范式和文化传统之间的差距不断扩大，难以适应新兴学科专业设置与科学技术文化发展的新趋势，会不可避免地造成院系组织的文化差异和冲突被无限放大，原有文化习俗或惯习被拆解，科学研究的灵感瞬间性、方式随意性、路径不确定性特征得不到应有的尊重，传统的考核方式不利于科研人员自由探索、大胆尝试。学术文化的失衡不仅容易固化学术人个体之间或组织群落之间的边界，导致排斥性竞争，还会导致基层学术组织生态系统的共生秩序遭遇破坏，进而导致高校底层的文化危机。

## 三　体制、组织与环境的三维推进：中国高校学科交叉制度困境的破解路径

高校作为知识管理、创新创造、人才培养的重要载体，是国家创新体系的重要组成部分，在建设创新型国家、培养创新型人才中发挥引领作用。现代大学的演进史早已证实，高校的学科交叉不仅有利于培养创新型、应用型人才，而且有利于知识的跨学科、跨组织生产与流动。随着现代科技的高速发展，知识生产的主体更加多元、情景更加多样、形式更加灵活，知识更新的速度成倍增长，知识在不断分化的同时更加趋于交叉融合，呈现学科交叉的特征。传统高校以单一学科为主的知识生产模式越来越难以适应新情况、新问题，积极构建以集群、网络和生态系统为依托，以问题为导向的知识生产模式和学科交叉制度已成为大势所趋。具体而言，应从体制改进、组织创新以及环境重塑三个维度合力推进。

### （一）体制改进：彰显高校学科交叉制度建构的主体逻辑

在哲学中，主体是能动地自主地认识和改造客体活动的发动者和承担者，不但可以成为自己思想和行动的主体，并从这两个方面主宰自己，体现出能动性、自主性、创新性等特征。[19]在改革开放之前的国家治理领域，社会主体被计划经济、单位体制等制度高度区隔并制约，虽然有多个社会主体，但大多数缺少自主而独立的社会主体意识。改革开放后，“市场经济的发展为社会主体追求自我利益提供了更平等的平台，也为社会主体逐渐摆脱政治行政的控制提供了自主的渠道”[20]，从而推动制度建构的主体逻辑发生改变。有学者将这种方式形象地称为“倒逼式”改革。在学科交叉的制度建构领域，政府经济科教部门、社会高新技术企业、高校等形成了学科交叉

的多元利益主体，但往往最终依靠高校来落实，形成“上面千条线，下面一根针”的现象。而体制机制创新是增强学科交叉内生动力、实现可持续发展的根本保障，学科交叉的成效系于制度创新。因此，与其说交叉学科门类的出现是学科制度的主动调整，倒不如说是科研与知识生产活动变革无限放大了高校学科交叉制度的滞后效应倒逼所致。

虽然国家已经在学科专业目录中增设“交叉学科”作为学科门类，国家自然科学基金委也建立了交叉科学部，并不断把一些跨越文理、多元交叉、方向明确、集成创新、发展前景好的新兴交叉学科纳入其中。以此为契机，国内部分高校建设了一批学科交叉机构。但是，无论是从高校外部还是内部来看，学科交叉还在一定程度上局限于自上而下的制度逻辑。推动高校学科交叉，攻克“卡脖子”的关键核心技术，促进产学研深度融合，需要从根本上变革以传统学科界限为基础的科学研究和学科范式以及在此基础上形成的制度逻辑，强化高校在学科交叉多元利益相关者中的主体逻辑。具体而言，可在国家掌握一级学科目录的基础上，赋予高校更多的自主权。允许高校在学科门类下自主设置更多交叉学科一级学科，以问题或研究领域为导向自行设置二级学科或学科方向，充分体现科学性、前瞻性、系统性和灵活性，以更好地推动跨学科的人才培养、科学研究和社会服务等多样化办学实践，推动高校进一步着眼于协同创新。坚持以前沿科学问题和重大科研项目为纽带，整合学科资源、搭建科研平台，探索跨院系、跨校、跨区域甚至跨国界联合优势学科开展协同研究的聚合集成机制，探索文理工等大类学科交叉、协调发展的包容互动机制。结合推进新工科、新医科、新农科、新文科建设，努力形成有利于新兴交叉学科成长的体制机制。与此同时，应建立定期考核评估、动态调整退出机制，发挥高校学科交叉的竞合效应，主动对接国家战略需要和经济社会发展的重大需求，建立以问题为导向的学科研究范式，以创新人才培养模式为重点，整合多学科人才团队资源，进一步激活高校作为学科交叉主体的能动性和创新性。

### （二）组织创新：完善高校学科交叉制度建构的治理体系

学科的形成源于知识的分类，但学科又不只是知识的分类，而是知识与资源的耦合物，是知识生产过程中形成的一套资源配置的组织形式和规则体系。我国现行的学科建设制度发端于20世纪80年代，在计划经济思维模式的影响下，高校内部资源特别是教学科研资源的配置与学科组织紧紧捆绑在一起，在高校内部治理体系中发挥规范、支配和协调作用，从而形成利益固化的藩篱。因此，推动高校学科交叉，应通过学科组织模式的创新，从纵向和横向两个维度完善治理体系。

纵向维度，进一步推进办学重心下移，在深入认识学校与院系、院系与学科治理关系的基础上，重新确立“院系是大学办学实体”的观念，逐步建立“院系办大学”

乃至“学科办大学”的体制机制，将院系组织推向大学办学的主体地位，使之有足够的权力空间开展学科交叉的探索。一方面，以学科为实体单位，在高校人事制度、科研制度、财务制度、教学制度、管理制度等方面予以政策倾斜，赋予负责人更大的人财物支配权，充分发挥学科作为办学主体的能动性，全面释放其自主治理功能；另一方面，持续推进高校管理部门“去行政化”，从根本上转变职能，推动学术权力由学校行政部门向院系再向学科逐层下放，建立“大学科、中院系、小机关”的高校学科建设权责配置体系，形成扁平化的学科治理体系。

横向维度，在现有的事业单位人事制度下，高校教师日常教学和科研活动的开展主要依托以单一学科为基础的院系及研究机构，教师的身份通常只归属于“某一院系”，要么不能跨院系活动，要么跨院系取得的业绩不能得到公开透明的认定。这不仅容易导致教师原所在单位和项目合作单位之间的“不当竞争”，也容易引发不同学科组织之间的人事聘用矛盾，最终阻碍学科交叉的实现。因此，应从学科交叉的需要出发，打破学科制度的刚性界面，增强制度柔性。具体而言，应进一步盘活人事编制资源，建立交叉学科学部等人才特区，探索交叉学科人才归属学校而非学院；创新学位授予机制，突破人才培养的单一学科框架和知识边界，因应知识社会情境变迁而变革人才培养模式，授予具有争议的新兴学科以交叉学科学位；创新人员薪酬计算机制，探索交叉学科工作人员年薪制，建立不同学院之间教师的“双聘”机制和项目论文可折算机制；强化跨学科研究，组建交叉学科，增设学科交叉相关专业，建立高水平研究基地，促进资源共享，为学科交叉提供条件保障；完善交叉学科人才队伍的聘用考核制度，从改进结果评价入手注重考察教学科研成果的学科关联度、知识综合性和创新性，从强化过程评价入手，注重考察不同学科教师在跨学科人才培养和研究中的参与度或合作情况，从探索同行评价入手通过不同学科人员的多角度评价认定其基本工作量的多少。

### （三）环境重塑：营造高校学科交叉制度建构的文化生态

文化是制度和范式构建的基础，交叉学科文化是学科成员的行为与心理共同孕育的价值环境。从高校学科交叉的内外部维度营造开放包容的学科文化生态，在根本上有利于促进学科组织聚合学科治理的利益相关者并达成共同价值与利益诉求，打破封闭的学科领地，激活学科创新活力，推进学科的互促共生，从而为学科交叉营造和谐有序的生存发展环境。

从外部维度看，需要对高校学科组织制度进行重新调整，实现高校学科组织制度与外部的企业等社会组织对接，完成高校学科组织制度与高校外部各组织之间的互动交流。当前，高等教育在国家创新驱动发展战略中的重要性不断凸显，学科已然成为世所关注的高等教育“中轴”，学科组织顺理成章地成为高校与外部环境之间合作交流的“轴心机构”。虽然学科组织的形式和结构复杂多样且变化多端，但学科组织的本质属性因促进学科知识交叉融合和人才培养的使命而不曾改变，知识逻辑始终是高校学科组织制度生成和建构的本质逻辑。交叉学科组织在本质上也是一种学术共同体，需以学术权力为中心建立起扁平的而非科层化的权力结构。因此，要革除学术组织行政化运行的体制机制，尊重学术生产和学术创新的基本规律，实现学术自由与学术责任的有机结合。通过生态调适，使高校学科组织与外部社会组织之间进行更多的互动交流，形成重视产学研合作、有利于科研成果转化的学术文化生态。

从内部维度来看，需要重构高校学科组织的制度生态，营造鼓励创造、宽容失败的跨学科研究氛围。根据新制度主义理论，制度镶嵌于复杂的组织结构、社会关系以及诸多利益主体的博弈之中。对于新兴学科和交叉学科的产生和出现，个体选择是最不应该被忽视的因素。理想中的学科交叉制度设计，也必然导致教师“一心两用”甚至“一心多用”，难以保证他们全身心投入本职工作。学术人的“单位身份”和“自主身份”问题，也仍然是制约跨学科的一个“制度之结”。因此，应实施刚柔并济的管理。要具有清晰明确的规章制度、工作标准，从人性角度出发营造一种舒适、愉悦、积极的氛围与环境，为有志于学科交叉事业的个体提供能够激发他们持续发展与创新的正能量。同时，高校学科建设部门和学科带头人也要开阔胸襟，摒弃“归属学院”的狭隘人才观，树立“创新不问出身，英雄不论出处”的灵活用人观，打破资历、门槛的限制，推进新型项目组、课题组、课程组织等虚拟学科组织建设，强化不同学科组织之间的沟通联系，鼓励交叉学科人员解放思想、大胆创新，推动交叉学科人才实现有序流动、合理流动。

## 参考文献


［1］刘仲林：《现代交叉科学》，浙江教育出版社，1998，第 57 页。

［2］潘懋元、陈斌．《论作为交叉学科的高等教育学》，《高等教育研究》2021 年第 4 期，第 56～60 页。

［3］辛鸣：《制度论》，人民出版社，2005，第 57 页。

［4］王战军、周文辉、李明磊等：《中国研究生教育 70 年》，中国科学技术出版社，2019，第 45 页。

［5］《中共中央关于教育体制改革的决定（1985 年 5 月 27 日发布）》，教育部官网，http：//www. moe. gov. cn/jyb_sjzl/moe_177/tnull_2482. html。

［6］《习近平在清华大学考察时强调：坚持中国特色世界一流大学建设目标方向　为服务国家富强民族复兴人民幸福贡献力量》，教育部官网，http：//www. moe. gov. cn/jyb_xwfb/s6052/moe_838/202104/t20210419_527148. html，2021 年 4 月 19 日。

［7］杨朔镔：《大学基层学术组织的生态化治理研究》，博士学位论文，东北师范大学教育学

部，2019，第 94～97 页。

[8] Paul Pierson, "Increasing returns, path dependence and the study of politics," *The American Political Science Review*, 2000, 94 (2): 251-267.

[9] 徐永：《国家行动与中国教育发展的动力机制——基于改革开放以来的实践经验》，《现代教育管理》2018 年第 10 期，第 30～35 页。

[10] 任剑涛：《大学组织文化与办学模式》，《中国人民大学学报》2007 年第 5 期，第 1～5 页。

[11] 任增元、王绍栋：《大学排名的缺陷、风险与回应》，《现代大学教育》2021 年第 3 期，第 18～25 页。

[12] 刘凡丰、徐晓创、周辉、邓宁：《高校促进跨学科研究的组织设计策略》，《清华大学教育研究》2017 年第 5 期，第 75～83 页。

[13] 伯顿·克拉克：《高等教育系统——学术组织的跨国研究》，王承绪等译，杭州大学出版社，1994，第 15 页。

[14] 郑文涛：《"双一流"背景下的高校交叉学科建设研究》，《首都师范大学学报》（社会科学版）2018 年第 1 期，第 160～166 页。

[15] 瞿振元：《刍议学科建设历史、现状与发展思路》，《中国高教研究》2020 年第 11 期，第 7～12、18 页。

[16] 梁渭雄、叶金宝：《文化生态与先进文化的发展》，《学术研究》2000 年第 11 期，第 5～9 页。

[17] 朱玉成、周海涛：《"双一流"背景下高校创新人才培养困境分析——基于组织分析的新制度主义视角》，《研究生教育研究》2018 年第 1 期，第 1～5 页。

[18] 徐永：《国家行动下学术创新策略的实践逻辑及其反思——基于大学学术生产的视角》，《教育发展研究》2012 年第 23 期，第 1～7 页。

[19]《中国大百科全书》（第二版），中国大百科全书出版社，2009，第 574 页。

[20] 杨雪冬：《从制度信任到制度自信：改革开放 40 年国家治理变革的主体逻辑》，《新视野》2018 年第 4 期，第 5～14 页。

# The History Processes, Realistic Dilemmas of the Interdisciplinary System in China's Universities and the Solutions of Dilemmas

*Yang Shuobin, Ren Zengyuan*

**Abstract**: As the institutionalized path and representation of discipline construction, interdisciplinary in universities is embedded in the historical evolution of organizational system, policy filtering and multi-party game among individual stakeholders. Since the founding of the People' Republic of China, from initiation, exploration to establishment,

China's interdisciplinary system in universities has gone through a process of parallel development with and deep integration with the development of universities, shaping the current form and pattern. However, in the face of the current situation and realistic needs of the development of the discipline construction, there are still some problems, such as the weakening of ontological development logic, the rigidity of the organizational mode, and the imbalance of cultural ecology, on the construction fo interdisciplinary system in China's universities. It is necessary to focus on the following three aspects including system improvement, organizational innovation and environmental reshaping, to manifest the overall logic, improve the governance system and create a cultural ecology for the construction of interdisciplinary system in universities.

**Keywords**: Interdisciplinary System; Higher Education; Discipline Construction

# 改革开放以来中国高等教育可持续发展的政策路径与时代转向*

李木洲　钟伟春**

【摘　　要】：改革开放以来，在稳定的规划性政策驱动之下，中国高等教育历经了初步改革、深化改革、转型发展和追求卓越四个发展阶段。从政策路径与发展模式来看，中国高等教育在实现由精英化到大众化的过程中以外延式发展模式为主，在实现由大众化转向普及化的过程中以兼具外延与内涵的混合发展模式为主，而在大众化后期尤其是实现普及化后则以内涵式发展模式为主。从实践成效来看，改革开放后的中国高等教育在规模增长、内涵发展、国际影响与学生体验等方面取得了显著成效。当前，中国已进入社会主义建设新时代，推动由高等教育大国向高等教育强国转变是未来中国高等教育政策的必然方向，而着力提升高等教育质量、服务国家重大战略以及推进普职两类高等教育共同发展，是未来一个时期中国高等教育实现可持续发展的关键所在。

【关 键 词】高等教育　普及化发展　内涵式发展

## 一　改革开放以来中国高等教育发展的主要历程

1978年党的十一届三中全会的召开，确定了改革开放的基本国策。同年，教育部先后发布《关于恢复和办好全国重点高等学校的报告》和《关于讨论和试行全国重点高等学校暂行工作条例（试行草案）的通知》，确定88所大学为全国重点大学，由此中国高等教育开始进入大发展阶段。据笔者统计，1978~2021年，国家出台的关于高等教育改革与发展的规划性或指导性政策多达59项。根据马丁·特罗的高等教

---

* 本文系浙江省哲学社会科学规划领军人才培育专项课题“中国科举考试的经验与教训研究”（21YJRC03-1YB）的研究成果。

** 李木洲，男，湖北广水人，教育学博士，浙江大学科举学与考试研究中心副主任、研究员，博士研究生导师；钟伟春，男，江西赣州人，浙江大学教育学院教育史专业2020级博士研究生。

育大众化理论，改革开放后我国高等教育沿着“精英化—大众化—普及化”的路径持续发展，若以政策的目标或导向为依据，其发展历程可分为初步改革、深化改革、转型发展和追求卓越四个阶段。

### （一）初步改革：恢复发展与适度扩张

改革开放以来，对我国高等教育政策影响最大的高等教育学理论当属马丁·特罗的高等教育大众化理论，因为它在某种程度上是我国高等教育发展规划指标设定的重要参照。改革开放初期，由于当时各条战线、各个地区专门人才紧缺，1983年出台了《关于加速发展高等教育的报告》，提出“为了实现党的十二大确定的奋斗目标，教育必须先行，加速发展高等教育刻不容缓，并计划全日制高等学校招生人数由1982年的31.5万人提升至1987年的55万人”[1]2085。1985年，《中共中央关于教育体制改革的决定》颁布，不仅拉开了中国教育体制改革的大幕，而且对高等教育人才培养提出明确要求：“要造就数以千万计的具有现代科学技术和经营管理知识，具有开拓能力的厂长、经理、工程师、农艺师、经济师、会计师、统计师和其他经济、技术工作人员。”[2]1991年，《中华人民共和国国民经济和社会发展十年规划和第八个五年计划纲要》发布，提出到1995年，普通本专科招生65万人，在校生人数达到210万人[1]3142的高等教育规模发展目标。1993年，《中国教育改革和发展纲要》提出要使18~21岁学龄人口入学率上升到8%左右的目标。1996年，《全国教育事业“九五”计划和2010年发展规划》提出“九五”期间高等教育在校总人数达到650万人左右，增加约100万人，每10万人口大学生数提高到约500人的发展目标。[3]上述政策，不仅推动我国高等教育重新回到正常发展轨道，而且实现了高等教育的适度扩张，满足了改革开放初期我国经济社会发展对各类专门人才的需求。

### （二）深化改革：大学扩招与布局调整

1975~1999年，全球共有20个国家的高等教育先后进入普及化阶段，发达国家高等教育平均毛入学率从31.15%增至56.13%。[4]1998年，我国高等教育毛入学率仅为9.8%，在学总规模为927万人。[5]因此，缩小与发达国家的高等教育发展差距、推动实现高等教育大众化成为中国高等教育深化改革阶段的首要目标。1998年底，教育部出台《面向21世纪教育振兴行动计划》，提出“到2010年，高等教育规模有较大扩展，入学率接近15%，若干所高校和一批重点学科进入或接近世界一流水平”[6]的发展目标。事实上，在实施大学扩招计划的第4年（即2002年），我国高等教育毛入学率就达到15%的大众化标准。另外，自20世纪80年代起我国高校还进行了内部管理体制改革，包括推进高校管理民主化、强化竞争与激励机制、增强教职工的工作责任感等，较好地激发了高校的办学活力[7]。为深化高校管理体制改革，建设一批具有世界影响力的大学，2000 年教育部、国家计委、财政部联合发布《关于调整国务院部门（单位）所属学校管理体制和布局结构的实施意见》，旨在推进中国高校布局调整与资源整合，尤其是通过合并与重组提升一大批高校的办学实力，我国高等教育由此驶入发展快车道。而为防止高等教育快速发展导致本科教学水平下滑和高等学校设置宏观规划不充分、科类布局结构不合理以及“重量轻质”等问题，教育部于 2004 年和 2006 年先后发布《普通高等学校本科教学工作水平评估方案（试行）》和《关于“十一五”期间普通高等学校设置工作的意见》，对“处理好规模、结构、质量、效益的关系，合理布局，优化结构，实现高等教育全面可持续发展”[8]做出了及时规划与引导。

### （三）转型发展：持续扩张与兼顾质量

大学扩招计划使我国高等教育规模在较短时间内实现了巨大突破。2007 年，“我国高等教育规模已先后超过俄罗斯、印度和美国，居世界第一位，高等教育已进入大众化发展阶段”[9]。然而，高校扩招规模过大、速度过快，导致高等教育领域出现了经费投入不足、办学设施紧张、教师结构性失衡以及高等教育质量难以保障等问题。因此，兼顾高等教育规模扩大与质量发展成为新阶段高等教育政策的主要导向。2010 年，《国家中长期教育改革和发展规划纲要（2010~2020 年）》提出：“到 2020 年，高等教育大众化水平进一步提高，毛入学率达到 40%”。[10]2012 年，《国家教育事业发展第十二个五年规划》提出：“‘十二五’时期，高等教育毛入学率要达到 36%，毕业生就业率进一步提高，一批学科进入世界前列。”[11]实际上，早在 2007 年 1 月和 2 月，教育部就先后发布了《关于实施高等学校本科教学质量与教学改革工程的意见》与《关于进一步深化本科教学改革全面提高教学质量的若干意见》，明确将提高高等教育质量作为高等教育发展的重要目标。2012 年发布的《教育部 财政部关于实施高等学校创新能力提升计划的意见》和《教育部关于全面提高高等教育质量的若干意见》，强调高等教育应“坚持稳定规模、优化结构、强化特色、注重创新，走以质量提升为核心的内涵式发展道路”[12]，这标志着我国高等教育发展实现了由追求“量”到强化“质”的根本转变。2013~2016 年，《教育部关于 2013 年深化教育领域综合改革的意见》《中西部高等教育振兴计划（2012~2020 年）》《现代职业教育体系建设规划（2014~2020 年）》《教育脱贫攻坚“十三五”规划》等政策先后出台，旨在纵深推进我国高等教育改革，着力解决中西部高等教育发展不充分、高等职业教育体系建设滞后以及贫困地区教育发展不均衡等深层次质量公平问题。

### （四）追求卓越：优化结构与一流建设

在实现高等教育普及化后，追求卓越是高等教育政策的必然选择。2017 年，《国家教育事业发展“十三五”规划》指出，“十三五”期间要继续“推进教育改革发展，实现更高质量、更加公平、更有效率、更可持续的发展”[13]。2019年启动“中国特色高水平高职学校和专业建设计划”，2020年出台《职业教育提质培优行动计划（2020~2023年）》，通过特色高水平应用型高校建设、高水平高职学校和专业群建设，形成更加科学合理的现代高等教育结构，以呼应国家战略和地方经济社会的可持续发展。在建设一流大学和一流学科方面，继“211工程”“985工程”“优势学科创新平台”和“特色重点学科项目”等重点建设工程与项目，2017年《统筹推进世界一流大学和一流学科建设实施办法（暂行）》出台，要求“全面提升中国高等教育在人才培养、科学研究、社会服务、文化传承创新和国际交流合作中的综合实力”[14]。这是我国新时代推动高等教育质量提升的重大战略工程。2018年6月，150多所中国高校齐聚成都，围绕“培养一流人才、建设一流本科教育”[15]，发布了《一流本科教育宣言》；9月，围绕全面提高人才培养能力这个核心点，教育部发布《关于加快建设高水平本科教育　全面提高人才培养能力的意见》。2019年2月，《中国教育现代化2035》发布，旨在加快中国教育现代化的建设步伐，促进我国由高等教育大国向高等教育强国转变。2021年12月，《关于深入推进世界一流大学和一流学科建设的若干意见》出台，强调办好世界一流大学和一流学科，必须扎根中国大地，办出中国特色，要为加快建设世界重要人才中心和创新高地提供有力支撑。[16]该意见明确了新时代卓越高等教育的建设方向和历史任务。

## 二　改革开放以来中国高等教育可持续发展的政策路径

外延式发展和内涵式发展是高等教育发展的两大基本路径：前者注重数量增长、规模扩大和空间拓展，后者强调结构优化、质量提高和软实力增强。纵观我国改革开放后的高等教育发展历程，在实现由精英化到大众化的过程中以外延式发展为主，在实现由大众化转向普及化的过程中以兼具外延与内涵的混合发展模式为主，而在大众化后期尤其是实现普及化后则以内涵式发展为主。

### （一）路径一：外延式发展模式

20世纪80年代至21世纪初，我国经济社会的快速发展对高等教育领域提出了新的要求，特别是高等教育人才培养规模较小与经济社会发展对各类高级专门人才需求较多之间的矛盾突出。因此，扩大高等教育规模、推进高等教育大众化进程成为我国改革开放初期高等教育发展的必然选择。在1991~2002年，国家先后发布了《中华人民共和国国民经济和社会发展十年规划和第八个五年计划纲要》《国务院关于

〈中国教育改革和发展纲要〉的实施意见》《面向 21 世纪教育振兴行动计划》《中共中央国务院关于深化教育改革全面推进素质教育的决定》《全国教育事业第十个五年计划》等系列政策，这些政策对中国高等教育的阶段性发展规模都提出了明确的数量指标。据教育部统计，在政策驱动之下，我国高校数量从 1977 年仅为 404 所，到 2002 年增长到 1224 所；普通高校年招生人数从 1977 年仅为 27.3 万人，到 2002 年增长到 290 万人；高等教育毛入学率从 1978 年仅为 2.7%，到 2002 年增长到 15%。[17~18]这些数据意味着我国在改革开放的第 24 个年头实现了高等教育大众化目标。可以说，外延式发展模式是我国高等教育较快实现高等教育大众化的必要路径。

## （二）路径二：混合发展模式

我国高等教育进入后大众化时代的一个明显特点是降速提质：一方面适度控制发展规模与速度，另一方面积极探索结构优化与质量提升，呈现兼顾外延和内涵的混合发展模式。据笔者统计，在 1999~2015 年，我国高校在学规模年均增速为 8.8%，最高年份达到 25.64%。反观这一时期美国、英国、法国、澳大利亚、德国等世界发达国家，其高等教育在学规模年均增速高则接近 4%，低则不到 1%，日本甚至出现负增长。[19]然而，这一阶段规模与空间的快速扩大，导致我国高等教育难以避免地出现重复性投入、人才培养质量下滑以及大学生就业难等问题。因此，2006 年 5 月，国务院召开的常务会议提出："高等教育的发展要全面贯彻落实科学发展观，切实把重点放在提高质量上。要适当控制招生增长幅度，相对稳定招生规模，实现高等教育的可持续发展。"[20]2007 年教育部出台的《关于实施高等学校本科教学质量与教学改革工程的意见》和《关于进一步深化本科教学改革全面提高教学质量的若干意见》，以及 2010 年发布的《国家中长期教育改革和发展规划纲要（2010~2020 年）》，都将提升高等教育质量作为重要任务，这表明我国高等教育政策开始由注重外延式发展转向注重内涵式发展。

## （三）路径三：内涵式发展模式

1993 年出台的《中国教育改革和发展纲要》提出"高等教育的发展，要坚持走内涵发展为主的道路，努力提高办学效益"[21]，但遗憾的是，在后来追逐高等教育大众化的浪潮中内涵式发展长期未能得到重视。直到 2010 年，"内涵式发展"这一概念才在《国家中长期教育改革和发展规划纲要（2010~2020 年）》之中被再度提及。内涵式发展路径的重新提及有其必然性，首先是大规模高等教育扩张所带来的一系列问题得到了一定程度的解决；其次是高等教育可持续发展的内驱力不能单纯地依赖数量增长与规模扩大，而需要深入挖掘高校内部的潜力才能继续推动质量的提高。因此，2012 年《国家教育事业发展第十二个五年规划》重申要"走以质量提升为核心的内涵式发展道路”[11]。为切实推动我国高等教育内涵式发展，2017 年国务院启动了“世界一流大学和一流学科”建设重大工程，2018 年 150 多所高校在成都共同推出《一流本科教育宣言》；2019 年，《加快推进教育现代化实施方案（2018～2022 年）》出台，将“推进高等教育内涵发展”作为推进教育现代化的十项重点任务之一。此外，党的十八大报告和十九大报告也都将“高等教育内涵式发展”作为重要内容。可见，内涵式发展模式已成为我国新时代高等教育发展的主导模式。

## 三　改革开放以来中国高等教育可持续发展的实践成效

改革开放以来，在高等教育政策的持续驱动下，我国高等教育实现了大众化和普及化的发展目标，不仅满足了经济社会发展对各类高级人才培养的基本需要，也较好地满足了广大人民群众接受高等教育的发展需求，这些与我国高等教育在规模增长、内涵发展、国际影响与学生体验等方面取得的显著成效密不可分。

### （一）规模增长：创造高等教育发展的中国速度

在大学扩招政策影响下，我国高等教育规模实现了快速增长，分别于 2001 年、2004 年、2010 年和 2019 年突破 1000 万人、2000 万人、3000 万人和 4000 万人，每 1000 万人高等教育规模的平均增长用时仅为 6 年。而为满足扩招需要，我国普通高等学校数量也增长较快，1998 年仅有 1022 所，到 2003 年、2008 年、2014 年分别超过 1500 所、2000 所、2500 所，2019 年增长到 2688 所，20 年内实现了普通高等学校数量的倍增。在学生与学校“双重扩张”的背景下，我国高等教育毛入学率实现了稳步提升，于 2002 年、2005 年、2012 年、2015 年和 2019 年分别突破 15%、20%、30%、40%和 50%，较快地实现由精英化到大众化再到普及化的历史性跨越。据统计，作为“后发国家”，我国实现高等教育毛入学率从 5%（1993 年）到 15%（2002 年）的目标仅用了 9 年。比较而言，美国进入高等教育大众化阶段用了 30 年（1911～1941 年）、韩国用了 14 年（1966～1980 年）、日本用了 23 年（1947～1970 年）、巴西用了 26 年（1970～1996 年）。[22]此外，我国实现高等教育毛入学率从 15%到 50%的跨越，即进入普及化阶段仅用了 17 年（2002～2019 年）。可以说，我国政策驱动的高等教育发展模式创造了世界高等教育发展的中国速度。

### （二）内涵发展：高等教育实力不断增强

我国高等教育进入大众化阶段后，在强调规模、数量等高等教育“硬实力”的同时，也开始重视高等教育内涵、质量、科研产出等“软实力”问题。其一，普通高校办学条件不断改善，与教育质量提升紧密相关的教学科研仪器设备以及上网课程资源等的配置水平进一步提升。从2012年到2019年，生均教学科研仪器设备值由10259元提升至16264元，增长近60%；普通高校校均上网课程由114.9门提升至262.3门，增长近130%。[23]其二，在科学研究方面，大学成为我国科技创新的主要阵地。2019年度国家科学技术奖励授奖项目共239项，144所高校作为主要完成单位获奖198项，占授奖总数的82.8%；91所高校作为第一完成单位获奖159项，占授奖总数的66.5%。[24]另从国际科研论文的统计情况来看，2010~2020年（截至2020年10月），中国科技人员共发表国际论文301.91万篇，连续4年排世界第2位；论文共被引用3605.71万次，排在世界第2位。[25]可见，政策驱动下我国高等教育的软、硬实力都得到了持续增强。

## （三）国际影响：大学全球竞争力明显提高

为建设一批世界一流大学和一流学科，我国先后于1995年、1998年和2017年实施了“211”“985”和“双一流”建设工程，而经过这三大工程的持续推进与不断升级投入，我国大学的国际影响力和全球竞争力得到显著增强。从2004年THE和QS联合发布的世界大学排名数据来看，我国内地仅有5所高校进入全球大学前200名。而从2021年THE、QS、U.S.NEWS和ARWU这四大国际公认的世界大学排行榜的数据来看，我国大学不仅进入世界大学前100名的数量有所增加，而且进入世界大学千强榜单的数量明显增多。此外，在“引进来，走出去”的政策引导下，我国高等教育的国际化程度得到很大提高。据统计，2018年共有来自196个国家和地区的492185名各类外国留学人员在全国31个省（区、市）的1004所高等院校学习，比2017年增加了3013人，增长比例为0.62%。[26]另有报告显示，“2018年有10%的国际学生在中国留学，中国已成为世界第三大留学目的地国”[27]。上述各类统计表明，我国高等教育的国际影响力和大学全球竞争力都得到了明显提高。

## （四）学生体验：教育教学满意度趋于上升

学生体验主要是指学生的学习收获感或满意度，它是衡量教育教学质量的重要指标，而加大生均经费投入和优化师资结构是增强学生体验的两条根本途径。据统计，2005年全国高等教育经费总投入为2550.24亿元，全国普通高等学校生均经费为15025.47元[28]；2020年全国高等教育经费总投入为13999亿元，全国普通高等学校生均经费为37241元[29]。2020年与2005年相比，全国高等教育经费总投入增加了4.49倍，全国普通高等学校生均经费增加了1.48倍。在优化师资结构方面，从2012年到2019年，全国普通高校专任教师由144万人提升至174万人，研究生学位教师比例由62.4%提升至75.0%[23,30]。高校师资水平的提高较好地保障了我国高等教育教学的可持续发展。《中国高等教育质量报告（2016）》显示，全国高校的学生院校满意度分值为4.09分（5分制），而579所普通高校的抽样结果表明学生对教师教学水平总体认可，高校学生评教的“优占比”达70%以上。[31]此外，教育部2020年发布的《全国普通高校本科教育教学质量报告（2018年度）》显示：2016~2018年，学生对课程教学和学习风气的满意度得分分别为64.48分、66.25分、67.62分和60.75分、61.64分、63.83分，呈持续上升趋势。[32]值得一提的是，在2020年新冠肺炎疫情流行的情况下，全国高校在线课程开出率达到91%，教师在线教学认可度达80%，学生在线教学满意率达85%，很好地实现了在线教学与课堂教学质量实质等效。[33]

## 四　新时代中国高等教育可持续发展的政策转向

回顾改革开放以来我国高等教育的发展历程，不难发现，大多依赖经济投入与规模扩张的高等教育外延式发展目标较易实现，而依靠人文创造与结构优化的高等教育内涵式发展目标则较难达成。正如教育部2016年发布的《中国高等教育质量报告》所指出的，与世界高等教育强国相比，我国高等教育还存在不少短板，主要包括以下方面：一是学科专业设置优化不够，科研水平和成果转化率不高；二是创新人才培养力度不够，高校创新创业教育仍是“软肋”；三是高水平教师和创新团队不够，教学经费和实践资源不足；四是质量意识和质量文化不够，绩效评价不力；五是就业与所学专业相关性不强，不同类型院校学生对学习过程的体验和就业状况满意度还存在不平衡问题。[31]当前，我国已进入社会主义建设新时代，推动我国由高等教育大国向高等教育强国转变是未来高等教育政策的必然方向，而着力提升高等教育质量、服务国家重大战略以及推进普职两类高等教育共同发展则是未来一个时期我国高等教育实现可持续发展的关键所在。

### （一）质量提升：新时代高等教育政策的主旋律

教育质量是教育发展的命脉所系，保障与提升高等教育质量是高等教育可持续发展的永恒价值追求。从世界发达国家的高等教育发展经验来看，追求质量提升是高等教育普及化阶段高等教育政策的共同选择，在本质上它符合高等教育发展由“量变”到“质变”的基本发展规律，也即高等教育在总体规模扩大到一定程度后就必然会转向注重高质量发展。2020年10月29日，党的十九届中央委员会第五次全体会议通过的《中共中央关于制定国民经济和社会发展第十四个五年规划和2035年远景目标的建议》指出“我国已转向高质量发展阶段”，这一重大判断不仅为我国新时代经济社会各领域发展指明了方向，也为我国新时代高等教育可持续发展指明了道路。当前，我国尚处于高等教育普及化的初级阶段，在高等教育质量观、大学理念、文化精神、区域布局、类型结构、治理体系、服务能力、管理机制、教育评价、教学质量、人才培养、学术创新、一流建设等方面还面临亟待解决的问题，而这些问题在根本上都指向高质量高等教育体系的构建。因此，全方位提升高等教育质量将是新时代我国高等教育政策的主旋律。

### （二）战略服务：新时代高等教育政策的关键点

如果说社会服务是高等教育的基本职能之一，那么战略服务则是高等教育社会服务职能的关键所在。有学者甚至认为，大学已成为“仅次于政府的主要服务站和社会变革的主要工具”[34]，尤其是在服务国家重大科技攻关和社会问题研究方面具有不可替代的功能与优势。早在1994年，国务院审议通过的《中国21世纪议程》就指出：“发展教育是走向可持续发展的根本大计。”[35]可以说，改革开放以来，在稳定的政策驱动之下我国高等教育已逐渐步入经济社会发展的中心位置。当下，我国正处在“两个一百年”奋斗目标的历史交汇期，不仅国际形势复杂多变，而且国内存在发展不平衡不充分、发展质量和效益不高、创新能力不够强、高精尖技术被“卡脖子”以及社会矛盾和问题交织叠加等众多问题。[36]因此，在实现中华民族伟大复兴的历史征程中，高等教育除了应发挥一般的人才培养、社会服务等功能外，还应充分发挥高校的科研优势与人才聚集优势，围绕国家重大战略，既要瞄准国际科技前沿，攻克关键核心技术，又要塑造和引领社会主义文化风尚，构建和谐社会。简言之，提升高校的国家战略服务能力将是新时代高等教育政策的关键点。

### （三）普职并进：新时代高等教育政策的硬要求

高等职业教育是高等教育的重要组成部分，它与普通高等教育同等重要，分属不同的教育类型。然而，受“学优则仕”“劳心者治人，劳力者治于人”等传统文化思想的影响，我国高等职业教育长期以来发展不充分，难以满足现代工业、制造业等产业升级和经济结构调整的现实需求。2019年1月，国务院发布的《国家职业教育改革实施方案》就指出：“与发达国家相比，与建设现代化经济体系、建设教育强国的要求相比，我国职业教育还存在着体系建设不够完善、职业技能实训基地建设有待加强、制度标准不够健全、企业参与办学的动力不足、有利于技术技能人才成长的配套政策尚待完善、办学和人才培养质量水平参差不齐等问题。”2021年4月13日，习近平总书记对职业教育工作做出重要指示，强调在全面建设社会主义现代化国家新征程中，要优化职业教育类型定位，加快构建现代职业教育体系，培养更多高素质技术技能人才、能工巧匠、大国工匠。[37]可以说，没有高等职业教育的现代化，就没有高等教育的现代化，它从人才结构与供给层面制约着国家的现代化。因此，加快高等职业教育体系建设、深化高等职业教育体制机制改革、加强高等职业教育内涵建设，是新时代高等教育政策的硬性要求。

## 结　语

在某种意义上，我国改革开放以来的高等教育发展史，既是一部高等教育政策的演变史，也是一部对世界发达高等教育体系的追赶史。一方面，以稳定的具有极强规划性和执行力的政策供给为支撑，驱动我国高等教育向着明确的方向和目标发展，并且通过定期与不定期的政策动态调整，使得我国高等教育获得源源不断的自我超越的动力；另一方面，根据本国经济社会发展的根本需要，以世界发达高等教育体系的发展历程与基本特征为参照，借鉴与吸取国际高等教育发展的经验与教训，使得我国高等教育在快速发展的过程中独具特色。可以说，我国高等教育的政策驱动发展模式，不仅创造了世界高等教育发展的中国速度与中国方案，而且与我国改革开放后的经济社会高速发展互为呼应、彼此促进，形成了具有中国特色的高等教育发展之路。展望未来，结合中华民族伟大复兴的宏伟目标，普及化时代的高等教育政策必将再次转向，以求得高等教育在数量与质量、规模与结构、速度与条件等方面的平衡性、整体性与可持续性高质量发展，并通过高校治理体系与治理能力的现代化建设，激活高校内驱力，推进高校高质量发展，以更好地服务国家的现代化建设。

**参考文献**

[1] 何东昌主编《中华人民共和国重要教育文献（1991~1997）》，海南出版社，1998。

[2]《中国教育年鉴（1982~1984）》，湖南教育出版社，1986，第1页。

[3]《全国教育事业"九五"计划和2010年发展规划》，教育部官网，http：//www.moe.gov.cn/jyb_sjzl/moe_177/tnull_2485.html。

[4] 别敦荣、易梦春：《普及化趋势与世界高等教育发展格局——基于联合国教科文组织统计研究所相关数据的分析》，《教育研究》2018年第4期，第135~143、149页。

[5]《1998年全国教育事业发展统计公报》，教育部官网，http：//www.moe.gov.cn/s78/A03/ghs_left/s182/moe_633/tnull_842.html。

[6]《面向21世纪教育振兴行动计划》，教育部官网，http：//www.moe.gov.cn/jyb_sjzl/moe_177/tnull_2487.html。

[7] 田一聚、张乐天：《1978~1999年我国高校内部管理体制改革的政策分析》，《黑龙江高教研究》2010年第10期，第25~28页。

[8]《提高教学质量，深化教学改革工作研讨会会议纪要》，教育部官网，http：//www.moe.gov.cn/srcsite/A08/s7056/200607/t20060719_124650.html，2006年7月19日。

[9] 周济：《中国的高等教育已经进入大众化发展阶段》，中国网，www. china. com. cn/news/txt/2007-10/21/content_9096182. htm，2007 年 10 月 21 日。

[10]《国家中长期教育改革和发展规划纲要（2010~2020 年）》，教育部官网，http：//www. moe. gov. cn/srcsite/A01/s7048/201007/t20100729_171904. html，2010 年 7 月 29 日。

[11]《国家教育事业发展第十二个五年规划》，教育部官网，http：//www. moe. gov. cn/srcsite/A03/moe_1892/moe_630/201206/t20120614_139702. html，2012 年 6 月 14 日。

[12]《教育部关于全面提高高等教育质量的若干意见》，教育部官网，http：//www. moe. gov. cn/srcsite/A08/s7056/201203/t20120316_146673. html，2012 年 3 月 16 日。

[13]《国家教育事业发展"十三五"规划》，教育部官网，http：//www. moe. gov. cn/jyb_xxgk/moe_1777/moe_1778/201701/t20170119_295319. html，2017 年 1 月 10 日。

[14]《统筹推进世界一流大学和一流学科建设实施办法（暂行）》，教育部官网，http：//www. moe. gov. cn/srcsite/A22/moe _ 843/201701/t20170125 _ 295701. html，2017 年 1 月 25 日。

[15]《一流本科教育宣言（"成都宣言"）》，教育部官网，http：//www. moe. gov. cn/jyb_xwfb/xw_fbh/moe_2069/xwfbh_2018n/xwfb_20180622/sfcl/201806/t20180622_340649. html，2018 年 6 月 22 日。

[16] 冯筱晴：《习近平主持召开中央全面深化改革委员会第二十三次会议》，百度百家号，https：//baijiahao. baidu. com/s? id = 1719393778689269145&wfr = spider&for = pc，2021 年 12 月 17 日。

[17]《中国教育年鉴（1949~1981）》，中国大百科全书出版社，1984，第 965、969 页。

[18]《2002 年全国教育事业发展统计公报》，教育部官网，http：//www. moe. gov. cn/jyb_xxgk/gk_gbgg/moe_0/moe_9/moe_36/tnull_479. html。

[19] 别敦荣、易梦春：《面向 2030 世界高等教育发展的主要趋势与战略选择》，《中国高教研究》2018 年第 1 期，第 57~63 页。

[20] 姚晓晨：《国务院召开加强和改进高校招生管理工作会议》，人民网，http：//politics. people. com. cn/GB/1026/4388645. html，2006 年 5 月 20 日。

[21]《中国教育改革和发展纲要》，教育部官网，http：//www. moe. gov. cn/jyb_sjzl/moe_177/tnull_2484. html，1993 年 2 月 13 日。

[22] 霍文达《论中国高等教育大众化发展特点及其意义》，《湖北函授大学学报》2010 年第 6 期，第 1~4 页。

[23]《中国教育概况——2019 年全国教育事业发展情况》，教育部官网，人民网，http：//www. moe. gov. cn/jyb_sjzl/s5990/202008/t20200831_483697. html，2020 年 8 月 31 日。

[24]《高校创新成果丰硕——2019 年度国家科学技术奖励高校获奖情况》，教育部官网，http：//www. moe. gov. cn/jyb_xwfb/gzdt_gzdt/s5987/202001/t20200110_415102. html，2020 年 1 月 10 日。

[25]《2020 年中国科技论文统计结果发布》，腾讯网，https：//xw. qq. com/amphtml/20201231-A01BHU00，2020 年 12 月 31 日。

[26]《2018 年来华留学统计》，教育部官网，http：//www. moe. gov. cn/jyb_xwfb/gzdt_gzdt/s5987/201904/t20190412_377692. html，2019 年 4 月 12 日。

[27] 方怡君：《中国成留学第三大目的地国，预计明年来华留学生达 50 万》，《新京报》官

网，http：//www. bjnews. com. cn/edu/2019/12/11/660765. html，2019 年 12 月 11 日。
[28] 黄永林：《1993~2018 年普通高校教育经费投入的深度分析》，《教育财会研究》2020 年第 6 期，第 7~23 页。
[29]《2020 年全国教育经费执行情况统计快报》，教育部官网，http：//www. moe. gov. cn/jyb_xwfb/ gzdt_gzdt/s5987/202104/t20210427_528812. html，2021 年 4 月 27 日。
[30]《中国教育概况——2012 年全国教育事业发展情况》，教育部官网，http：//www. moe. gov. cn/jyb_sjzl/s5990/201111/t20111114_126550. html，2013 年 10 月 23 日。
[31]《系列高等教育质量报告首次发布——事实和数据说话，展现中国高等教育质量的自信与自省》，教育部官网，http：//www. moe. gov. cn/jyb_xwfb/xw_fbh/moe_2069/xwfbh_2016n/xwfb_160407/160407_sfcl/201604/t20160406_236891. html，2016 年 4 月 7 日。
[32]《全国普通高校本科教育教学质量报告（2018 年度）》，教育部官网，http：//www. moe. gov. cn/jyb_xwfb/gzdt_gzdt/s5987/202006/t20200628_468661. html，2020 年 6 月 28 日。
[33]《春季学期学生对在线教学满意率达 85%》，教育部官网，http：//www. moe. gov. cn/fbh/live/2020/52320/mtbd/202008/t20200828_481896. html，2020 年 8 月 27 日。
[34] 布鲁贝克：《高等教育哲学》，徐辉、张民选译，浙江教育出版社，2001，第 19 页。
[35]《中国 21 世纪议程》，中国环境科学出版社，1994，第 33 页。
[36] 习近平：《决胜全面建成小康社会夺取新时代中国特色社会主义伟大胜利》，人民网 http：//cpc. people. com. cn/n1/2017/1028/c64094-29613660. html，2017 年 10 月 28 日。
[37]《习近平对职业教育工作作出重要指示》，教育部官网，http：//www. moe. gov. cn/jyb_xwfb/s6052/ moe_838/202104/t20210413_526123. html，2021 年 4 月 13 日。

# The Policy Path and Times Turning of the Sustainable Development of Higher Education in China Since the Reform and Opening-up

*Li Muzhou, Zhong Weichun*

**Abstract**: Since the reform and opening up, driven by stable planning policies, China's higher education has gone through four development stages: initial reform, deepening reform, transformation development, and pursuit of excellence. From the point of policy path and development mode, China's higher education in the process of implementation from elite to mass with denotative development model is given priority to, in the process of implementation from the popular to popularize is given priority with both denotation and connotation of mixed development mode, and especially in the late popularization implementation after the universalization is given priority with connotative development mode. In terms of practical results, China's higher education after the reform and opening-up has achieved remarkable results in terms of scale growth, connotative development, international influence and student experience. At present, China has entered the new era to the socialist construction, it is the inevitable direction of China's higher education policy in the future to promote the transformation from a big country of higher education to a powerful country of higher education. The key to the sustainable development of China's higher education in the future is to improve the quality of higher education, serve the national major strategy and promote the common development of the two types of higher education.

**Keywords**: Higher Education; Popularization; Connotative Development

# 研究生教育发展指数*

## ——基于36个国家数据测算

胡东婉　乔文君　黄海军**

【摘　　要】运用指数表征研究生教育发展水平是监测、评价教育发展的方式之一。在回顾现有教育相关指数研究和界定研究生教育发展指数的基础上，本文选取关键要素建立了以充分度、贡献度和保障度三个维度为基准的综合评价指标体系，采用主客观组合赋权方法确定权重，以36个国家为对象测算研究生教育发展指数。研究发现，我国研究生教育发展迅速，社会贡献巨大，但也存在明显不足，与美国有一定差距，主要表现为在研究生教育发展保障度上仍有很大提升空间。因此，全面加强研究生教育发展保障，提升研究生教育发展质量是我国研究生教育改革发展的重点。

【关 键 词】研究生教育　教育发展　教育评价

研究生教育是国民教育的顶端和国家创新发展的重要载体，承担着推动科学技术创新的使命，也为各国发展培养造就了大批高层次人才。[1]为弄清我国研究生教育发展状况及趋势如何，与其他有关国家研究生教育发展状况及趋势是否可比，有必要在全球背景下，对我国和世界其他主要国家的研究生教育发展进行动态的、历史的、趋势的监测、评价与比较。“研究生教育发展指数”概念的提出，经历了一段时间的概念、内涵、外延及意义的思考、研讨与探索；从培养质量指数到教育质量指数，再到教育发展指数的两次转变过程，是认识深化的过程。[2]为体现我国向研究生教育大国迈进的过程，体现我国研究生教育在全球范围内的发展状况与所处位置，本文立足时代，探索构建世界主要国家研究生教育发展指数（以下简称“研究生教育发展指数”），在内涵上注重发展突破了质量的局限，在指数测算上注重监测而非质量的高低，在数据获取途径权威的基础上，充分考虑经济发展处于不同

---

* 本文系国家社会科学基金重点项目“我国研究生培养质量指数研究”（AIA180011）的研究成果。

** 胡东婉，女，北京大学博士后，教育部学位与研究生教育发展中心博士后；乔文君，男，教育部学位与研究生教育发展中心研发处处长；黄海军，男，教育部学位与研究生教育发展中心副研究员。

阶段的国家，从宏观层面进行研究。

# 一　研究生教育发展指数内涵

## （一）文献回顾

指数分析法作为一种重要的分析方法和综合评价方法，在很多领域得到了广泛的应用[3]，当然也包括教育。例如，王战军和唐广军提出研究生教育质量指数，从投入、产出、结构化、国际化、满意度五个维度，基于五项基础观测指标对我国研究生教育质量进行分析。[4]王战军等推出世界主要国家博士生教育发展指数，研究发现所选取的国家研究生教育发展水平与本国的经济发展水平匹配，发达国家的博士教育水平普遍高于发展中国家。[5]张小波基于投入产出制定了研究生教育质量效率指数，对34所高校的实证分析表明研究生教育质量效率整体偏低。[6]陈斌从高等教育机会指数、高等教育投入指数和高等教育质量指数三个维度构建高等教育发展指数，分析了我国高等教育发展水平的区域差异。[7]刘六生等运用经济、教育、社会公平等方面的省级面板数据，实证分析了各省份高等教育发展指数、经济发展指数和社会公平指数与全国均值的离差。[8]柯江林等构建了我国一流大学战略人才发展指数，从战略人才存量和战略人才发展制度的“双轮驱动”角度，分析了我国42所一流大学的战略人才发展情况。[9]杨立军和何祥玲提出并构建了大学生发展指数，基于某高校“中国大学生学习与发展追踪研究”（CCSS）调查数据，验证了大学生发展的二阶四维结构，并据此构建了大学生发展的三级指数体系，分析了大学生发展的水平和特点。[10]刘惠琴等基于系统论构建了包含规模、结构、质量和效益四个维度的研究生教育发展指数，对我国研究生教育进行了有效监测和不同层面的诊断。[11]王传毅等从规模、质量和效益三个维度测算省域博士研究生教育发展指数，分析了我国不同阶段博士研究生教育发展水平及其历时变化。[12]黄宝印和王顶明从理论依据、国际经验、客观需求和管理时间四个方面提出构建研究生教育质量指数的设想，并从研究生教育对创新型国家建设的贡献度、对经济社会高质量发展的支撑度和在立德树人实践中的达成度三个角度解释其内涵。[13]

从上述学者的相关研究中可以发现，指数分析法在研究生教育评价的理论研究与实践应用上有可行性，这为本文的分析提供了思路。

## （二）指数界定

研究生教育发展监测评价框架反映了教育发展的系统观。当前，对教育的评价常见的框架包括“规模、结构、质量、效益”“背景、投入、过程、产出”“人才培养、科学研究、社会服务、文化传承”“供给、需求、参与、绩效、产出”等。监测评价的框架一般呈现以下特征。一是采用系统观审查教育发展。无论是以上哪种评价框架，其本质都是全维度审查教育发展，关注各层面因素对教育发展的影响，并非将教育发展局限在某一因素上。二是以实用性为目的监测教育发展。在未形成较系统的监测框架时，基于监测重点形成逻辑自洽的框架。这类框架以较为清晰的方式呈现各个要素间的复杂关系，强调投入在教育发展中的重要作用。三是注意区分教育发展的不同层次。教育发展的监测评价可划分为个体、组织和系统等层面，如对学生、学校、国家（区域）等的监测评价。对教育发展层次的划分不仅有助于对单一层次的分析框架进行拓展，将各要素涵盖其中，以避免在数据收集时遗漏重要维度，而且便于对不同层次教育发展进行系统考察。

本文参考现有研究框架形成了基于本体—功能—保障的分析框架（如图 1 所示）。研究生教育发展包括充分度、贡献度和保障度三个维度。充分度是教育发展过程因素，是发展过程中内部发展充分性和与外部发展适应性的体现。贡献度是教育系统产生的结果和影响，教育发展的过程是教育不断输出的过程，这是教育系统的“过程输出”。保障度是教育系统运行的原始材料，是系统中的资源和条件因素，也是教育系统为达到某一结果而采取的行动。从各个维度来看，研究生教育发展的充分度包括规模、结构和发展速度的充分度，贡献度包括知识、技术和人才的贡献度，保障度包括人力、财力和制度的保障度。从三个维度之间的关系来看，研究生教育的充分发展能够做出持续性的贡献，保障发展的要素投入是充分发展的必要前提条件，而研究生教育对经济社会的贡献为自身发展的充分性提供保障。

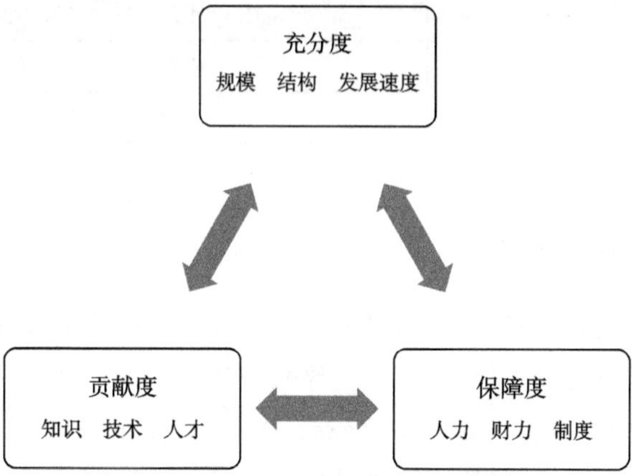


**图 1　研究生教育发展的分析框架**

# 二　研究生教育发展指数设计

## （一）研究对象

为定量研究全球研究生教育的发展状况，从历时性和共时性视角监测全球研究生教育的动态变化，研究的基本思路是通过构建指数模型，计算各国研究生教育发展指数。在研究对象选取上，本文选取了 36 个国家（如表 1 所示），主要遵循结构性、代表性和区域性三项原则。从研究生教育发展来看，选取的国家不仅有高度发达的国家，还包括发展中国家。

表 1　36 个国家分布

| 区域 | | 国家 |
|---|---|---|
| 亚洲 | 东亚 | 中国、日本、韩国 |
| | 南亚及东南亚 | 印度、新加坡、泰国、越南 |
| | 中亚及西亚 | 哈萨克斯坦、以色列、土耳其、沙特阿拉伯 |
| 欧洲 | 中欧 | 德国、瑞士、奥地利、波兰 |
| | 西欧 | 英国、法国、爱尔兰、荷兰 |
| | 南欧 | 意大利、西班牙、葡萄牙、希腊 |
| | 北欧及东欧 | 瑞典、芬兰、丹麦、俄罗斯 |
| 美洲 | 北美 | 美国、加拿大、墨西哥 |
| | 南美 | 哥伦比亚、巴西、智利 |
| 大洋洲 | | 澳大利亚、新西兰 |
| 非洲 | | 南非 |

## （二）数据来源与处理

本文数据来源包括：各国教育部数据库、教育公报和统计局公布的数据；第三方机构统计数据，如联合国教科文组织、世界知识产权组织、OECD、联合国统计司和世界银行等；网站公布数据，如 U. S. News、QS、U-Multirank、THE、ARWH 等。在对研究生教育发展指数的关键因素监测过程中，需要考虑数据的获取和收集是客观可行的，且尽可能在数据可获取的情况下选取关键因素，拒绝将主观意见纳入其中，并在最大程度上减少项目的负担和成本。但由于各国文化差异较大，且跨文化比较很难实现，所以不对态度和价值观进行监测评价，而是从客观数据入手。需要强调的是，发展指数设计需在对关键因素监测评价的广度和深度与项目的成本间寻求平衡。

在数据处理上，本文对各指标数据进行统一标准化处理，以便能更直观地依据各指标进行测算和对比分析，标准化方法如下。

正指标：

$$y_{ij}=\frac{x_{ij}-x_i^{\min}}{x_i^{\max}-x_i^{\min}}\times 100$$

逆指标：

$$y_{ij}=\frac{x_i^{\max}-x_{ij}}{x_i^{\max}-x_i^{\min}}\times 100$$

其中，$i$ 表示第 $i$ 个指标，$j$ 表示第 $j$ 个区域；$x_{ij}$ 表示指标获取值；$y_{ij}$ 表示指标效用值；$x_i^{\max}$ 表示第 $i$ 个指标的最大值，$x_i^{\min}$ 表示第 $i$ 个指标的最小值。

一般情况下，需要注意的是两个阈值 $x_i^{\max}$ 和 $x_i^{\min}$ 并非一定是观测值中的最大值或最小值，也可以根据实际情况人为设定。

### （三）指标体系构建

构建研究生教育发展指数指标体系，首先要对研究生教育发展进行深入认识。基于前文提出的“本体—功能—保障”分析框架，从本体对应的充分度、功能对应的贡献度和保障对应的保障度出发构建指标体系。而在操作主义和简单比较原则的驱使下，由于数据难以获取或缺失严重等诸多客观因素，会对指标进行删减。并根据已获取数据进行指标的再次筛选，选取能表征研究生教育发展的指标，主要做法如下：一是选取能够表征研究生教育结果的指标；二是将表征研究生教育投入、过程、产出的因素选为指标；三是从不同衡量角度选取指标。

充分度包括研究生教育的规模、结构和发展速度三个指标。规模采用绝对规模研究生注册人数和相对规模千人注册研究生数衡量。结构分别采用国际学生占比结构研究生国际流动学生数、高等教育内部结构本科生与研究生人数比、性别结构女性研究生与男性研究生人数比来表示。需要特别说明的是，结构指标中高等教育内部结构和性别结构存在临界现象，比值应当在一定的区间范围内，如果超过临界区间，指标转化为负向指标。观察现有本科生与研究生规模数据，在本科生规模不变的情况下，研究生比例越高，高等教育内部结构越优化，研究生比例越低，说明本国研究生教育发展程度越低。从现有的各国数据来看，各国研究生规模都有一定的增长空间，并未超出临界范围。性别结构涉及男女公平这一国际关注的重要议题，男女比值越接近 1，换算的分值也越高。发展速度指标的选取考虑增量因素，采用简化的方式，考察研究生注册人数在一段时间内的增长速度，指标观测点选取近 5 年研究生注册人数年均增长率。

贡献度包括研究生教育在知识、技术和人才三个方面的贡献。知识贡献一般考察论文、著作、研究报告和教材等形式的研究生教育知识产出，指标观测点选取全口径的科学出版物数量。技术贡献一般使用专利数量来衡量，对于研究生教育的技术贡献，应该采用在校研究生和研究生导师的专利申请数量衡量更合理，但由于没有公开的数据，则选取相关性较强的国际专利申请数，包括 PCT 专利、马德里和海牙专利。人才贡献在现有的研究中多采用就业率衡量，但由于各国研究生就业率统计口径不同，同时延期毕业、灵活就业等方式对就业率统计造成干扰，且数据收集难度较大，本文直接采用 WIPO 调查数据企业中研究人才人数来衡量。

保障度包括研究生教育发展的人力、财力和制度保障。研究生教育发展人力保障一般采用研究生导师或师生比数据衡量，但各国导师情况统计较为复杂，且没有直接公开的数据采用，本文采用高等教育教师人数衡量研究生教育发展人力保障。研究生教育财力保障一般采用研究生教育经费投入或生均经费投入，但由于各国数据缺失严重，本文采用高等教育 R&D 经费投入衡量。研究生教育制度保障存在难以量化和数据较难获取等困难，本文参考 OECD 调查数据奖学金覆盖率来衡量，针对未公布数据的国家，采用公布国家数据均值代替。

## （四）指标权重

本文采用组合赋权法进行权重计算，基于层次分析法的从上向下赋权和熵值法的从下向上赋权保证每一层有更加科学合理的主观权重值与客观权重值。[14~16] 为了得到组合后更科学的综合权重值，采用的计算方程为：

$$W_j = \frac{w_{1j}w_{2j}}{\sum_{j=1}^{n} w_{1j}w_{2j}}, j = 1,2,\cdots,n$$

$w_{1j}$和 $w_{2j}$分别表示层次分析法与熵值法权重。

这样保证计算结果（见表 2）的主客观相结合，每一个指标权重趋于主观评价又结合客观情况。

**表 2　改进的组合赋权法运算结果**

| 维度 | 指标 | 指标观测点 | 层次分析法权重 | 熵值法权重 | 组合赋权法权重 |
|---|---|---|---|---|---|
| 充分度 | 规模 | 研究生注册人数+ | 0.1799 | 0.1275 | 0.2393 |
| | | 千人注册研究生数+ | 0.1918 | 0.0905 | 0.1810 |

续表

| 维度 | 指标 | 指标观测点 | 层次分析法权重 | 熵值法权重 | 组合赋权法权重 |
|---|---|---|---|---|---|
| 充分度 | 结构 | 研究生国际流动学生人数+ | 0.0153 | 0.1129 | 0.0388 |
| | | 本科生与研究生人数比 | 0.1277 | 0.0670 | 0.0893 |
| | | 女性研究生与男性研究生人数比 | 0.0418 | 0.0254 | 0.0239 |
| | 发展速度 | 近5年研究生注册人数年均增长率+ | 0.1430 | 0.0893 | 0.1332 |
| 贡献度 | 知识 | 科学出版物数量+ | 0.0948 | 0.0652 | 0.0843 |
| | 技术 | 国际专利申请数+ | 0.0463 | 0.0364 | 0.0379 |
| | 人才 | 企业中研究人才人数+ | 0.1094 | 0.09835 | 0.1084 |
| 保障度 | 人力 | 高等教育教师人数+ | 0.1674 | 0.1328 | 0.1549 |
| | 财力 | 高等教育 R&D 经费投入+ | 0.1033 | 0.1336 | 0.1441 |
| | 制度 | 奖学金覆盖率+ | 0.0341 | 0.0287 | 0.0316 |

注：①+表示指标为正向指标；②数据未达到该国该项指标的覆盖要求时，不予计算；③数据缺失时，缺失一年的运用插值法和年均增长率方法补充，缺失两年及以上的，使用最新年份的数据。

# 三　研究生教育发展指数测算与分析

## （一）各国研究生教育发展指数趋势变化

本文收集了36个国家的数据，测算了2014～2019年的研究生教育发展指数。2014～2019年36个国家研究生教育发展指数美国连续6年排名第一（如图2所示），且指数遥遥领先。美国在充分度、贡献度和保障度上得分均较高，而中国在保障度上得分较低，在36个国家中处于中间位置，特别是高等教育R&D经费投入和奖学金覆盖率与欧美国家相比均处于劣势。德国在2014年位于第二位，但自2015年开始，被中国赶超，下降到第三位，此位次一直保持至2019年。值得一提的是，俄罗斯在36个国家中名次波动最大，从2014年的第5名降至2019年的第19名，这与数据缺失有一定关系，但也与近些年俄罗斯在研究生教育上的投入大幅度减少有关。

## （二）各国研究生教育发展指数差异

如图3所示，以2019年为例，指数最高的是美国（59.48），最低的是哥伦比亚（6.87）。36个国家可分为三个梯队。第一梯队为指数在30以上的国家：一类是研究生教育已经进入成熟期的国家，如美国和西欧国家，研究生教育已进入内涵式发展阶段，且发展条件充裕，对社会的贡献度高，所受保障较好；另一类是研究生教育快速

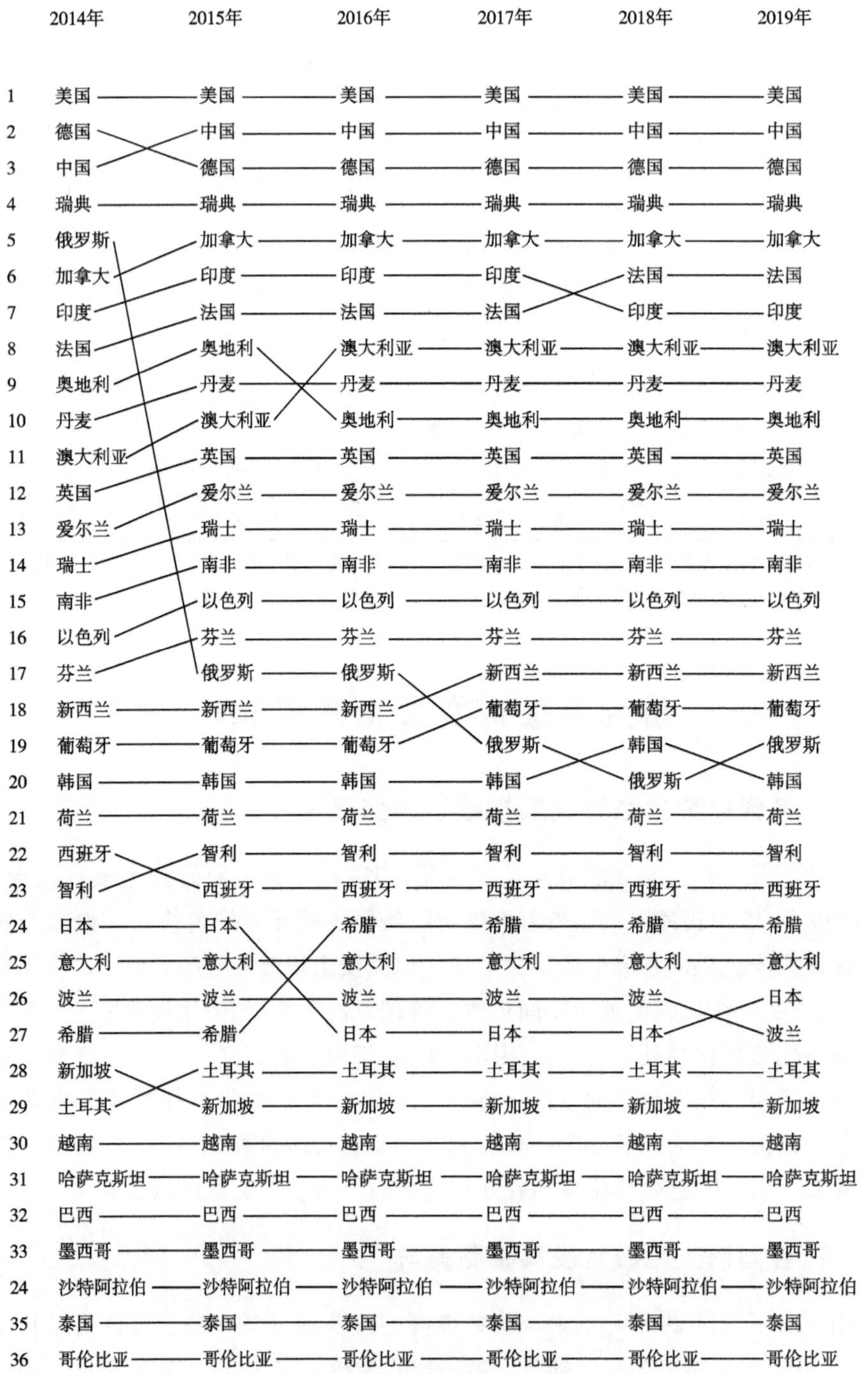


**图 2　2014~2019 年研究生教育发展指数排名的变化趋势**

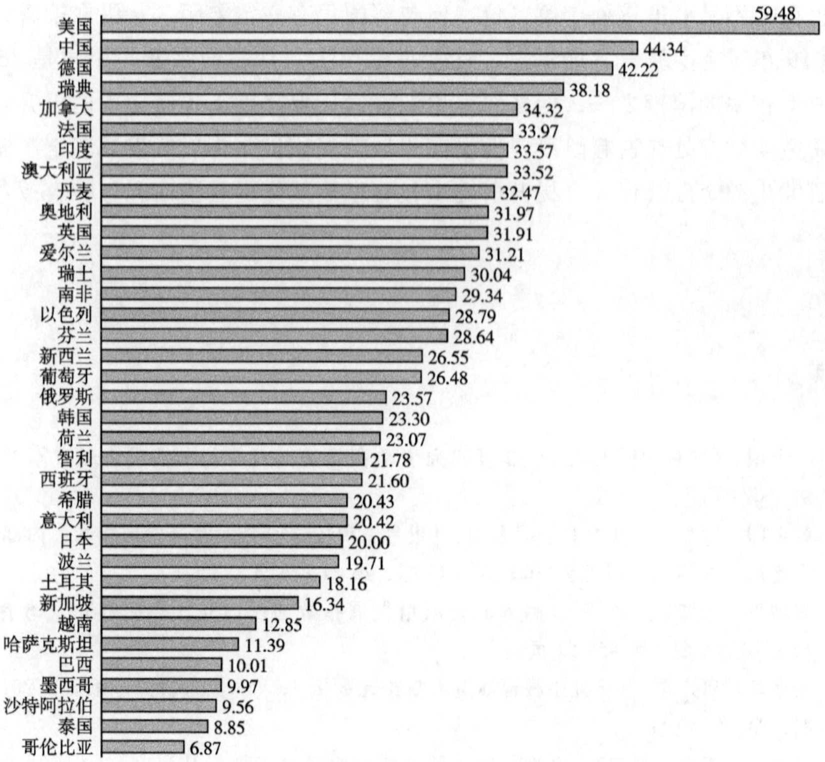


**图 3　2019 年研究生教育发展指数**

发展的国家，如中国、印度等国，研究生教育规模不断扩大，发展条件持续改善，对社会的贡献度也明显提高。第二梯队为指数在 20 和 30 之间的国家；一是本身研究生教育已经进入成熟期的欧洲国家，但由于研究生教育规模较小，整体发展水平不高；二是研究生教育一直处于发展停滞或倒退状态的国家，但本身研究生教育基础好，如日本、俄罗斯。三是研究生教育起步较晚，但发展速度很快的国家，如智利。第三梯队为指数在 20 以下的国家：一类是研究生教育已经进入成熟期的国家，但由于国家体量和研究生教育规模过小，指数较小，如波兰、新加坡；另一类是研究生教育处于初创期，规模较小，发展条件和保障度都有限，对社会的贡献也较小。

# 四　结论

本文构建了包含三个维度的研究生教育发展指数模型，并对全球 36 个国家进行了实证分析。研究结果显示：欧美国家作为世界研究生教育发展的重镇，始终保持着引领世界研究生教育发展的重要地位，特别是美国代表了世界研究生教育发展的最高水平，且在充分度、贡献度和保障度上十分均衡；中国研究生教育发展具有明显优势，但也存在不足，虽然处于第二位，但与美国仍有一定差距。从纵向来看，中国在 2014~2019 年研究生教育发展迅速，社会贡献巨大。从横向来看，中国是 36 个国家中发展速度较快的国家之一，但在研究生教育发展保障度上仍有很大的提升空间，说明中国研究生教育处在追赶阶段，但研究生教育规模扩张为后续发展奠定了基础，全面加强研究生教育发展保障，提升研究生教育发展质量是我国研究生教育改革发展的重点。

## 参考文献


[1] 洪大用：《扎根中国大地加快建设研究生教育强国》，《学位与研究生教育》2019 年第 3 期，第 1~7 页。

[2] 黄宝印、黄海军、乔文君、胡东婉：《世界主要国家研究生教育发展指数：内涵、框架与测度》，《中国高教研究》2021 年第 11 期，第 21~26 页。

[3] 邱均平、宋博、王传毅：《高等教育质量发展指数的国内外比较研究》，《教育与经济》2019 年第 4 期，第 45~51 页。

[4] 王战军、唐广军：《研究生教育质量指数构建研究》，《学位与研究生教育》2017 年第 12 期，第 44~49 页。

[5] 王战军、娄枝、蔺跟荣：《世界主要国家博士生教育发展指数研究》，《学位与研究生教育》2020 年第 8 期，第 1~7 页。

[6] 张小波：《基于综合评价的研究生教育质量效率指数研究——对“985 工程”一期 34 所高校的实证分析》，《中国高教研究》2013 年第 9 期，第 68~75 页。

[7] 陈斌：《中国高等教育发展水平省际差异透视——基于高等教育发展指数的证据》，《复旦教育论坛》2016 年第 4 期，第 76~82、88 页。

[8] 刘六生、冯用军、吕娇兰：《我国省域高等教育发展的协调性研究——基于经济、社会与高等教育发展离差的类比分析》，《现代教育管理》2016 年第 8 期，第 1~7 页。

[9] 柯江林、姚兰芳、王建民：《国内一流大学战略人才发展指数构建与检验》，《中国高教研究》2016 年第 6 期，第 80~86 页。

[10] 杨立军、何祥玲：《大学生发展指数：结构与水平——基于 2016 年 CCSS 调查数据的分析》，《中国高教研究》2018 年第 12 期，第 46~52 页。

[11] 刘惠琴、王传毅、李锋亮、赵琳、程哲：《研究生教育发展指数之构建研究》，《清华大学教育研究》2020 年第 2 期，第 112~121 页。

[12] 王传毅、程哲、赵琳、刘惠琴：《省域博士研究生教育发展指数分析》，《清华大学教育研究》2020 年第 2 期，第 130~135 页。

[13] 黄宝印、王顶明：《探索构建研究生教育质量指数　创新研究生教育质量监测与评价方法》，《学位与研究生教育》2019 年第 7 期，第 1~4 页。

[14] Z. S. Xu, C. P. Wei, “A consistency improving method in the analytic hierarchy Process,”

*European Journal of Operational Research*, 1999, 116 (2): 443-449.

[15] Z. S. Xu, "On consistency of the weighted geometric mean complex judgement matrix in AHP," *European Journal of Operational Research*, 2000, 126 (3): 683-687.

[16] Z. S. Xu, "Generalized Chi square method for the estimation of weights," *Journal of Optimization Theory and Applications*, 2000, 107 (1): 183-192.

# Research on Graduate Education Development Index —Based on data from 36 countries

*Hu Dongwan, Qiao Wenjun, Huang Haijun*

**Abstract**: Using indexes to characterize the development of graduate education is one of the ways to monitor and evaluate the development of education. On the basis of reviewing the relevant researches on the existing education index and defining the graduate education development index, this paper selects key elements to establish a comprehensive evaluation index system based on the three dimensions of adequacy, contribution and security. And by using the subjective and objective combination weighting method to calculate the weight, it calculates the graduate education development index of 36 countries. It is found that, China's graduate education has developed rapidly and has made remarkable achievements in social contribution, but there are also obvious deficiencies, and there is a certain gap with the United States. The main manifestation is that there is still a lot of improvement space in the development security of graduate education. So, improving the quality of graduate education development will become the focus of China's graduate education reform and development.

**Keywords**: Graduate Education; Educational Development; Education Evaluation

# 资源基础理论视角下高质量慕课联盟建设优化研究*

欧李梅　汤火箭　李永强**

【摘　　要】专业型高校课程联盟是整合专业课程资源、拓展优质资源覆盖、提升教学创新实效的重要形式。基于当前我国高校课程联盟建设过程中面临的新问题和新挑战，引入资源基础理论，从合作模式、合作内容和合作机制三个维度分析当前课程联盟建设中存在的问题，提出完善管理架构、构建合作新模式、打造协作新平台的优化路径，并结合中国高校财经慕课联盟的实践样本，对跨校跨区域慕课联盟共建共享协同发展模式的优化提出对策建议，以期为智慧教学新情景下高质量慕课联盟建设提供新思路。

【关 键 词】资源基础理论　慕课联盟　高等教育

"互联网+"教育高质量发展路径的核心是构建教育资源公共服务平台。[1]目前，跨学科、跨地区乃至跨国界高校通过联盟等形式促成资源集群共建开放共享，形成紧密协作、共同发展态势已成为构建高质量高等教育体系的应有之义。但受政策驱动和内部冲突等因素制约，当前教学联盟实体结构多较为松散，存在合作速成化、同质化、浅表化、形式化等问题，降低了联盟的实际效用。2021 年，教育部等六部门联合发布《关于推进教育新型基础设施建设构建高质量教育支撑体系的指导意见》，明确提出要"汇聚生成优质资源，推动数字资源的供给侧结构性改革，创新供给模式，提高供给质量"，这对新时期高校课程联盟发展提出了新要求。因此，破解高校课程联盟发展弊端，实现优质教学资源效用最大化，推动教育教学改革和提升人才培养质量，有着重要的现实意义。

* 本文系教育部新文科研究与改革实践项目"新文科背景下财经复合型人才培养路径探索与实践"(2021100079)、四川省 2021~2023 年高等教育人才培养质量和教学改革重点项目"虚拟教研室建设的研究与实践"(JG2021-338) 的研究成果。

** 欧李梅，女，四川眉山人，四川大学公共管理学院博士研究生，西南财经大学教务处教师；汤火箭，男，四川仁寿人，西南财经大学教务处处长，中国高校财经慕课联盟秘书长，教授、博士研究生导师；李永强，男，四川绵阳人，西南财经大学副校长，教授、博士研究生导师。

# 一　资源基础理论与课程联盟

## （一）资源基础理论的内涵

资源基础理论起源于战略管理领域，以沃纳菲尔特（B. Wernerfelt）和巴内（J. Barney）等学者为代表。该理论认为，企业是多种有形和无形资源的集合体，当企业拥有的资源具有价值性、稀缺性、不可模仿性和不可替代性时，更有利于企业保持可持续的竞争优势。尽管资源基础理论强调自身资源对企业提高创新绩效的独特价值，但由于企业决策面临着不确定性和复杂性，不同企业在不同发展阶段所拥有的资源禀赋有所差异，企业需要通过协同、链接、丰富等资源配置与整合行动来实现资源与战略的契合，从而促进持续创新。[2]其中，协同是指企业吸纳外部资源要素，将之与内部资源要素相互整合并为我所用；链接是指企业对内部资源要素进行优化组合，使之适配企业特定战略目标；丰富是指企业通过与利益相关者合作，增加资源的体量并形成资源多元化配置。[3]资源基础理论认为，资源禀赋差异性、互补性是企业间构建战略联盟的核心原因，而联盟的成立使得成员得以协同共享资源、弥补资源缺口，进而实现资源整合、吸收与利用的有效性。[4]

## （二）资源基础理论与课程联盟建设

大学是典型的多类型资源集合体。一流学科、重点实验室、高水平师资、高质量课程资源等都是大学的核心战略资源。其中，高质量课程是最关键的资源。就人才培养而言，教育质量的根本落脚点在于课程。课程是知识传播的媒体，也是知识生产、创新的“胚芽”。高校所拥有的高质量课程资源越丰富，其教育教学实力和人才培养竞争力越强。根据资源基础理论，自身的异质性优势资源有利于企业提高创新绩效，但同时企业所拥有的资源是有限的。当企业无法从内部获取发展所必需的资源时，就需要通过构建战略联盟等方式与其他组织建立联系以获取资源。[5]高校所掌握的办学资源相对有限，为满足学生对优质课程资源的多样化、个性化需求，高校之间需要打破围墙式关门办学形式，集聚整合优质课程资源，促进开放共享，实现“1+1>2”的多赢局面。

作为战略联盟概念的具象，高校课程联盟可以理解为以课程为纽带，两个或两个以上的高校为了更好地提高教学质量、更多地培养优秀人才、更大程度地实现教育公平，通过一定方式组成的优势互补、要素双向或多向流动的组织机构。[6]高校课程联盟以优质课程教育资源共建共享为目标，协商制定合作发展战略和实施计划、资源共享运行机制以及不同层级的协调组织管理机构，具有参与主体独立、联盟关系互动、合作方式机动、管理协调灵活、资源配置互补等特征。[7]跨校跨区域高校课程联盟有利于平衡区域间教育资源配置、扩大优质教育资源的共享覆盖面、满足学生对优质课程资源的需求、改进学生学习体验，从而整体提高人才培养质量。

## 二　课程联盟建设现状与挑战

### （一）国内外高校课程联盟建设概况

为实现资源共享、合作共赢目标，国内外高校以课程资源为纽带探索了多种形式的联盟合作。2001年，麻省理工学院以“知识公益、免费共享”为理念启动“开放课件计划”（MIT Open Course Ware），通过互联网向全世界开放涵盖工程、科学、管理、社会科学等学科的课件，全世界教育研究机构、个人学习者等均可免费获取包括课程讲义笔记、课程提纲、阅读书目和专业课程分配表等教学资源。2003年，联合国教科文组织将开放课件扩展到开放教育资源，并于2005年成立国际开放课件联盟（Open Course Ware Consortium，OCWC）。目前，该机构已吸纳哈佛大学、耶鲁大学等200多个会员单位，并向全世界提供了超过20种语言的14000余门课程，并与日本开放课件联盟（JOCW）、西班牙语高校开放课程联盟（OCW-University）等开展合作。

随后，慕课浪潮伴随互联网通信技术发展席卷全球，一系列跨区域跨校课程联盟相继建立，推动了优质教学课程共建共享。2012年，上海30余所高校以“上海高校课程中心”为平台建立课程联盟，成为我国首例以课程教学为目标的联盟。2013年，中国东西部高校课程共享联盟成立，以期通过东部高校优质课程资源与西部高校的共享，推进教育公平、提升教育质量。同年，海峡两岸上海交通大学等5所“交大”推出“在线学习联合体”，提供免费课程学习机会。此后，我国各地相继成立了各类型课程联盟（见表1），旨在积极打造合作平台、促进优质教学资源协同创新发展。

表1　中国主要课程联盟

| 联盟名称 | 成立时间 | 联盟名称 | 成立时间 |
|---|---|---|---|
| 上海高校课程中心 | 2012年4月 | 浙江省高等学校在线开放课程共享联盟 | 2016年12月 |
| 中国东西部高校课程共享联盟 | 2013年4月 | 黑龙江省高校优质课程联盟 | 2017年1月 |
| 中国医学教育慕课联盟 | 2014年3月 | 中国高校外语慕课联盟 | 2017年12月 |
| 全国地方高校UOOC（优课）联盟 | 2014年5月 | 中国高校财经慕课联盟 | 2018年4月 |
| 中国高校计算机教育MOOC联盟 | 2014年12月 | 卓越农林在线课程联盟 | 2018年7月 |
| “MOOC中国”联盟 | 2015年1月 | 粤港澳大湾区高校在线开放课程联盟 | 2018年11月 |
| 宁波市高校慕课联盟 | 2015年7月 | 山西省高校精品共享课程联盟 | 2019年5月 |
| 图书馆（学）在线课程联盟 | 2016年3月 | 中国高校金融教育金课联盟 | 2019年5月 |
| 福建省高校在线教育联盟 | 2016年5月 | 世界慕课联盟 | 2020年12月 |

## （二）传统课程联盟建设中存在的问题

1. 合作模式：以同质松散化合作为主

从目前的实践情况来看，尽管联盟主体单位在课程共建、资源共享等方面努力发挥作用，但与真正的战略联盟还有一定距离。一是从合作形式上看，多以常规的搭建平台、课程共享为主。尽管部分高校签署了课程共建、协同培养协议，但大多停留在框架性和意向性阶段，共建形式、师资合作等细节机制未完全落实。二是从组织结构上看，联盟的组织构成多为独立办学主体，组织构成相对扁平化，并按照联盟章程、合作协议开展日常合作，缺乏自上而下的整合力，成员关系维系缺乏刚性约束。联盟内权利行使与义务承担存在脆弱性和不稳定性，尤其是与政府机构博弈或出现内部利益冲突时，联盟成员更倾向于维护自身利益，联盟协同功能面临弱化风险。三是从结构维持上看，联盟成员跨校、跨区域甚至跨国别，结构维持一般靠工作会议、学会论坛等形式推进，成员间互动交往对话渠道单一，联盟内部缺乏激励驱动和成果反馈机制，难以在短时间内形成利益联结点，对背离联盟利益的行为缺乏干预约束机制。这也导致现有的课程联盟合作停留在初级阶段，以同质松散化合作为主，合作基础薄弱、合作方式单一、成员深度融合不够等问题普遍存在，直接影响深层次合作成果呈现。

2. 合作内容：以浅层分散型合作为主

从课程设计、线上线下课堂教学、教学资源建设到学习效果评价，课程联盟全程联动不足。成员单位主要停留在浅层分散型合作层面。一是合作层次浅表化。有的联盟成员间尚未形成利益共同点，缺乏实际运作动力，仍简单停留在知识资源的网络共享、学术会议交流等初级合作层面，课程联盟建设经费投入、师资分配、课程设置等基础环节还存在缺位，对实现合作机制功能跃升的规划不足。二是合作范围狭窄。课程联盟合作多集中于平台搭建、课程共享领域，在课程开发共建、跨校课程互选、学分互认、课程质量评价、线上教学培训、在线课程教务管理等方面缺乏深度合作，呈现“有需求无动力、有合约无约束、有协作无协调”的特征，较难实现通过课程资源整体提升人才培养质量的核心目标。三是合作自觉性不强。合作自觉性包含合作意识和合作能力。[8]高校联盟专家弗里茨·格鲁普认为：“原则上的认同和行动上的认可之间存在着令人懊恼的遥远距离。”[9]只有当合作组织中绝大多数个体认同合作治理目标、共享合作议题信息，才能达成合作治理。[10]联盟成员高校经历长期发展，有本校的文化和价值观念，也有不同的发展思路和利益诉求。不同价值观念以及组织之间的利益冲突会阻碍合作。

3. 合作机制：以速成形式化管理为主

一是合作速成化。课程联盟尤其是慕课联盟合作速成化主要受教育信息化、在线开放课程建设应用、一流线上课程相关政策驱动，部分联盟由拥有学科优势的高校牵头组建，相关高校受“群体行为”的影响加入联盟。这种出于随大流、追热点，“不确定对标”“先联盟后建设”而直接开展的合作，易带来组织与体制方面的冲突，进而导致联盟成员盟友关系不牢靠、合作效能不高等问题。[11]二是合作机制模糊化。课程联盟最核心的诉求导向在于课程资源在高水平聚合基础上实现发展最优化和质量最大化，进而实现对人才培养质量的最优化最大化改进。而现阶段，联盟框架协议涉及权利与义务的内容较为宏观，难以合理划分成员间优质资源占有、社会声望等要素参与份额，导致联盟内部贡献、主体参与热度及联盟成员责任分担不均衡。三是沟通深度和宽度不够。联盟发起方虽一般设置秘书处，但针对学校人事编制、组织结构的限制，多数设立在教学研究或教务管理部门办公室，缺少专职联盟协调机构，联盟主体间日常对接协调的渠道不够丰富、通畅，其他参与高校协同性不足，使得联盟单位间的“信息流”“知识流”宽度和深度不够，课程联盟“高质量”目标较易滑向“粗放”状态，“联而不盟”现象常见。

## 三　课程联盟建设的优化路径

### （一）强化制度，完善管理架构

课程联盟合作模式的松散性受制于组织的差异性和非紧密性，有效的管理机制能保障联盟目标实现。强化联盟成员的组织凝聚力，要建立多主体网络化、非线性、多角色的立体式协同创新管理架构。在管理架构方面，构建联盟大会、联盟理事会、联盟秘书处、课程中心、运行中心、课程管理委员会、课程质量保障委员会等机构，强化多主体紧密联结和多回路沟通反馈，推动成员间统筹协调、主体资源有效整合。在管理制度方面，坚持效率原则，依据联盟章程制定具有包容性和灵活性的规章制度，既明确成员的权责利关系，又调动成员的合作积极性与主动性，破除因高校隶属关系、办学层次和办学类型差异而形成的体制机制藩篱，保障高校之间、高校与联盟之间的合作有序开展，以及联盟的稳定运行。在课程资源方面，坚持共建共享，发挥焦点成员影响力，加强产学研合作，协同课程平台企业等，共同制定课程使用规范、课程交易规则等，保证课程开发、课程运行和服务运营等要素运行顺畅，推动相互间课程使用与融合创新最优匹配。

### （二）共建共享，构建合作新模式

在课程方面，在互联互通的网络教学平台体系基础上，构建多类型课程合作模式。对于开放型在线教学，支持联盟课程跨校选课和学分认定，学生完成基本线上学习任务和线上考核后，通过所在学校组织的考试可获得相应学分和联盟平台发放的慕课学习证书；对于线上线下混合式课程，引入联盟精品线上资源，通过线上教学和线下辅导，将传统以知识传授为目标的课堂改造为师生互动交流合作探究的翻转式课堂。在教学资源方面，统筹优势学科高校，统一教学资源制作规范和标准，构建"课程—课程群—交叉学科课程群组"持续更新迭代的数字化教学资源，通过专属账号向成员高校师生开放，同时注重知识版权保护和补偿，防止"由于关联而带来的利益不对称"；实施"跨学科—跨学校—跨校企"多元化产学研共建共享协作，引入企业一线实践教学资源，整合分类多类型线上教学工具和教学资源，建设"菜单式—模块化"个人定制式教学模式。在教学管理方面，构建大数据智能教学管理系统。重构基于信息技术的新型教育服务供给方式，以联盟网络教学平台为基础，设计全过程信息化采集系统和分析系统，构建线上教学数据筛选、数据对比、数据挖掘、数据分析的综合体系，多维度监控、挖掘、统计和分析在线课程上线门数、选课人数、学习人数、互动情况、学生学习行为、教师教学行为等大数据，并及时反馈至教学过程，根据教师授课情况、学生能力水平和学习情况智能化实时更新更符合需求的教学任务。

### （三）跨界融合，打造协作新平台

课程联盟本质上是多元教育主体共存场域，场域内部长期的协调共生需要各成员在价值、目标、资源、结构、组织、机制、运行等方面的最优匹配，以多维合作平台实现优势互补、合作共赢。多维合作平台既要考虑纳入同类型学校优势资源，也要吸引交叉学科的学校进行资源互补；既要构建校际合作的课程联盟，推动优秀资源共享，也要推动校企、校政及国际合作，增强课程应用性、争取政策支持；既要注重联盟外部的开放性，也要强调联盟内部的合作性和责任的灵活性。搭建课程资源平台，整合成员单位课程共享生态链，汇聚优势学科、优质课程和多形态教学资源，共建高质量慕课群，增加高水平课程及资源多维度多渠道供给，促进教育资源要素在联盟中顺畅流动、迭代更新甚至再创作[12]；促成与爱课程、学堂在线、EdX、Coursera 等国内外成熟慕课平台战略合作，积极推荐并有效输出联盟单位优秀慕课。搭建课程教学项目平台，强化联盟间网络式协同，以课程共建、课程互选、跨校协同教学、学分互认、师资培训、优秀教案/慕课评选表彰、混合式教学改革等多元化项目强化联盟内部互联互通效能，塑造网络式和项目式治理新形态，推动联盟成员实现最优化发展。构建产学研协同育人平台，打造慕课建设共同体，推动实现课程建设由各主体"个人之事"扩展为多元主体共同合作"集体之事"；坚持跨界交叉融合发展、共建共享，协同政府、联盟高校、智慧教育产品供应企业等利益主体，建构多层次、多模式的跨校、多企业协同治理形态，共建线上课程、共构教学场景、联合发展教师、共同开发项目，高效利用信息通信技术，让更多人享有公平而有质量的高等教育。

# 四　中国高校财经慕课联盟的改革实践

针对财经高校慕课集群协作共建不足、慕课资源共享不充分、合力推动教育教学改革不够等问题，2016 年以来，对外经济贸易大学、西南财经大学、中央财经大学、上海财经大学、中南财经政法大学等高校就强化教育合作、深化财经慕课教育改革等问题推进校际合作，联合发起成立“中国高校财经慕课联盟”，先后有 45 家高校和企业加入联盟。联盟秉持“集群共建，协同创新，服务社会”理念，以资源集聚为突破口，以“一流财经人才培养”为中心目标，构建“一核两轴”集群协同模式，创建“1+2+4+$N$”高校间交流合作机制，集聚打造三大网络平台，协同创建三类优质财经慕课资源，建设慕课优化提质三种机制。联盟高校在优质慕课规模、课程开放程度、师生教学交互、教学管理协同等方面成效明显，发挥了优质财经教育资源的集聚—溢出效应，形成了协同创新、共建共享的跨校合作新模式（见图 1）。

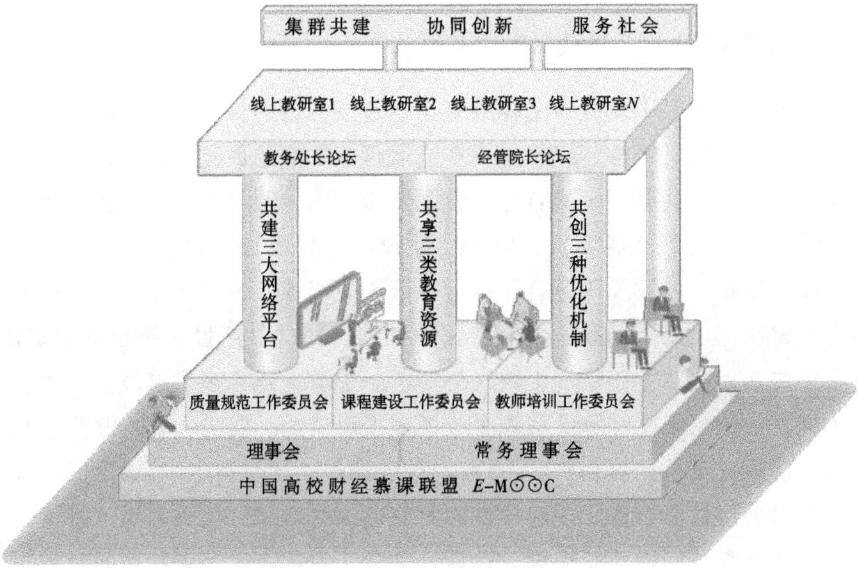


**图 1　中国高校财经慕课联盟集群共建共享示意**

## （一）联盟改革的探索与实践

1. 集群协同，打造高校慕课新联盟

（1）构建“一核两轴”协作模式。建立以理事会为核心，以常务理事会、教务处为纵横轴的高校联盟协作模式。纵向发挥常务理事会的决策作用，下设质量规范、课程建设和教师培训3个工作委员会，密切44个理事单位关系，突出高校合作集群效应。横向开展教务处长论坛、经管院长论坛、跨校线上教研室，推进高校教学管理机构和教师的深度交流融合。

（2）共建三大网络平台。联盟设立中国高校财经慕课联盟平台、中国财经教育资源共享平台、中国经管实验教学案例平台“三大平台”，汇聚财经特色资源库、商业数据库、财经论文库、财经高校机构库等6大财经数据库，集聚国内外60余所高校14个专业的优秀教师的500余个经典教学案例，加速优质财经教育资源汇聚。

（3）创建“1+2+4+$N$”合作机制。“1”是每年召开联盟常务理事会，根据理事会建议，规划并落实联盟年度工作。“2”是每年定期召开两个论坛，即“全国财经类高等学校教务处长论坛”和“全国高等学校数字经管院长论坛”，共商共研慕课建设和人才培养。“4”是统一制定课程标准、统一发布研究课题、统一推荐并认定一流慕课、统一征集教学案例。“$N$”是建设一大批跨校线上教研室，联盟高校教师通过微信、QQ等方式，开展常态化慕课教学交流。

2. 优势互补，共建共享财经教学新资源

（1）统筹课程资源。联盟整合各高校725门慕课，划分为金融学、会计学、统计学等21个类别，通过平台免费提供给各类学习者。联盟将微专业建设列入年度工作规划，推进联盟高校开设财富管理、金融科技、大数据实战、国际组织与跨文化交流、数字人文等一批微专业，促进课程体系与课程内容持续更新。

（2）共享教辅资源。联盟在中国财经教育资源共享平台中构建了6大类财经特色教辅资料库，其中的财经博导数据库包括财经高校18个博士学位授权点1644名硕士研究生、博士研究生导师的59227项成果。联盟推动高校共建和开放共享一大批财经课程数据库、文献资源库、视频库、习题库和案例库“五库”教学资源。

（3）共建实训竞赛资源。联盟创建了两大实训竞赛项目。以“线上直播+录播授课+答疑解惑”模式，打造了3期全国性公益性“财经数据科学实战训练营”，吸引了全国424所高校共2万余名学子。积极推进产教融合，新设经管类实验教学案例竞赛，组织开展了5届“全国高校经管类实验教学案例大赛”，国内149所高校的教师提交案例，激发了教师勤思精研、改进教学的积极性。

3. 选优提质，建设慕课优化新机制

（1）创立精品课程选推机制。联盟汇聚国内一流财经高校的优质慕课资源，构建“财经品牌慕课资源库”。先后推出“产业经济学”等114门精品课程（含57门国家级一流线上、线上线下混合、虚拟仿真实验课程），其中联盟推选的“金融学”线上课程累计学习人数达111万人，获教育部通报表扬。2018年，中国教育电视台、高等教育出版社联合开展首届中国大学“最美慕课”评选，西南财经大学、对外经济贸易大学等5所联盟高校的5门课程获评“最美慕课”。

（2）构建课程教材集优机制。联盟策划推动单门慕课多校共建，并促进联盟高校组建跨校教学团队，共商共研教学设计、课程录制、学习支持等教学改革。联盟促成高校强强联合，共同申报、编写优秀教材，如教育部首批 9 本中国经济学教材中的《中国财政学》《中国金融学》，东北财经大学和上海财经大学共建的《国有资产管理》（第四版），云南财经大学和广西财经大学共建的《现代物流管理》（第五版），东北财经大学和贵州财经学院共建的《资产评估学》（第二版）等。

（3）建设循环迭代提质机制。联盟协同中国大学 MOOC、超星、智慧树等课程平台，依据《中国高校财经慕课联盟课程规范及标准》，创建“三统一・一共享”的在线教学管理协同机制。联盟统一收集数据、统一分析数据、统一反馈数据，各高校教务处和教师共同分享慕课教学情况，推动形成“教学—反馈—改进”的教学质量螺旋式提升机制，有利于教师分析教学效果、调整教学策略、更新教学设计，实现教学不断优化升级。

## （二）联盟成效的推广与应用

1. 学生学习满意度高

依托联盟三大网络平台，财经高校优势互补，优质教学资源不断丰富，慕课教育教学改革不断深入，“线上”“线上+线下”“虚拟仿真实验”有机结合的资源共享平台，实现了联盟资源共享的零成本和零障碍，每年上千万人次的学生和社会学习者免费享受财经慕课教育红利。“金融学”线上课程累计学习人数达 111 万人，充分满足了经管文法理工医等学科学生和社会学习者对优质财经课程的学习需求。全国 70 余所高校采用西南财经大学周克清教授的“政府会计实务”慕课作为原课程开设 SPOC 课程，仅 2020 年春季学期修读该课程的学生就达 12000 余名。上海交通大学安泰经济与管理学院 2018 级的袁某同学评价道：“李某冬老师的‘审计学’慕课内容丰富、非常生动。老师会通过公告方式提前告知学生学习计划，通过网上作业、讨论，加深了学生对知识点的理解和把握。线上讨论过程中，可以充分了解其他同学的观点和看法，有利于观点碰撞和思想交流。老师和助教及时答疑解惑，会对同学们的讨论做出评价，让我收益颇丰。”

2. 教育资源聚集效应凸显

联盟高校协同创新，集群共建三大网络平台、两大实训资源，开放共享“五库”特色教学资源，高质量的课程资源、多门类的教辅资源和广覆盖的实训资源形成了财经教育的“金课”“金库”，有效发挥了高等教育资源的聚集与辐射作用。目前，联盟高校已上线金融学等 21 个类别的优质慕课 725 门，先后推出了 110 余门精品课程，包括 57 门国家一流线上、线上线下混合、虚拟仿真实验课程。据不完全统计，已有 800 余万人次学生和社会学习者免费享受了财经慕课教育资源。联盟打造的“财经数据科学实战训练营”，汇聚了清华大学、上海财经大学等22所高校及国内数据科学领域名师，为2万多名学子讲授Jupyter平台、Python、R语言等数据科学工具在财经学科中的场景化应用；“全国高校经管类实验教学案例大赛”连续3年入选全国普通高校教师教学竞赛状态数据项目库。

3. 社会各界广泛认同

联盟集群共建、协同创新的跨校合作新模式得到广泛认可，为我国专业性联盟的建设与发展提供了重要实践方向。联盟高校共建共享课程教学资源和实训竞赛资源，合力推动教育教学改革，有效发挥了联盟协作发展的“集聚—溢出效应”。联盟高校教师在《教育发展研究》《高等教育研究》《复旦教育论坛》等杂志发表慕课建设相关论文100余篇，出版论文集《开放、共享、创新：中国高校财经慕课建设探索》。慕课教学经验丰富的教师受邀前往山东大学、中山大学、湖南大学、上海师范大学、贵州大学、河南大学、西南民族大学等高校交流慕课建设和应用经验。联盟高校教师在全国高校教务处长会议、中国大学在线开放课程论坛、中国高等教育学会数字化课程资源研究分会学术年会、中国高校财经慕课建设与翻转教学研讨会、全国高校经管类实验教学案例大赛研讨会、全国高校青年教师教学竞赛等会上做交流发言，受到社会各界广泛关注和好评。

## 参考文献

[1] 郑志来：《民族地区“互联网+”教育差异性问题与高质量发展路径构建》，《民族教育研究》2020年第1期，第91~96页。

[2] 张璐、王岩、苏敬勤等：《资源基础理论：发展脉络、知识框架与展望》，《南开管理评论》2021年9月29日（网络首发），第1~22页。

[3] M. Cui, S. L. Pan, S. Newell and L. Cui, “Strategy, resource orchestration and e-commerce enabled social innovation in rural China,” *Journal of Strategic Information Systems*, 2017, 26 (1): 3-21.

[4] 张琳、席酉民、杨敏：《资源基础理论60年：国外研究脉络与热点演变》，《经济管理》2021年第9期，第189~152页。

[5] 张红娟、谭劲松：《联盟网络与企业创新绩效：跨层次分析》，《管理世界》2014年第3期，第163~169页。

[6] 马金钟：《依托MOOC平台的高校课程联盟运行机制及实施策略》，《中国电化教育》2014年第12期，第81~84、116页。

[7] 聂永成：《大学战略联盟：理论基础与实践模式》，《教育发展研究》2014年第11期，第75~80页。

[8] 冲漠：《合作解决问题能力的关键是合作》，《教育科学研究》2020年第5期，第1页。

[9] 孔德琳：《共同利益界定、权力配置与制度设计——高校联盟内部治理结构探析》，《高教探索》2018 年第 6 期，第 10~16 页。

[10] 张舜禹、郁建兴、朱心怡：《政府与社会组织合作治理的形成机制——一个组织间构建共识性认知的分析框架》，《浙江大学学报》（人文社会科学版）2022 年第 1 期，第 67~81 页。

[11] 闫建璋、郑文龙：《“双一流”建设背景下的学科联盟建设困境与优化路径》，《现代教育管理》2021 年第 9 期，第 20~26 页。

[12] 陈志伟、余烁、刘莹：《德国高校在线教学联盟的发展现状及管理模式研究》，《大学教育科学》2021 年第 6 期，第 102~113 页。

# Research on the Optimization of High-quality MOOC Alliance Construction from the Perspective of Resource-based Theory

*Ou Limei, Tang Huojian, Li Yongqiang*

**Abstract**: Professional college curriculum alliance is an important form to integrate professional curriculum resources, expand the coverage of high-quality resources, and improve the effectiveness of teaching innovation. Based on the new problems and challenges in the current construction of college curriculum alliances in this country, the problems existing are analyzed from the three dimensions of cooperation mode, cooperation content and cooperation mechanism, which all according to Resource-based Theory. This paper proposes an path to improve the management structure, build a new mode of cooperation, and create a new platform for cooperation. Combined with the practice samples of Chinese E-MOOC Alliance, it puts forward countermeasures and suggestions for the optimization of cross-school and cross-regional MOOC alliance co-construction, sharing and development mode, in order to provide new ideas for the construction of high-quality MOOC alliance under the new situation of smart teaching.

**Keywords**: Resource-based Theory; MOOC Alliance; Higher Education

# 新时代中国高校体育教师的职业定位*

刘亚云　杨宏昌**

【摘　　要】中国特色社会主义进入新时代以来，国家颁布了一系列与体育相关的重大政策文件，为高校体育教师发展提供了新机遇，也提出了新要求。本文通过文献资料法及逻辑分析法，总结了新时代高校体育教师发展的新机遇与新要求，提出了人生目标导航者、全民健康护卫者、专业技能示范者、文化知识传播者及理论前沿探索者的新时代高校体育教师职业新定位与“以文化人”“以体育人”“以德服人”“以能达人”的体育教育新理念。

【关 键 词】高校体育教师　职业定位　高等教育　教育理念

2017 年 10 月 18 日，习近平总书记在党的十九大报告中宣告“中国特色社会主义进入了新时代”。[1] 进入新时代以来，党和国家十分重视体育工作，颁布了一系列关于体育发展的重要政策文件；与此同时，人民对体育的认识也在不断提高，尤其是新冠肺炎疫情发生以来，体育对健康的促进作用更是被民众广泛认知。由此可见，在新时代背景下我国体育事业迎来了良好的发展机遇。作为学校体育教育的最后一关，高校体育教育对人的“终身体育”习惯养成至关重要，是构建“五育并举”育人体系的重要环节，是落实“立德树人”根本任务中的应有之义。高校体育教师是高校体育教育的具体执行者，在人才培养中具有其他学科教师无法替代的独特作用。同时，高校体育教师也是我国高校体育教育研究的重要研究对象，学者多从职业认同[2]、满意度[3]、角色定位[4]、社会地位[5]等多方面对高校体育教师群体进行研究。进入新时代以来，对高校体育教师的相关研究主要从教学能力[6]、绩效评价[7]、政策制度[8]、队伍建设[9]等方面展开，缺少在新时代背景下对我国高校体育教师职业定位的相关研究。

在 2018 年全国教育工作大会上，习近平总书记提到“教师是人类灵魂的工程师，

* 本文系湖南省研究生科研创新项目“‘立德树人’目标下湖南省‘大学体育’课程思政建设研究”（CX20211090）的研究成果。

** 刘亚云，男，湖南益阳人，教育学博士，湖南工业大学体育学院教授；杨宏昌，男，湖南益阳人，湖南工业大学体育学院 2020 级硕士研究生。

是人类文明的传承者”，并明确指出要“努力提高教师政治地位、社会地位、职业地位，让广大教师享有应有的社会声望”。[10]这一指示也为高校体育教师提供了提升自身地位的机遇，而实现高校体育教师地位提升的关键在于实现高校体育教师的主体转变，前提在于在新时代找准自身的职业定位。因此，本文从国家大政方针出发，结合体育学科发展现状，剖析新时代我国高校体育教师发展的新机遇，解析新时代高校体育教师发展的新要求，展开新时代高校体育教师新思考，确立新时代高校体育教师新定位，阐释新时代高校体育教师新理念，以期为新时代我国高校体育教师的职业定位提供一定借鉴与参考。

## 一　新时代高校体育教师发展的新机遇

进入新时代以来，国家颁布了一系列与体育相关的重大政策文件，在为体育发展指明方向的同时也为高校体育教师的发展带来了新机遇。

### （一）“健康中国”与“体育强国”建设

2019 年 8 月 10 日，国务院办公厅下发《体育强国建设纲要》，相较不同时期更为强调竞技体育功能的体育政策，纲要更加强调体育的人民性[11]，将全民健身工作摆在首要位置。这也表明，新时代我国体育强国建设的重心将在全民健身工作上，要将体育发展成果惠及全民。让体育回归其本位功能，即健身功能。2019 年 7 月 15 日，国务院印发《关于实施健康中国行动的意见》，将健康融入国家战略。其中更是强调要“实施全民健身行动”“干预健康影响因素”[12]，以起到“防未病”的作用。与此同时，“运动是良药”这一理念也被现代医学所广泛验证[13]。由此可见，落实体育对人民健康的促进将是新时代我国体育的一项重大任务。因此，在“健康中国”与“体育强国”建设的背景下，高校体育作为学校体育与社会体育的衔接点，肩负为国家培育未来健康公民的职责，必将受到重视。此外，部分高校体育教师还承担着为社会培育全民健身指导人才的重要职责，该职业的重要性可见一斑。

### （二）“体教结合”向“体教融合”发展

国家体育总局和教育部于 2020 年 9 月 21 日联合印发《关于深化体教融合　促进青少年健康发展的意见》（下称“体教融合”政策），要求在学校体育工作中，树立健康第一的教育理念，帮助学生在体育锻炼中享受乐趣、增强体质、健全人格、锤炼意志，实现文明其精神、野蛮其体魄。[14]这一文件的发布，意味着过去一段时期所强调的“体教结合”将向更深一层次的“体教融合”发展。该政策既为我国学校体育发展指明了道路与方向，又坚定了“以学生为中心”的教育理念，是实现学生健康成长并推动体育与教育融合发展的时代需要。与此同时，“体教融合”也能为高校体育教育提供借鉴与指引，让大学体育课程不再是“放羊式”教学，而是要在体育课程中切实帮助学生树立“终身体育”观念，培养“终身体育”技能。这在对高校体育教师提出更高要求的同时，也为潜心一线体育教学的高校体育教师创造了新机遇。另外，“体教融合”政策自颁布以来，对学校体育提出“教会、勤练、常赛”要求，倒逼体育人才培养质量的提升。作为体育人才培养的主要阵地，高等体育院校承担着培养中小学体育教师的职能，从“教、练、赛”三个方面培养符合新时代要求的体育教师将成为高等体育院校的关注重点，也为部分在运动训练及竞赛组织方面有较高造诣的高校体育教师创造了良好发展机遇。

### （三）体育产业上升至国家战略层面

2019 年 9 月 17 日，国务院办公厅发布《关于促进全民健身和体育消费　推动体育产业高质量发展的意见》，这是继 2014 年“国务院 46 号文”将体育产业提升至国家战略层面，关于体育产业的又一重大政策文件，也是新时代体育产业发展的重要指南。文件着重强调了高校在体育产业人才培养中的重要作用，“鼓励普通高校、职业院校设置体育产业相关专业，形成有效支撑体育产业发展的高层次人才培养体系”[15]。体育产业人才应当是兼具体育学、经济学及管理学等相关基础知识及技能的专业型人才，因此高校体育教师在体育产业人才培养过程中应扮演重要角色，在教会体育技能的同时也应教懂体育理论及相关常识。此外，随着国家对体育产业的重视程度日益提升，关于体育产业的相关研究成果数量激增，体育服务于社会经济发展的功能也日益显现，体育产业相关研究将成为高校体育教师开展体育研究的重要领域，高校体育教师的服务社会功能也将得到进一步发挥的机会。

### （四）体育研究呈跨学科融合化发展态势

通过国家关于体育的相关政策文件可知，体育与其他相关行业的融合发展态势尽显。在理论研究层面，体育的相关研究随实践层面的变化呈现跨学科融合化发展趋势[16]，“体医融合”“体旅融合”等体育学科新兴交叉研究领域出现，亟待深入挖掘探索，为高校体育教师开展体育科学研究提供了更为广阔的视野。另外，大量跨学科研究为高校体育教师提供了学习借鉴的机会。通过广泛引用其他学科理论知识及方法，可以从多角度解决体育领域的理论及实际问题，同时提升高校体育教师自身科研素养，为高校体育教师的科研之路打下更为坚实的基础。

## 二　新时代高校体育教师发展的新要求

中国特色社会主义进入新时代以来，国家强调体育在我国社会经济发展中的重要价值，人民重视体育对健康的促进作用，体育的地位得到了前所未有的提升，高校体育教师也迎来了自我发展的良好机遇。同时，新时代也对高校体育教师发展提出了新要求。

## （一）新时代高校体育教师应落实“立德树人”任务

党的十九届四中全会审议通过的《中共中央关于坚持和完善中国特色社会主义制度　推进国家治理体系和治理能力现代化若干重大问题的决定》指出：“要完善‘立德树人’体制机制，深化教育领域综合改革，培养‘德智体美劳’全面发展的社会主义建设者和接班人。”[17]“立德树人”根本任务的提出明确了高等教育改革的根本使命，丰富了人才培养的深刻内涵，实现了教育方针的与时俱进[18]，同时也对高校体育教师提出了更高的要求。高校体育教师应在高校体育教学中落实“立德树人”根本任务；在“五育并举”的教育格局中牢牢把握和遵循体育课程的独特育人价值；在培养“整全的人”的基础上充分发挥体育学科在培养“德智体美劳”全面发展的社会主义建设者和接班人过程中的融合育人作用。从“立德”层面来看，高校体育教师应深刻认识并发挥体育的德育功能，挖掘体育中的思政资源，通过规则讲解、竞赛组织、视频分析等多样化的体育教学方式，帮助学生树立体育规则意识、团队意识、底线意识，发扬“更高，更快，更强，更团结”的体育精神，磨砺坚强无畏、奋勇争先的意志品质。从“树人”层面来看，高校体育教师应注重培养学生健康的生活理念，使之养成热爱体育、积极健身的习惯，从而让学生以健康的身体与饱满的热情投身社会主义现代化建设中，做“德智体美劳”全面发展的社会主义建设者与接班人。

## （二）新时代高校体育教师应积极服务全民健身

“体育强国”战略高度强调体育的人民性，“健康中国”战略着重阐释了全民健身对全民健康的重大意义。体育不是一群人的体育，而是全民的体育，体育应当服务全民健康。这是新时代赋予体育的重大使命，亦是体育所必须承担的根本任务，更是体育本应彰显的本位功能。作为广大体育工作者中的一分子，高校体育教师应摒弃只针对特定群体的“小体育”观，树立服务全民的“大体育”观，积极服务全民健身，助力“健康中国”与“体育强国”建设。就现实层面来看，我国的竞技体育已处于世界先进水平，连续多届奥运会奖牌数名列前茅就是最佳证明。与之相对应的是我国较为薄弱的群众体育，参与体育锻炼的人数比例低、全民健身公共服务供给不充分与不平衡并存、群众体育治理能力有待提升等是我国群众体育所面临的现实性难题[19]。高校体育教师应发挥自身优势，在实践层面，积极深入体育中心、广场、公园等全民健身场所，指导全民健身活动科学、健康、有序地开展；在理论层面，总结现阶段我国全民健身活动中存在的问题，积极探索出一条适合我国国情的全民健身活动开展路径。让全民健身活动切实服务全民健康，助推“健康中国”与“体育强国”建设。

### （三）新时代高校体育教师应常怀风险危机意识

近年来，随着学校体育活动的不断开展，校园体育意外事故时有发生，严重影响学校体育管理工作与学生体育参与，同时也受到社会的广泛关注。2020 年 10 月 15 日，中共中央办公厅与国务院办公厅联合印发《关于全面加强和改进新时代学校体育工作的意见》，该政策是新时代贯彻“体教融合”理念的行动指南，其中明确指出：“建立政府主导、部门协同、社会参与的安全风险管理机制。健全政府、学校、家庭共同参与的学校体育运动伤害风险防范和处理机制，探索建立涵盖体育意外伤害的学生综合保险机制。试行学生体育活动安全事故第三方调解机制。强化安全教育，加强大型体育活动安全管理。”由此可见风险管理在学校体育管理中的关键性，在开放性更强的大学校园中体育风险管理显得尤为重要。因此，作为高校体育教学者与高校体育管理者，高校体育教师应常怀风险意识，在体育教学中向学生灌输安全体育意识，培养大学生健康安全开展体育活动理念。[20]此外，高校体育教师也应常怀职业危机意识。近年来，我国提出要建立新型事业单位管理体制和运行机制，取消高校教师编制、实行“长聘制”将成为未来高校教师聘用的新趋势[21]，传统的高校教师“铁饭碗”将不复存在。与此同时，“体教融合”政策也提出要“制定优秀退役运动员进校园担任体育教师和教练员制度”，“制定在大中小学校设立专兼职教练员岗位制度”，为优秀退役运动员进入高校工作提供了政策遵循。高校体育教师在双层压力下，必须常怀职业危机意识，找准自身职业定位，寻求自我实现。

### （四）新时代高校体育教师应强化职业技能教学

培养符合新时代要求的体育新型人才，是新时代体育产业高质量发展的必然需求。作为培养体育新型人才的重要渠道，高校在育人过程中注重理论知识传授的同时，也应加强体育职业技能的培养。体育职业技能属于技术和功能技能，是高校体育教师在体育教学过程中必要的教学内容。“体教融合”政策文件提出“体育高等院校、有体育单独招生的普通高等学校加大培养高水平教练员、裁判员力度”；“建设体育职业学院，加强相关专业建设，遴选建设有关职业技能等级证书，培养中小学校青训教练员”。这些意见强调了高校体育教学中开展体育职业技能教学的必要性，明确指出要通过高等教育培养高水平教练员、裁判员及中小学青训教练员。要求高校体育教师在教育出“好学生”的同时，也应培养出“好教师”“好教练”“好裁判”。因此，在高校体育教学中贯穿职业技能教学势在必行，针对体育教育、运动训练、社会体育指导与管理等体育专业的学生，高校体育教师不应再以传统单一提升体育运动技能的方式展开体育教学，而应在教学过程中传授学生“如何教会”“如何练好”“如何判对”等体育职业技能。在公共体育课程教学中，高校体育教师也应因材施教，在教会运动技能的基础上，开展基础性体育职业技能教学，如裁判吹罚、基础运动技能教学等。

### （五）新时代高校体育教师应提升自身文化修养

体育研究的跨学科融合化态势日益明显，单单依靠体育学本学科的理论难以解决体育领域的所有问题，运用其他学科理论与方法解决体育领域问题是大势所趋，体育学科内部的基础理论研究亟待扩展与开发。在“体教融合”政策文件中，国家强调要“加强体育基础理论研究，发挥其在项目开展、科研训练、人才培养等方面的智库作用”[14]。这一要求，强调了体育基础理论研究的重要性，揭示了高校体育教师在服务社会过程中的智库作用。同时，国家对体育基础理论研究的强调也反映出国家对高校体育教师的新要求，即文化修养要求。文化修养是高校体育教师在体育教学实践中积累的知识文化的总和，是高校体育教师开展理论研究的基础保障。[22]不同于传统的体育运动技能要求，文化修养要求旨在让高校体育教师更多投身于科学研究中，将实践积累的经验转化为理论，服务实践。其中，“修”是一个文化学习的过程，旨在构建自身知识体系，是“养”的基础；“养”是在自身知识体系基础上做出的提炼、批判、反思，是“修”的升华。这就要求高校体育教师夯实知识基础，提高理论水平，探索前沿问题，强化科研能力。高校体育教师应在学习与实践中提升自身文化修养，使自身能在学术研究、政策研究、政策咨询、政策传播等过程中发挥应有的智库作用。[23]

## 三　新时代高校体育教师的新定位

新时代给高校体育教师创造了自我实现的机遇，也对高校体育教师发展提出了更高的要求。高校体育教师需在新时代找准自身职业定位，方能满足新时代对高校体育教师发展的高要求，为高校体育教师的自我实现提供可能。

### （一）人生目标的导航者

新时代要求教师落实“立德树人”根本任务，赋予了高校体育教师更大的德育使命，即培养中国特色社会主义建设者与接班人。在此背景下，高校体育教师在大学生的品德塑造、个人成长与发展中起到的潜移默化的重要作用不容忽视，需明确高校体育教师在大学生德育中的地位[24]，让高校体育教师做大学生人生目标的导航者。相较中小学教师，高校教师与学生间的关系不再是传统的“传播—接受”关系，而是更具互动性。[25]在师生互动中，高校体育教师具有特有的亲和力，为开展大学生德育工作创造了便利，能够较好地引导学生情绪，从而促进学生身心的健康发展。[26]高校体育教师应积极参与学生工作，通过体育教师所特有的方式，如运动竞赛、健身娱乐、赛事观赏等，让学生在体育锻炼的过程中享受乐趣、增强体质、健全人格、锤炼意志。将社会主义核心价值观融入高校体育课程、活动、竞赛等，在引领高校体育文化建设的同时，也能引导学生树立正确的人生观、世界观、价值观[27]，培养学生成为德智体美劳全面发展的社会主义建设者和接班人。

### （二）全民健康的护卫者

随着“运动是良药”理念深入人心，体育对健康的促进作用被广泛认知。新冠肺炎疫情暴发以来，居家健身成为人民开展体育锻炼的新常态。疫情期间，部分高校体育教师开设免费线上健身课程[28]，通过网络视频的方式在线指导全民健身活动的开展，让体育锻炼在疫情防控中起到了“防未病”的作用。由此可见，高校体育教师助力全民健康存在现实依据。从社会服务角度来看，高校体育教师应发挥自身体育技能优势，指导全民健身活动的开展，助力全民健康。除社会服务外，高校体育教师还承担着人才培养与科学研究等职责。从人才培养角度来看，高校体育教师承担着为国家培养未来公民的责任。因此，从全民健康的角度来看，高校体育教师在人才培养过程中贯彻“健康第一”理念显得尤为重要。高校体育教师应将健康教育与体育教育相结合，将培养学生“终身体育”习惯作为重要教育目标，为国家培养具有良好体育健身习惯的未来健康公民。从科学研究角度来看，高校体育教师应在科学研究中树立“大体育”观、“大教育”观、“大健康”观，开发适合全民健身活动开展的体育运动方法、项目、模式，合理评估全民健身成效，深入探索体育助力健康的具体路径，持续推动体育健康学科的发展。总言之，高校体育教师应在“健康中国”与“体育强国”建设的双重指引下，将健康理念落实在人才培养、科学研究与社会服务的过程中，做全民健康的护卫者。

### （三）专业技能的示范者

“体教融合”政策提出“教会、勤练、常赛”的学校体育总要求，意在让学生切实掌握体育运动技能，对体育教师的专业体育教学技能提出了更高的要求，而专业体育教学技能是高校体育教师安身立命之根本。这里讲的专业体育教学技能不是指运动水平的高低，而是运动技能的标准化、动作完成的精确度、教授技巧的熟练度以及实际教学效果的可见性等衡量高校体育教师教学水平的重要因素。而运动水平的高低是用来衡量运动员竞技水平的要素，一个运动员可能在国际赛场争金夺银，但在教学课堂上，不一定能教会学生普通的“跑跳投”。所谓“术业有专攻”就是如此。因此，高校体育教师必须在专业技能上起到示范作用，教授学生标准的运动技术动作，培养学生的运动技术基础，使之把握运动技术细节。高校体育教师可能成不了“世界冠军”，但可以培养出“世界冠军”。现代运动训练学要求高校体育教师在体育教学及训练中把握过程精细化、恢复科学化、评价精准化等新特征[29]，将现代运动训练学与运动人体科学等相关学科的新理念贯彻在体育教学训练过程中，做到科学施教、精准施教。这也要求高校体育教师群体实时了解专业领域的最新研究动态，持续学习最新的体育教学及运动训练方法与理念，同时保持专项运动技能的练习与训练，做到理论学习与运动实践相结合，成为专业技能上的示范者。

### （四）文化知识的传播者

“教师是人类灵魂的工程师，是人类文明的传承者”，习近平总书记如是说道。作为教师群体的一分子，高校体育教师应做文化知识的传播者。然而现实中多数高校体育教师在教学过程中更注重运动技能教授，而忽视体育文化知识的传播。从现实需求层面来看，在新时代体育产业高质量发展的要求下，单一的运动技能传授难以满足体育产业人才培养需求。体育文化知识的传授是培养“既懂体育，又懂经营管理”的新型体育产业人才的必要教学内容。从学理层面来看，在当代身体素养理念的引领下[30]，运动技能与习惯、健康知识与行为、体育品德与情感皆是新时代大学生所必需的体育学科核心素养[31]。此外，随着大型体育赛事的发展与兴起，以奥林匹克文化为代表的西方体育文化深入人心，学生多元化的体育文化诉求不断增长。与之对应，以我国民族传统体育文化为代表的东方体育文化亟待传承与发展，通过大学传承我国优秀传统体育文化具有重大价值[32]。因此，新时代高校体育教师需明确文化知识传播者身份，在体育教学中贯穿体育文化知识传授，在身体素养理念下培养大学生体育学科核心素养，在校园体育文化建设中帮助大学生养成终身体育习惯，为我国体育产业高质量发展奠定人才基础，为社会经济发展贡献体育力量。

### （五）理论前沿的探索者

理论与实践是辩证统一的，实践方面的问题需要理论指导，而理论则源于实践的探索。实践升华为理论需要科学研究，理论运用于实践也需要科学验证。[33]由此可见，科学研究在理论与实践之间起关键中介作用。我国大部分高校体育教师属于教学科研岗位，因此高校体育教师必须在体育科学研究上有所贡献，这是避无可避的硬性要求。高校体育教师不能躺在过去的“功劳簿”上避而不谈科研，应克服在科研上的畏难情绪，积极参与体育科学研究，做理论前沿的探索者。正如前文所述，新时代体育科学研究呈现跨学科融合化发展态势，单纯依靠体育学科内部理论知识体系，难以解决体育领域的现实及理论问题，需结合其他学科理论与方法来对体育领域的相关问题展开研究。同时，体育学科与诸多其他学科融合形成了许多新兴学科及交叉研究领域，如体育经济学、体育工程学、体育医学等，这些是体育科学研究的前沿所在。因此，高校体育教师若想在科研方面有所建树或有所突破，就必须具备一定其他学科知识基础。高校体育教师应立足体育学科基础，熟悉相关学科研究前沿，结合国家大政方针，合理运用其他学科的方法或理论解决体育领域的相关问题。

## 四 新时代高校体育教师的新理念

在明确新时代高校体育教师职业定位后，高校体育教师应结合新时代特征，在高校体育教学中树立新的教育教学理念，以培育担当民族复兴大任的时代新人，培养德智体美劳全面发展的社会主义建设者和接班人。

### （一）提高知识水平，以文化人

习近平总书记曾多次强调“以文化人”，指出要“努力用中华民族创造的一切精神财富来以文化人、以文育人”[34]，同时也“要更加注重以文化人、以文育人，广泛开展文明校园创建，开展形式多样、健康向上、格调高雅的校园文化活动”[35]。总书记的指示为高校育人工作指明了方向，对高校思想政治工作提出了更高的要求。高校对人的教化是全方位的，大学教育是“成才”教育，亦是“成人”教育，从本质上说大学教育就是一个以文化人、以文育人的过程。文化对人的影响是潜移默化的，贯穿人才培养的每一个环节。体育是构建“五育并举”育人格局的重要环节，高校体育教师在其中扮演了重要角色。一方面，高校体育教师应加强日常文化学习，提高知识水平，厚积文化底蕴，为在体育教学中融入文化元素做好知识储备与积累。另一方面，高校体育教师应在教学过程中贯彻“以文化人”理念，坚定文化自信，坚持中国特色社会主义文化底色。在注重东西方体育文化相结合的同时，强调中国民族传统体育文化的主体性；在弘扬社会主义现代中国体育精神的同时，传承革命时期红色体育文化的人民性；在落实体育健身娱乐功能的同时，发挥体育文化教育的感召性。让学生能通过体育课程、活动、竞赛等，增进对体育的认识，增加体育文化知识，增强对中国特色社会主义体育文化的认同，从而落实“为党育人，为国育才”的人才培养指向。

### （二）强化健康意识，以体育人

体育对健康的重要价值不言而喻，现实中国内部分高校已将健康教育融入体育课程中，并开设“体育与健康”课程，作为大学体育课程的替代。在教学层面，该课程教师以体育教师为主，且教学内容还是以体育教学为主，较少涉及健康教育内容。

究其原因则是高校体育教师在教学过程中缺乏健康意识。由此可见，高校体育教师强化健康意识是现实应然。从学理层面来看，健康教育是体育教育中的应有之义，不能将健康教育与体育教育割裂开来，在体育教育过程中应实施健康教育，体育教育也是实施健康教育的重要途径。因此，高校体育教师强化健康意识亦是学理必然。狭义概念上的体育，是通过身体活动增强体质，传授锻炼身体的知识、技能、技术，培养道德和意志品质的有目的的、有计划的教育过程[36]，究其根本是身体教育。体育对身体的教化是体育教育的根本属性，不容忽视。高校体育教师应认识到体育对大学生体质增强、健康促进及心理健全的重大意义，在体育教学中强化健康意识，积极探讨健康的体育运动方式，让体育在学生健康保障中发挥应有价值，以实现“野蛮其体魄”的体育教育目的。

### （三）修养人文精神，以德服人

“远人不服，则修文德以来之”，《论语》如是写道，意在通过自身的文化道德修养来感化异族，而不是通过武力征服。古往今来，中华民族之所以在世界有地位、有影响，靠的也不是穷兵黩武和对外扩张，而是靠中华文化的强大感召力和吸引力，以德服人是其中很重要的一个方面。中华民族自古受“中庸”文化影响，崇尚“独善其身”“兼济天下”的道德理想追求，十分注重人才的道德品行。体育对学生人格的健全与意志的锤炼具有重大价值，高校体育教师在学生品德塑造方面起到了不可替代的独特作用。高校体育教师在教育教学过程中做到“以德服人”的前提条件就是自我道德意识的约束与个人人文精神的修养。所谓人文精神，就是以道德力量来对抗本能或理性万能对人类文明的破坏和颠覆。对于高校体育教师，修养人文精神的关键，是排除功利思想，以“为学而学”的理念，将知识融进自己的个性品质，从而通过个人品德及魅力潜移默化地影响学生，为体育教育渗入人文关怀的特质。因此，高校体育教师应加强自我人文精神修养，做有理想信念、有道德情操、有扎实学识、有仁爱之心的“四有”好老师，以求在教育教学过程中形成“以德服人”的育人效果。

### （四）锤炼专业技能，以能达人

“夫仁者，己欲立而立人，己欲达而达人。”此句意指：自己要站稳，才能扶起摔倒的人；自己要腾达，才能博施济众。由此可见，作为一名老师，尤其是高校体育教师，在文化水平出众的同时，也要做到专业技能过硬、专业水平够高。因此，高校体育教师应加强对自己专业技能的锤炼。这种锤炼不是指在运动技术上一味地精进，而是对体育教学基本功的操练与打磨。体育教学基本功应刻入每一位高校体育教师的骨髓，这是高校体育教师顺利开展体育教学的根基所在。另外，随着时代的变化，高校体育教学也需与时俱进，过去的体育教学模式不一定能适应现在的新要求。高校体育教师应思考，在新形势下如何围绕“四位一体”体育教育目标开展教学，并积极探索创新高校体育教学模式。这种思考与探索是建立在高校体育教师长期的体育教学实践与理论知识积累上的，也是对体育教学专业技能的一种锤炼。其最终目的在于更好地开展高校体育教学，服务高校的人才培养，帮助大学生“成人”“成才”，实现“以能达人”的教育目标。

## 参考文献


[1] 习近平：《决胜全面建成小康社会　夺取新时代中国特色社会主义伟大胜利》，《人民日报》2017 年 10 月 18 日，第 1 版。

[2] 汤国杰：《普通高校体育教师职业认同与工作满意度的关系研究》，《心理科学》2009 年第 2 期，第 475~477、483 页。

[3] 朱建国：《我国普通高校体育教师的工作满意度调查研究》，《体育与科学》2011 年第 5 期，第 111~115 页。

[4] 刘华荣：《新时期高校体育教师角色定位的再审视》，《体育与科学》2013 年第 4 期，第 116~120 页。

[5] 崔丽丽、张志勇、李静等：《高校体育教师的社会地位阶层与认同调查分析》，《体育学刊》2017 年第 4 期，第 116~119 页。

[6] 丛波、金有为：《信息化 2.0 时代高校体育教师信息化教学能力提升研究》，《沈阳体育学院学报》2021 年第 1 期，第 40~48 页。

[7] 徐彬：《我国高校体育教师绩效多维评价指标体系构建研究》，《沈阳体育学院学报》2020 年第 5 期，第 66~73 页。

[8] 郑小凤、刘新民：《我国教育变革时期高校体育教师职业发展政策制度探析》，《西安体育学院学报》2020 年第 4 期，第 497~504 页。

[9] 郭立亚、黄丽：《新时代我国高校体育教师队伍建设改革的关键任务与实施路径》，《北京体育大学学报》2021 年第 9 期，第 105~113 页。

[10]《坚持中国特色社会主义教育发展道路》，《人民日报》2018 年 9 月 13 日，第 10 版。

[11] 鲍明晓：《贯彻〈体育强国建设纲要〉，办好人民满意的体育事业》，《体育科学》2019 年第 9 期，第 3~13、23 页。

[12]《国务院关于实施健康中国行动的意见》，《人民日报》2019 年 7 月 16 日，第 7 版。

[13] 朱为模：《运动处方的过去、现在与未来》，《体育科研》2020 年第 1 期，第 1~18 页。

[14]《关于深化体教融合　促进青少年健康发展的意见》，《中国体育报》2020 年 9 月 22 日，第 7 版。

[15]《国务院办公厅关于促进全民健身和体育消费　推动体育产业高质量发展的意见》，《中华人民共和国国务院公报》2019 年第 27 期，第 8~12 页。

[16] 杨桦、仇军、陈琦等：《新时代我国体育哲学社会科学研究现状与发展趋势——基于国家“十四五”体育学发展规划调研分析》，《体育科学》2020 年第 8 期，第 3~26 页。

[17]《中共中央关于坚持和完善中国特色社会主义制度　推进国家治理体系和治理能力现代化若干重大问题的决定》，《人民日报》2019 年 11 月 6 日，第 1 版。
[18] 王岩：《新时期习近平教育立德树人思想溯源及基本内涵探究——以促进我国基础教育事业发展的视角》，《黑龙江教育学院学报》2018 年第 4 期，第 1~3 页。
[19] 卢文云：《改革开放 40 年我国群众体育发展回顾与前瞻》，《上海体育学院学报》2018 年第 5 期，第 22~29 页。
[20] 刘亚云、黄晓丽、陈英军：《在体育教学中进行生命安全教育》，《中国高等教育》2012 年第 21 期，第 61~62 页。
[21] 熊丙奇：《高校“长聘制”能否替代编制》，新华网，http：//education. news. cn/2020-07/15/c_1210702960. htm，2020 年 7 月 15 日。
[22] 王光明、张楠、李健等：《教师核心素养和能力的结构体系及发展建议》，《中国教育学刊》2019 年第 3 期，第 81~88 页。
[23] 朱旭峰、韩万渠：《中国特色新型高校智库的兴起、困境与探索——以中国人民大学智库建设为例》，《高等教育评论》2015 年第 1 期，第 32~44 页。
[24] 薛娟：《专业课教师在高校德育中的地位、问题及对策》，《思想理论教育导刊》2017 年第 4 期，第 148~150 页。
[25] 张俭民、董泽芳：《从冲突到和谐：高校师生课堂互动关系的重构——基于米德符号互动论的视角》，《现代大学教育》2014 年第 1 期，第 7~12、25 页。
[26] 丁辉：《体育教师亲和力探究》，《体育文化导刊》2011 年第 6 期，第 103~105 页。
[27] 刘亚云、石红丹、王国军：《用社会主义核心价值观引领高校体育文化建设》，《中国高等教育》2018 年第 17 期，第 42~43 页。
[28] 高崇成、万文伯：《锻炼心肺功能，简便易学的武汉版居家健身操上线了》，长江网，http：//www. app. dawuhanapp. com/p/156655. html，2020 年 2 月 2 日。
[29] 吕万刚：《现代运动训练特征及体能训练发展新趋势》，载《第十一届全国体育科学大会论文摘要汇编》2019 年 11 月 1 日，第 204~205 页。
[30] 任海：《身体素养：一个统领当代体育改革与发展的理念》，《体育科学》2018 年第 3 期，第 3~11 页。
[31] 尚力沛、程传银：《核心素养、体育核心素养与体育学科核心素养：概念、构成及关系》，《体育文化导刊》2017 年第 10 期，第 130~134 页。
[32] 刘亚云、石红丹、王国军：《CI 战略下高校品牌建设中体育文化的价值诉求》，《体育学刊》2017 年第 6 期，第 32~35 页。
[33] 杨春贵等：《马克思主义与社会科学方法论》，高等教育出版社，2018，第 16~28 页。
[34]《习近平在中共中央政治局第十三次集体学习时强调　把培育和弘扬社会主义核心价值观作为凝魂聚气强基固本的基础工程》，《人民日报》2014 年 2 月 26 日，第 1 版。
[35]《习近平在全国高校思想政治工作会议上强调　把思想政治工作贯穿教育教学全过程 开创我国高等教育事业发展新局面》，《人民日报》2016 年 12 月 9 日，第 1 版。
[36] 杨文轩、陈琦：《体育概论》，高等教育出版社，2013，第 9~22 页。

# Professional Orientation of Physical Education Teachers in Colleges and Universities in the New Era

*Liu Yayun, Yang Hongchang*

**Abstract**: Since the socialism with Chinese characteristics entered the new era, China has issued a series of major sports-related policy documents, which have provided new opportunities for the development of physical education teachers in colleges and universities as well as new requirements. This paper summarizes new opportunities and new requirements for the development of physical education teachers in colleges and universities in the new era through the method of literature reviews and logical analysis; furthermore, it proposes new professional orientations for physical education teachers in colleges and universities in the new era, including the navigator of life goals, the guardian of national health, the demonstrator of professional skills, the disseminator of cultural knowledge and the explorer of theoretical frontier, and new philosophies of physical education, including "civilizing people with culture", "cultivating people with sports", "convincing people with morality" and "enriching people with abilities".

**Keywords**: Physical Education Teachers in Colleges and Universities; Professional Orientation; Higher Education; Education Philosophy

# 2021 年中国高等教育十大事件评析*

## ——“高等教育十大事件盘点”学术沙龙

贺祖斌　刘微微　周坚和　段文星**

**【摘　　要】**在此，我们梳理了 2021 年中国高等教育领域的十件大事：建党百年，推动我国进入建设高等教育强国新阶段；中央人才工作会议召开，擘画新时代人才工作蓝图；全国职业教育大会召开，开启构建高质量职业教育体系新时代；“双一流”建设成效评价办法统筹推进，加快世界一流大学和学科建设步伐；义务教育“双减”政策落地，开拓中国教育改革新起点；高校本科教育教学审核评估，筑牢本科教育质量“保障屏”；学位授权点增列，激活高校学科建设内生动力；巩固拓展教育脱贫攻坚成果，铸牢高等教育服务乡村振兴战略中心地位；高校教师职称制度改革部署，重塑高校教师职称晋升良好生态；高校异地办学政策收紧，促进高等教育公平。通过梳理年度十大事件，多维度地回顾和呈现 2021 年中国高等教育发展的前沿动态，凝练和思考我国高等教育发展脉络。

**【关 键 词】**建党百年　“双一流”　教育教学　审核评估　学位授权点增列　教师职称

2021 年，是中国共产党成立 100 周年，也是“十四五”开局之年。在接续“十三五”中国高等教育辉煌成就的基础上，开启“十四五”中国高等教育改革与发展新征程。思考大学发展是高等教育学者的一种态度，也是一种责任；总结大学发展，升华大学精神，是我们坚持的共同追求。综观 2021 年，从中央到地方，从学校到学生，中国高等教育领域发生了不少影响重大的事件，我们选评的这些事件将为 2021 年中国高等教育发展留下浓墨重彩的一笔。

* 本文系中宣部全国文化名家暨“四个一批”人才资助项目（中宣干字〔2020〕19 号）的研究成果。

** 贺祖斌，广西灌阳人，教育学博士，广西师范大学校长，教授，博士研究生导师；刘微微，女，广西全州人，广西师范大学教育学部 2020 级博士研究生；周坚和，男，广东潮阳人，广西师范大学教育学部 2020 级博士研究生；段文星，女，湖南人，广西师范大学教育学部 2021 级博士研究生。

## 一　建党百年：中国高等教育砥砺奋进

### （一）事件回顾

今年是建党 100 周年。“教育是国之大计、党之大计”，中国共产党成立百年来，我国高等教育发展取得了巨大成就。1949 年，我国高等教育毛入学率仅为 0.26%，高校在校生仅有 11.7 万人；2020 年，我国高等教育毛入学率达到 54.4%，在学总人数达到 4183 万人，已建成世界规模最大的高等教育体系。[1]

### （二）讨论

**刘微微**　中国共产党的百年历程，镌刻出高等教育的百年发展。百年来，中国高等教育历经精英化、大众化与普及化发展阶段，实现了由“量”的累积到“质”的提升的飞跃发展，演绎了高质量、内涵式发展的时代命题；走出中国特色的现代化发展之路。

**段文星**　追溯中国高等教育的历史演进，从新民主主义革命的探索前行，到新中国成立初期的初步繁荣，再到改革开放以来跨越发展，最后实现中国特色社会主义历史跃升。历史证明，只有在中国共产党的正确领导下，中国高等教育才能实现最大发展优势。

### （三）主持人点评

**贺祖斌**　百年来，党领导的高等教育始终紧扣时代脉搏，与国家共命运、与人民同相依。回顾中国共产党领导下的高等教育百年发展史，中国共产党对高等教育的领导地位在办学实践中得以确立，形成了中国特色高等教育管理体制，高等教育办学规模实现了量的积累和质的飞跃；从阶级教育到革命教育再到国民教育，最后到现代教育，党领导的高等教育办学理念丰富了政党领导高等教育的理论与实践[2]；从革命时期的艰苦奋斗到新中国成立初期的艰难探索，从社会主义改造时期的曲折前进到改革开放初期的革故鼎新，再到迈向新时代中国特色社会主义教育强国，党在不同历史时期肩负的使命与重任决定了高等教育发展的基本方向。通过深入总结高等教育改革与发展的经验与规律发现，党的全面领导是扎实办好中国特色高等教育事业的本质特征，党的机构是党领导高等教育的组织保障，党委领导下的校长负责制是高校治理的必然选择，以人民为中心是党领导高等教育的办学宗旨。

站在两个百年奋斗目标的交汇点上，立足“十四五”，面向 2035 年，必须把党的最新战略部署转化为建设高等教育强国的思想认识和实际行动。我在《中国高等教育强国路径演变及其建设方略》中提出，建设中国特色社会主义大学是高等教育强国的主体目标，是新时代高等教育发展的价值引领和力量支撑；习近平总书记关于我国教育改革发展的“九个坚持”为办好人民满意的高等教育、建设高等教育强国提供了根本遵循；“立德树人”是中国传统教育思想的理论精髓，也是对国际高等教育实践经验的借鉴，更是新时代高等教育改革的追求和方向。[3]

面对中华民族伟大复兴战略全局和世界百年未有之大变局，牢记“为党育人、为国育才”的初心使命，全面加强党的领导，贯彻党的教育方针，践行新发展理念，以高质量发展为主题，办好人民满意的大学。

## 二　人才强国：擘画新时代人才工作蓝图

### （一）事件回顾

9 月 27~28 日，中央人才工作会议在北京召开。习近平总书记出席会议并发表重要讲话，强调要坚持党管人才，坚持面向世界科技前沿、面向经济主战场、面向国家重大需求、面向人民生命健康，深入实施新时代人才强国战略，全方位培养、引进、用好人才，加快建设世界重要人才中心和创新高地，为 2035 年基本实现社会主义现代化提供人才支撑，为 2050 年全面建成社会主义现代化强国打好人才基础。[4]

### （二）讨论

**刘微微**　近年来，国际“人才争夺战”越发激烈，中央人才工作会议的召开，鲜明体现了党中央将人才工作摆在治国理政全局中的重要位置，进一步明确了高等教育人才培养的使命与担当。高等教育应不断提升功能内涵与意蕴，通过特色学科建设与人才培养功能范式重构，形成与社会经济发展相适配的高等教育新生态。

**周坚和**　处在实现第二个百年奋斗目标的新历史阶段，我国对人才的渴求比以往任何时候更为迫切。高校应主动对接国家重大发展战略，围绕国家重点领域、重点产业，与企业协同攻关，打造一批科技人才队伍，助力关键领域“卡脖子”技术壁垒高阶突破。

### （三）主持人点评

**贺祖斌**　“十四五”规划和 2035 年远景目标纲要明确提出，把建成“人才强国”确立为 2035 年远景目标。此次中央人才工作会议正是对实现 2035 年远景目标的切实遵循。习近平总书记的会议讲话明确了人才工作的指导思想，确定了战略目标，设定了重点任务，提出了四个方面的政策举措，清晰指明了当前人才工作的前进方向。习近平总书记在会上强调，要深入实施新时代人才强国战略，加快建设世界重要人才中心和创新高地，为2035年基本实现社会主义现代化提供人才支撑，为2050年全面建成社会主义现代化强国打好人才基础。[4]

人才强国战略实施的关键在于高层次人才的培养与引进。高层次人才是高校、地方、国家建设和发展的重要支撑之一。高校要积极为人才松绑，完善人才管理制度，打造大批一流领军人才和创新团队，并实行人才梯队配套、科研条件配套、管理机制配套的特殊政策。同时，要造就规模宏大的青年科技人才队伍和大批卓越工程师。

基于此，我所在的学校将“人才强校”作为学校发展的核心战略，结合正在实施的人才队伍建设“四大工程”（育才、独秀、叠彩、领雁），我认为高校应从以下几个方面为人才队伍建设提供支持。一是将中央文件精神落到实处，牢固树立人才资源是第一资源的理念，创造尊重、包容、和谐的文化氛围，创新用人观念，秉持“不拘一格选人才，敢为事业用人才”的理念，大胆起用人才。二是针对不同层次人才队伍建设需求，优化人才梯队建设，实现高质量可持续发展。三是深入实施优秀人才年薪制及教师岗位分类考核评价，进一步优化人才分类评价激励制度。四是实施人才队伍发展战略，优化专任教师、管理人员、技术支撑三支队伍结构，提升队伍的竞争力。五是改善人才发展环境，围绕选才、育才、引才、用才、留才五大方面，进一步完善体制机制，营造良好的人才工作和成长环境。

## 三　职教大会：构建高质量职业教育体系

### （一）事件回顾

4月12~13日，全国职业教育大会在京召开，中共中央政治局委员、国务院副总理孙春兰出席会议并讲话，指出要深入贯彻习近平总书记关于职业教育的重要指示，落实李克强总理批示要求，坚持立德树人，优化类型定位，加快构建现代职业教育体系。[5]

### （二）讨论

**刘微微**　多年来，职业教育“二等公民”身份深深根植于民间立场中，造成职业教育和普通教育“一只腿长、一只腿短”的畸形发展，唯有尽快通过立法规定职业教育与普通教育同等地位，才能促进职业教育高质量发展。

**周坚和**　长期以来，对职业教育的评价基本遵循普通教育评价的路径，造成职业教育类型属性导向与评价导向之间的失衡，导致对其评价陷入“五唯”的顽疾洼地。要从职业教育类型属性出发，探索多元评价方法，推动职业教育科学评价走向新常态。

### （三）主持人点评

**贺祖斌**　在新中国教育发展史上，可以说，从未像今天这么重视职业教育。2021 年是“十四五”开局之年，是开启全面建设社会主义现代化国家新征程的重要历史时刻，新时代第一次全国职业教育大会和习近平总书记对大会的重要指示精神为新时期职业教育改革发展指明了方向，为职业教育理论研究和实践探索提供了根本遵循。2019 年印发的《国家职业教育改革实施方案》指出“职业教育与普通教育是两种不同教育类型”，首次明确职业教育是一种教育类型而非一个教育层次。我认为，这对正确认识职业教育的类型与层次，明晰职业教育和普通教育的联系与区别，指明职业教育的战略定位与发展方向，均具有重要意义。

党的十九大以来，习近平总书记多次视察指导安徽、贵州、甘肃等地职业学校，认真聆听广大教师学生的意见，全面阐释了“劳模精神、劳动精神、工匠精神”，反复强调职业教育在制造强国、人才强国等重大战略实施中的重要意义，并对未来职业教育发展做出一系列重要指示。习近平总书记指出：“在全面建设社会主义现代化国家新征程中，职业教育前途广阔、大有可为。”[5] 职业教育现代化高质量发展必须坚持党的领导和正确办学方向，坚持立德树人的根本任务；优化职业教育类型定位，推动职普融通；深化产教融合、校企合作；深入推进育人方式、办学模式、管理体制、保障机制改革；稳步发展本科层次职业教育，建设一批高水平职业院校和专业。

职业教育现代化是我国教育现代化体系的重要组成部分，加快构建现代职业教育体系“需要建立普通教育与职业教育融通的国家资历框架，培养更多高素质技术技能人才；在职业教育人才培养过程中要尊重技能教学的内在规律，以工匠精神为职业教育改革的内在驱动；深入研究产教深度融合和校企合作的中国模式，积极探索具有中国特色的技术技能型人才培养模式”。另外，我在《论高等教育高质量发展的十大要点》中指出：要明确应用型本科院校与高职院校的办学定位和发展目标，认识到二者在学科专业设置、人才培养方案制定等方面的区别与联系，解决转型发展过程中二者的同质化问题。[6] 此次大会凸显了职业教育在国家人才培养体系中的基础性作用，将成为我国职业教育发展史上的重要里程碑。

## 四　成效评价：加快推进“双一流”建设

### （一）事件回顾

2021 年 3 月 23 日，教育部、财政部和国家发展改革委联合印发《“双一流”建设成效评价办法（试行）》（以下简称《评价办法》），明确提出“双一流”建设成效评价不能数论文、数“帽子”，不能简单地以条件、数量、排名变化作为评价指标。[7]

### （二）讨论

**周坚和** 《评价办法》将“坚持党的全面领导”作为整个评价体系的宗旨引领，强调坚持服务国家战略需求是“双一流”建设和评价的导向，要求高校在“双一流”建设中用人才培养和科研产出的“硬”成效来回答“如何响应国家需求”。

**段文星** 《评价办法》基于诊断性和发展性的定位和视角，采取定性与定量结合的手段，从整体发展水平、成长提升程度以及可持续发展能力三个维度进行评价路径切入，为大学和学科“双一流”建设成效评价提供全方位的综合“把脉问诊”。

### （三）主持人点评

**贺祖斌** 统筹推进“双一流”建设是党中央、国务院做出的重大战略决策部署，是新时代我国教育强国战略的重要组成部分。《评价办法》对总结我国首轮“双一流”建设经验、构建具有中国特色的高等教育评价体系、促进高等教育内涵式发展意义重大。《评价办法》强调要在科学研究和社会服务的综合评价中，科学评判高校对国家重大战略需求的回应、重大原创性创新成果的产出以及对行业产业及区域发展的贡献，明确将面向国家战略需求、聚焦社会服务贡献作为高等教育“双一流”建设和评价的基本原则。

《评价办法》强调坚持党领导下的正确办学方向、全面发挥大学功能，指明了评价的重点和关键；创新提出设立“整体发展水平、成长提升程度及可持续发展能力”的多元复合评价视角，体现了评价的复杂性、全面性；强调以评价促进“双一流”建设，明确了评价的日常动态监测地位。[8]通过此轮评价，积极引导高校聚焦国家需求优化学科布局，不断提升学科建设与国家需求的契合度；主动加强与科研院所和行业企业对接，实现产学研用协同发展，提升高校科研对国家创新体系的融入度；突出教师思想政治引领，坚持师德师风第一标准，坚持以质为先、量质并举的评价原则，坚决克服“五唯”顽瘴痼疾。

成效评价包含大学整体建设评价和学科建设评价。大学整体建设评价，按人才培养、教师队伍建设、科学研究、社会服务、文化传承创新和国际交流合作六个方面相对独立组织，综合呈现结果；学科建设评价，主要考察建设学科在人才培养、科学研究、社会服务、教师队伍建设四个方面的综合成效。这也体现了“双一流”建设中的建设要素。

# 五　“双减”政策：中国教育改革新起点

## （一）事件回顾

7 月 24 日，中共中央办公厅、国务院办公厅联合印发《关于进一步减轻义务教育阶段学生作业负担和校外培训负担的意见》。意见指出，要坚持以习近平新时代中国特色社会主义思想为指导，全面贯彻党的教育方针，落实立德树人根本任务，着眼建设高质量教育体系，强化学校教育主阵地作用，深化校外培训机构治理。[9]

## （二）讨论

**段文星**　一直以来，以应试为主的基础教育抹杀了部分孩子的探究精神。“双减”新政及相关政策的出台，就是要从根本上扭转甚至解决这一教育和社会难题，通过减轻义务教育阶段学生作业负担，促使他们均衡发展，为培养优质高等教育生源打基础。

**周坚和**　“双减”政策出台，难以彻底解决基础教育内卷隐藏的复杂问题。当前国家提倡基础教育集团化办学模式；加快构建高质量职业教育体系、建设技能型社会等，形成了纾解教育内卷现象的系列组合拳。

## （三）主持人点评

**贺祖斌**　教育系统是一个生态系统，基础教育、高等教育是其中的子系统，彼此相互联系、协调发展，任何一项基础教育的改革政策都会直接影响到高等教育的发展。教育公平一直是大众关注的焦点问题，对于让基础教育阶段的孩子获得接受均衡教育的机会，实现教育在不同区域的均衡发展，促进我国可持续发展战略的深入推进，建立教育公平机制就显得尤为重要。

“双减”政策的出台，产生了广泛的社会影响。作为教育公平强有力的保障手段之一，提出减轻学生作业负担和校外培训负担，不断优化教育政策、公平配置义务教育资源、强化学校教育主阵地作用和深化校外培训机构治理[9]，确保不因不同社会阶层所占有的文化、社会、经济资本不同，造成阶层成员在学校、层次、专业以及教育方式选择上的差异，能有效促进社会阶层流动，避免阶层固化，实现国家保证教育公平的初心。

“双减”政策的出台，对高校产生了一定影响。第一，高考招生。进一步深化教育评价改革，变革教育教学方式，改变家长“高考定终生”的旧观念，关注学生“五育”培养，提升高校生源质量。第二，高校毕业生就业。“双减”政策对教培行业的最强监管、治理以及教培行业的大量裁员，有可能给高校师范生就业带来一定影响，迫使高校为适应新政策、新形势而加大改革力度。但从另一个角度来看，“双减”政策的目标是大力提升义务教育阶段教育教学质量，确保学生在校内学足学好，而满足和支持这一目标的条件之一是配足配齐教师。在校教师配备名额的增加以及相应人才制度的出台，将为即将毕业的大学生提供更多就业机会。第三，民办高校的发展。在市场规模的对比下，“双减”政策对民办高校在营利性和非营利性的选择上，可能会有一定的倾向性影响。

## 六　审核评估：高等教育内涵式发展的现实关切

### （一）事件回顾

2 月 3 日，教育部发布《普通高等学校本科教育教学审核评估实施方案（2021~2025 年）》，聚焦评估重点难点改革创新，加快建设中国特色高等教育评估制度体系，保障“十四五”时期教育高质量发展，切实解决高等教育评估领域影响构建新发展格局、实现高质量发展的突出问题。[10]

### （二）讨论

**段文星**　此次审核评估首次提出两类四种导向鲜明的评估方案，采取模块化的思路对定性评价指标体系进行设计；新增对标国家底线要求的必选项和引导高校特色办学的可选项，有利于鼓励高校找准自身定位与特色发展道路。

**刘微微**　新一轮评估体系加强了对评估高校的柔性分类，提供了多样化的“评估套餐”，同时强化了对高校建立立德树人落实机制的考察，增强了评估结果的刚性，同时也克服了评估整改环节乏力、蜻蜓点水的不足。

### （三）主持人点评

**贺祖斌**　从“本科教学工作审核评估”到“本科教育教学审核评估”，反映了新一轮审核评估强调把立德树人融入评估全过程。2011 年教育部出台《关于普通高等学校本科教学评估工作的意见》，正式形成我国“五位一体”评估制度体系框架。在此基础上，2021 年教育部出台《普通高等学校本科教育教学审核评估实施方案》，为统筹规划新一轮审核评估工作提供了总纲。多年来，我参加过 60 多所高校的本科教学工作评估，今年有幸参加教育部新一轮审核评估的试点评估工作（安徽大学），结合评估实践，我认为新一轮审核评估有如下三点最为值得关注。

第一，以解决评价指挥棒问题为导向，是促进教育评价机制改革的“诊断仪”。新一轮审核评估针对“五唯”问题，采取了一系列具体措施，旨在引导高校全面落实立德树人根本任务，坚决破除“五唯”顽瘴痼疾，确保人才培养中心地位和本科教育教学核心地位。第二，以实现高质量发展为目标，是落实普及化阶段本科教育质量的“保障屏”。高等教育普及化阶段，“高质量”成为时代命题，“多样化”发展成为必然趋势。本轮审核评估以高质量发展为总基调，以分类评价为路径，采用两类四种评估“套餐”，从高校办学定位、人才培养目标、质量保障体系等方面进行综合考察，引导不同层次不同类型高校精准定位。第三，以推动教育改革创新为重任，是引导新时代本科教育教学改革的“风向标”。新一轮审核评估以有效推动本科教育教学改革为主线，从评估思想理念、要素指标、政策资源等方面引领高校聚焦本科教育教学重难点问题，鼓励高校实施教育教学综合改革。

因此，高校要充分认识本轮审核评估的重要意义，树立“以评促建、以评促改、以评促管、以评促强”的正确评估观，强化责任意识和担当精神，悟深吃透指标体系的内涵要义，明确审核评估工作任务，融合发挥高校内外合力，推动高等教育高质量发展。

## 七　学位授权点增列：高校学科建设的内生动力

### （一）事件回顾

10 月 26 日，国务院学位委员会颁布《关于下达 2020 年审核增列的博士、硕士学位授予单位及其学位授权点名单的通知》，批准了 2020 年审核增列的博士、硕士学位授予单位及其学位授权点名单。[11]

### （二）讨论

**段文星**　最新增列的博硕学位授权点反映了我国高校推进基础学科建设的步伐，有助于扩大人文社科、工科、医学等领域的学科建设规模，满足科学研究、人才培养、社会服务、文化传承、国际交流等方面的现实需求，深入推进我国研究生教育从规模增长与体制完善阶段进入质量提升与内涵式发展阶段。

**周坚和**　当前，诸多高校为满足学位授权点申报条件，大量引进人才，而当相应学位授权点获批后“断崖式”拒绝招聘甚至裁撤已进人才。因此，实施外部学位授权点动态审核和监督制度、构建高校内部监督与评价机制，不仅必要而且紧迫。

### （三）主持人点评

**贺祖斌**　国务院学位委员会公布了 2020 年审核增列的博士、硕士学位授予单位及其学位授权点名单。根据整理统计，新增的 225 所博士学位授权一级学科高校中，排名靠前的学科有数学（28 所）、物理（23 所）、生物（19 所）、化学（16 所）、马克思主义理论（16 所）等，这反映了国家加强基础学科的导向。新增的 89 个博士专业学位授权点高校中，排名靠前的学科有生物与医药（14 所）、电子信息（12 所）、材料与化工（11 所）、土木水利（11 所）、资源与环境（11 所）。其中，2020 年新增硕士、博士学位授权点最多的高校是石河子大学，新增 16 个（博士 2、硕士 14）；其次是青海民族大学，新增硕士学位授权点 15 个；南昌大学和华东理工大学新增博士学位授权点最多，各为 9 个。另外，审核增列且需加强建设的有北京电子科技学院、国际关系学院等 20 个博士学位授予单位。

学位授权点申报与建设的根本涉及学科建设。在统筹推进“双一流”建设的宏观战略背景下，学位授权点建设质量直接关系我国高等教育强国战略的实施成效。因此，学科建设被赋予更为重要的历史责任和使命担当。

一是融入国家发展战略，服务区域经济社会发展。学科建设是实现高校内涵式发展的着力点。高校学科建设要紧紧围绕“双一流”建设目标，主动服务国家重大战略和区域经济社会发展需求，实现差异化特色化发展。二是凝练学科方向，找准学科发展生态位。高校要加强与区域发展的密切联系，聚焦产业变革新领域，以当前最重要、最关键、最需要解决的问题为改革突破口，找准学科发展生态位，凸显办学特色。三是坚持人才培养中心地位，加强师资队伍建设。人才培养始终是学科建设的核心任务和根本立足点，而师资队伍是人才培养最重要的人力资源基础，师资队伍的结构和质量直接决定着人才培养质量和学科建设质量。因此，高校应立足人才培养本位，打造一批拔尖师资队伍，提升教师素养和创新能力，创新人才培养模式和路径。

## 八　乡村振兴：巩固拓展教育脱贫攻坚成果

### （一）事件回顾

5 月 14 日，教育部等四部门联合印发的《关于实现巩固拓展教育脱贫攻坚成果同乡村振兴有效衔接的意见》，对进一步巩固拓展教育脱贫攻坚成果，使之有效衔接乡村振兴战略，接续推动脱贫地区发展和乡村全面振兴做出要求。[12]

### （二）讨论

**刘微微**　多年来，我国实施招生专项计划，建立起了保障贫困地区学生有机会上重点高校的长效机制。但要从根本上解决贫困地区教育不公平以及人才匮乏的问题，为贫困地区提供更多优质师资，优化招生专项计划，实现对贫困地区由“输血”转向“造血”或许是有效途径。

**段文星**　乡村振兴的根本在于文化振兴，基础在于教育振兴。高校要在乡村文化振兴中发挥关键性引领作用，培养真正能够根植乡村场域、怀抱乡村情怀、传承乡村文化的“本土化”人才，实现由外部支撑到农村内生动力激发的转变。

### （三）主持人点评

**贺祖斌**　今年 8 月，我在接受《社会科学家》杂志访谈时就如何“发挥高等教育优势，服务乡村振兴战略”强调：高校服务乡村振兴可以从以下几个方面开展。一是乡村产业发展，利用专业集群优势，对接乡村产业，让高校的专业优势与乡村产业深度融合；二是生态环境保护，促进农业绿色生成和优美生态环境有机融合；三是科学技术服务，高校要创新现代农业产业的核心技术，为现代农业高质量发展提供有力的科技保障；四是乡村文化教育，利用高校丰富的教育资源，积极开展乡村教师支持计划；五是人才培养服务，高校要以乡村振兴战略需求为动力，输送更多适宜服务乡村振兴发展的人才；六是基层组织保障，通过选派科技人员、优秀人才下基层输送农业技术，强化基层组织工作支持。[13]

教育部等四部门联合印发《关于实现巩固拓展教育脱贫攻坚成果同乡村振兴有效衔接的意见》，充分证明教育是实现脱贫的重要手段，乡村振兴离不开教育脱贫攻坚成果。习近平总书记指出，脱贫摘帽不是终点，而是新生活、新奋斗的起点。[14]对于实现教育脱贫攻坚成果与乡村振兴的衔接，我想重点要做好以下工作。第一，继续做好高校对口帮扶工作，建立健全教育脱贫攻坚成果保障机制。高校对口帮扶工作的重心应转向帮助乡村地区发展职业教育和应用型本科教育，落实和打造升级版“一村一名大学生计划”。同时，建立乡村教师队伍、贫困学生资助、优质教育资源、毕业生就业等方面的保障机制。第二，由教育扶贫到教育扶智，做好乡村振兴的智力支持。继续实施高校毕业生“三支一扶”计划，有计划定向培养乡村人才，实现教育目标由“输血”向“造血”转变。第三，深化校企合作，带动乡村企业营收创利。高校提供科技支撑、人才支撑，乡村企业提供实践平台和各类孵化基地，双向合作，加速乡村产业发展。第四，鼓励社会参与教育扶贫，形成扶贫合力。应联合高校、政府与社会力量参与，形成多维聚集合力，加速乡村产业优化发展。

12 月 19 日，清华大学、中国人民大学等 19 所高校发起成立乡村建设高校联盟，旨在汇聚高校力量、助力乡村建设、搭建服务平台，为乡村建设提供人才、技术和智力支撑，开展“百校联百县兴千村”行动，为推进乡村建设行动和服务农村现代化贡献高校力量。

## 九　职称制度改革：制度优化推进高校师资建设

### （一）事件回顾

2021 年 1 月，教育部等部门联合印发的《关于深化高等学校教师职称制度改革的指导意见》指出，要遵循高校教师职业特点和发展规律，分类分层，科学评价，充分调动广大高校教师的积极性和创造性，建设一支高素质、专业化、创新型教师队伍，为高等教育事业发展提供制度保障和人才支持。[15]

### （二）讨论

**段文星**　高校教师职称制度改革通过分类别、分层次评价，是对“五唯”绝对崇拜的一种修正。从单一转向多元，从对“数”的盲从转向对“人”的关注，从对结果的侧重转向对过程的重视，在一定程度上减少了职称晋升中的内卷现象。

**刘微微**　长期以来，高校教师职称考评只关注量化指标，将教学质量、效果、贡献等指标“边缘化”，造成“伤教学”“伤科研”“伤教师”等乱象。高校教师职称制度改革，通过探索科学、合理、多元的评价机制，塑造规范、公正的职称晋升环境。

### （三）主持人点评

**贺祖斌**　《关于深化高等学校教师职称制度改革的指导意见》的出台，是落实《深化新时代教育评价改革总体方案》的具体措施之一。高校教师职称制度改革，涉及每位教师的切身利益。从当前教师评价来看，重科研轻教学、重教学轻育人的取向仍然存在，立德树人目标导向尚未得到全面落实。一是评价内容不够全面。当前职称评价标准侧重对各类成果的评价，对教师岗位适应性、学科贡献度等因素评价不突出。二是评价标准同质化。没有建立分层、分级、分类的评价目标和指标体系，忽视了对学科、岗位、教师不同发展阶段的差异性关注，造成学科间人才发展不均衡。三是评价方法单一。在评价指标设置上以量化考核指标为主，而忽视对师德、教学投入、成果质量、学术贡献等的内涵评价。四是评价机制有待完善。科学、客观、全面的评价，需要从不同渠道收集评价信息，评价主体应该是多元的。目前的评价机制中，同行评价、第三方评价有待健全完善。

因此，在高校职称制度改革中，要重点把握以下两个方面。一是完善职称评价标准。严把师德师风考核，完善师德师风考核办法；突出教育教学能力和业绩，注重对履责绩效、创新成果、人才培养实际贡献的评价；推行代表性成果评价，注重代表性成果的质量、贡献、影响。二是建立职称创新评价机制。针对不同类型、不同层次教师，建立科学合理的分类分层评价标准；创新评价方式，完善同行专家评议机制，探索引入第三方机构进行独立评价，增强职称评价的科学性、专业性、针对性；建立重点人才绿色通道，引导教师主动服务国家重大战略需求。

## 十　规范办学：教育部严控高校异地办学

### （一）事件回顾

7月28日，教育部印发《关于“十四五”时期高等学校设置工作的意见》。意见指出，不鼓励、不支持高校跨省份开展异地办学，特别是严控部委所属高校、中西部高校在东部地区跨省份开展异地办学，原则上不审批设立跨省异地校区。[16]

## （二）集体讨论

**刘微微**　高校异地办学在优化教育资源配置、促进教育公平、形塑文化生态等方面做出了极为重要的贡献。但异地办学所带来的诸多问题也不可不察。异地办学禁令出台，是新时代高等教育发展观的价值转向，规约高校理性控制发展规模，注重关注内涵建设以追求卓越高等教育。

**周坚和**　高校异地办学引发了机构权属模糊、大学精神缺失、管理成本增加，相关利益主体的利益诉求难以平衡等问题，国家严控高校异地办学，有利于稳定办学投入、稳固办学资源、保障办学质量、提升办学实效。

## （三）主持人点评

**贺祖斌**　近年来，高校异地办学似乎成为一种风潮，社会给予高度关注。高校异地办学主要有几种模式：一是重点高校异地分校区办学模式；二是重点高校异地合办独立学院模式；三是地市高校省会聚集模式；四是高校独立学院或普通高校去中心化异地办学模式。[17]其中，大家关注最多、争议最大的是第一种模式。从 2018 年开始，我国异地办学政策已经收紧，但在高校与地方政府的“共谋”下，高校异地办学依然势不可挡。据统计，截至 2020 年，共有 53 所“双一流”建设高校在异地共设立了 166 个机构，且主要分布在我国东部地区，其中深圳、苏州、青岛位居前三，这些都是经济发达地区。

从高等教育适应论视角来看，异地办学对于高校和接受地而言是一种双赢结果。高校获得新的发展机遇，而接受地经济、文化发展可以获得更多技术和人力资源支撑，真正实现产学研有效衔接。高校异地办学，使高等教育资源由富集地向贫瘠地流动，将有力促进我国高等教育资源的均衡发展，如“双一流”建设高校到西部地区办独立学院。但也出现了高等教育贫瘠地区高校到东部地区设立机构的情况，这类情况可能加剧高等教育资源分布不均。同时，通过异地办学，高校可增加收入和引进优质师资，但于高校所在地而言，将存在优质师资外流风险，一定程度上削弱本地经济社会发展力。因此，异地办学禁令明确“不鼓励、不支持高校跨省开展异地办学，特别是严控部委所属高校、中西部高校在东部地区跨省开展异地办学，原则上不审批设立跨省异地校区”[16]。接下来的问题是，如何处理已成立异地办学机构的招生、管理、教学等一系列问题，如是否承认已经形成的办学格局；对正在兴办的异地校区，是停办还是取消。我们相信地方政府、大学会按照有关政策妥善处理好相关问题。

## 盘点总结

2021 年，是中国共产党成立一百周年，是“十四五”开局之年，高等教育改革与发展成绩斐然。从中国高等教育百年发展到中央人才工作会议召开，从全国职业教育大会召开到“双一流”建设成效评价，从“双减”政策发布到本科教育教学审核评估，从学位授权点增列到巩固拓展教育脱贫攻坚成果，从高校教师职称制度改革到严控高校异地办学，标志着高等教育改革发展迈上新台阶、进入快车道。选取的 2021 年十大事件，一方面聚焦高等教育整体规划与布局，另一方面突出高等教育改革与发展现实。当然，2021 年还有很多事件值得关注，如教育强国推进工程启动实施、艺体类招生考试制度改革等，囿于篇幅有限，并未一一收录。对 2021 年中国高等教育大事的整理与盘点，仅代表本次沙龙讨论的观点。对以上事件的评析是在收集已经公开发表的相关资料并经过多次讨论的基础上形成的，因参与者水平有限，相关评析可能存在些许漏洞和偏差，希望诸位批评指正。部分评析采用了已经发表过的观点，但由于篇幅所限，未能一一注明，特此说明。

（致谢：杨婷婷、何俊生、黄春蕾、王文丽、张颖佳、陈庆文、黄令、李娜、孔苏、郭云卿、王国亮、谢明明、陈丹丹、郭彩清、伊丽宇等研究生为本次沙龙提供了大力支持和帮助，在此表示感谢！）

### 参考文献

[1]《高等教育百年》，中国教育在线，https：//www. eol. cn/news/yaowen/202106/t20210630_2130076. shtml，2021 年 6 月 30 日。

[2] 王定华、王名扬：《中国共产党领导高等教育百年的发展脉络、历史经验与未来走向》，《中国高教研究》2021 年第 6 期，第 1～8 页。

[3] 贺祖斌：《中国高等教育强国路径演变及其建设方略》，《中国高等教育》2019 年第 Z2 期，第 16～18 页。

[4]《习近平在中央人才工作会议上强调　深入实施新时代人才强国战略 加快建设世界重要人才中心和创新高地》，《人民日报》2021 年 9 年 29 日。

[5]《习近平对职业教育工作作出重要指示强调　加快构建现代职业教育体系 培养更多高素质技术技能人才能工巧匠大国工匠》，教育部网站，http：//www. moe. gov. cn/jyb_xwfb/s6052/moe_838/202104/t20210413_526123. html，2021 年 4 月 13 日。

[6] 贺祖斌：《论高等教育高质量发展的十大要点》，《高校教育管理》2020 年第 5 期，第 42～48、124 页。

[7] 翁秋怡：《“双一流”建设评价新规释放出何种信号》，《光明日报》2021年3月26日。
[8]《以导向鲜明的成效评价推动加快“双一流”建设》，教育部网站，http：//www.moe.gov.cn/jyb_xwfb/moe_2082/2021/2021_zl22/202103/t20210323_521952.html，2021年3月23日。
[9]《中共中央办公厅 国务院办公厅印发〈关于进一步减轻义务教育阶段学生作业负担和校外培训负担的意见〉》，新华网，http：//www.xinhuanet.com/legal/2021-07/24/c_1127691094.htm，2021年7月24日。
[10] 范唯：《高等教育评估制度体系建设的未来构想》，《光明日报》2021年2月8日。
[11]《国务院学位委员会关于下达2020年审核增列的博士、硕士学位授予单位及其学位授权点名单的通知》，教育部网站，http：//www.moe.gov.cn/srcsite/A22/yjss_xwgl/moe_818/202111/t20211112_579350.html，2021年10月26日。
[12]《关于实现巩固拓展教育脱贫攻坚成果同乡村振兴有效衔接的意见》，教育部网站，http：//www.moe.gov.cn/jyb_xwfb/gzdt_gzdt/s5987/202105/t20210514_531437.html，2021年5月14日。
[13] 贺祖斌、周剑清：《发挥高等教育优势，服务乡村振兴战略》，《社会科学家》2021年第8期，第3~8、173页。
[14]《习近平：脱贫摘帽不是终点，而是新生活、新奋斗的起点》，新华网，http：//www.xinhuanet.com/politics/leaders/2021-02/25/c_1127138126.htm，2021年2月25日。
[15]《人力资源社会保障部 教育部印发深化高等学校教师职称制度改革的指导意见》，人力资源和社会保障部网站，http：//www.mohrss.gov.cn/xxgk2020/1_2_x/jd/202101/t20210127_408533.html，2021年1月27日。
[16]《教育部“十四五”高校设置规划出台！严控部属高校在东部跨省异地办学》，搜狐网，https：//www.sohu.com/a/483200282_369446，2021年8月13日。
[17] 王文龙：《中国高校异地办学的类型、原因与利弊分析》，《北京社会科学》2020年第6期，第28~36页。

# Evaluation and Analysis of the Ten Major Events of China's Higher Education in 2021
## —The Academic Salon of "the Ten Major Events of Higher Education"

*He Zubin, Liu Weiwei, Zhou Jianhe, Duan Wenxing*

**Abstract**: The ten major events of China's higher education in 2021 are listed as follows: first, the 100th anniversary of the founding of the Communist Party of China (CPC) has promoted to enter a new stage of building a higher education power; second, the Central Talent Work Conference was held to draw a blueprint for talent work in the new era; third, the National Vocational Education Conference was held to open a new era of building a high-quality vocational education system; fourth, the "Double First-Class" construction evaluation system is promoted as a whole to accelerate the building of world-class universities and first-class disciplines; fifth, the implementation of the "Double Reduction" policy in compulsory education opens up a new starting point for China's education reform; sixth, the review and evaluation of undergraduate education sets up a "guaranteed screen" for its quality; seventh, the increase in the number of degree programs activates the endogenous power of university discipline construction; eighth, the achievements of poverty alleviation through education have been consolidated and expanded, and higher education keeps the center position in servicing the strategy of rural revitalization; ninth, the professional title system of teachers in universities and colleges is planned to reform for revitalizing the promotion channel; tenth, running schools in different places has been restricted to promote equity in higher education. By elaborating on the top ten events of China's higher education in 2021, the paper has reviewed and presented the frontier trends from various perspectives, and condensed and reflected on the development of higher education in China.

**Keywords**: The 100th anniversary of the founding of the CPC; the "Double First-Class"; the Review and Evaluation of Undergraduate Education; the Increase in the Number of Degree Programs; the Professional Title of Teachers

# 稿　约

《高等教育评论》（半年刊）为 CSSCI（2021~2022）收录集刊，由中南财经政法大学高等教育研究中心于 2013 年创办。旨在对高校各个方面的工作进行有益的探索，全面客观地展现高等教育改革和发展领域的最新研究成果，从不同角度反映和阐释高等教育领域存在的一些问题。主要致力于成为具有经济学、法学、管理学特色，兼顾多学科的高等教育研究类集刊（知网收录，邮发代号 2-2980）。

## （一）投稿须知

1. 征稿对象：经济学、法学、管理学等相关学科领域海内外知名学者、高校教师、专业研究人员、管理人员等。

2. 栏目设置：特稿、新时代思政教育、财经政法一流学科、比较研究、高等教育治理等栏目和高等教育类专题。出版时，根据稿件内容进行适当调整。

3. 内容要求：选题新颖、数据可靠。鼓励就高等教育领域某一主题进行深入、细致的研究，篇幅在 10000~13000 字为宜。

4. 稿件来源：全国征稿，匿名三审。投稿信箱为 gdjypl@ 126. com。

5. 出版日期：当年 6 月、12 月出版，根据实际情况适当提前。

6. 往期查询和下载：（1）官方网站 http：//gjpl. chpt. cnki. net，机构网站 http：//xkb. zuel. edu. cn/ml/list. htm；（2）中国知网，点击首页右上角“出版物检索”，默认选项为“来源名称”，输入“高等教育评论”，点“出版来源检索”，选择本刊即可浏览。

## （二）体例规范

1. 基本要件：论文标题、作者署名及简介、摘要与关键词、正文、注释、参考文献。如涉及资助项目，请注明项目来源、名称和编号。

2. 论文标题（不超过 20 字，中英文）。

3. 作者署名及简介：作者署名一般不超过 4 人；作者简介包括姓名、性别、籍贯、所获学位、任职机构（正式全称）、职务/职称。

4. 摘要与关键词（中英文）：摘要须独立成篇，完整、准确地概括文章的实质性内容；关键词一般不超过 5 个。且中英文应相互对应。

5. 正文：①标题一般分为三级，第一级标题用“一”“二”“三”等标示，第二级标题用“（一）”“（二）”“（三）”等标示，第三级标题用“1.”“2.”“3.”等标示；②图、表和公式均用阿拉伯数字连续编号，如图1、图2和表1、表2，以及（1）（2）等。图和表应有简短确切的题名，图号图名应置于图下，表名表号置于表上，公式号置于右侧。

6. 注释：如有，采用页下注形式，用①②③等标示。

7. 参考文献：著录格式为“顺序编码制”，除电子文献外其余均需标记页码，作者需保证文献的真实出处，如有需要编辑部会请作者提供引文原文。其中，文中部分按照如下格式著录：

国内研究成果主要集中在我国快速工业化和城市化背景下，资源环境约束导致的各种形式产业集群困境上，如产业集群的盲目性困境[1]、产业集群的掠夺性困境[2、3]、产业集群的无序性困境[2~4]等。

文后参考文献部分，著录格式如下。

**专著**

［1］易丹辉：《结构方程模型：方法与应用》，中国人民大学出版社，2008，第1~7页。

［2］P. R. Krugman, *Development, Geography, and Economic Theory* (MIT Press, 1995), pp. 1-5.

**期刊**

［1］朱英明、杨斌、周晓丽等：《产业集聚困境研究：回顾与展望》，《经济评论》2011年第2期，第146~152页

［2］K. Behrens, J. F. Thisse, "Agglomeration versus product variety: Implications for regional inequalities," *Journal of Regional Science*, 2006, 46 (1): 867-880.

**学位论文**

［1］陈默：《抗战时期国军的战区——集团军体系研究》，博士学位论文，北京大学历史学系，2012，第134页

［2］Adelaide Heyde, The relationship between self-esteem and the oral production of a second language (Ph. D. disc., University of Michigan, 1979), pp. 32-37.

**析出文献**

［1］黄源盛：《民初大理院民事审判法源问题再探》，载李贵连主编《近代法研究》（第1辑），北京大学出版社，2007，第5页.

［2］R. S. Schfield, "The impact of scarcity and plenty on population change in England," in R. I. Rotberg and T. K. Rabb (eds.), *Huger and History: The Impact of*

*Changing Food Production and Society* (Cambridge University Press, 1983), p. 79.

**译著**

[1] 迪特·海因英希：《中苏走向同盟的艰难历程》，张文武等译，新华出版社，2001，第76页

[2] M. Polo, *The Travels of Marco Polo*, trans. by William Marsden (Hertfordshire: Cumberland House, 1997), pp. 55, 58.

**网络文献**

[1] 陈震宁：《江苏打造沿东陇海线经济带》，扬子晚报网，http：//www.yangtse.com-/jiangsu/2015-08-20/620749.html，2015年8月20日。

[2] "Europe needs tenure track to keep young talent says EPFL head," Times Higher Education, https://www.timeshighereducation.com/news/2020141, 2015-10-12.

至于未曾列举的参考文献类型，其著录格式按照如下规则参照上述格式编写：

著者+文献名称+文献来源+文献发表或成文时间+页码

特别说明：多次引用同一篇论文，均标记第一次引用的参考文献序号；多次引用同一部著作，且引用页码不同，均标记第一次引用的参考文献序号，在正文中序号旁标记页码，如[序号]101、[序号]103。

图书在版编目(CIP)数据

高等教育评论. 2022年. 第1期. 第10卷 / 杨灿明主编. -- 北京 : 社会科学文献出版社, 2022.6
ISBN 978-7-5228-0047-9

Ⅰ. ①高… Ⅱ. ①杨… Ⅲ. ①高等教育-文集 Ⅳ. ①G64-53

中国版本图书馆CIP数据核字(2022)第066024号

高等教育评论（2022年第1期 第10卷）

主 编 / 杨灿明

出 版 人 / 王利民
组稿编辑 / 恽 薇
责任编辑 / 田 康
责任印制 / 王京美

出 版 / 社会科学文献出版社(010)59367226
地址：北京市北三环中路甲29号院华龙大厦 邮编：100029
网址：www.ssap.com.cn
发 行 / 社会科学文献出版社（010）59367028
印 装 / 北京虎彩文化传播有限公司

规 格 / 开 本：787mm × 1092mm 1/16
印 张：16.75 字 数：347千字
版 次 / 2022年6月第1版 2022年6月第1次印刷
书 号 / ISBN 978-7-5228-0047-9
定 价 / 89.00元

读者服务电话：4008918866